LA GUERRE

SUR LES

COMMUNICATIONS ALLEMANDES

EN 1870

PREMIÈRE CAMPAGNE DE L'EST — CAMPAGNE DE BOURGOGNE

PAR

J.-B. DUMAS

CAPITAINE D'INFANTERIE BR. D'ÉTAT-MAJOR

BERGER-LEVRAULT ET Cie, LIBRAIRES-ÉDITEURS

PARIS | NANCY
5, RUE DES BEAUX-ARTS | 18, RUE DES GLACIS

1891

Tous droits réservés

LA GUERRE

sur les

COMMUNICATIONS ALLEMANDES

EN 1870

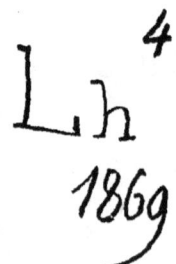

NANCY — IMPRIMERIE BERGER-LEVRAULT ET Cⁱᵉ.

LA GUERRE

SUR LES

COMMUNICATIONS ALLEMANDES

EN 1870

PREMIÈRE CAMPAGNE DE L'EST — CAMPAGNE DE BOURGOGNE

PAR

J.-B. DUMAS

CAPITAINE D'INFANTERIE BR. D'ÉTAT-MAJOR

BERGER-LEVRAULT ET Cⁱᵉ, LIBRAIRES-ÉDITEURS

PARIS	NANCY
5, RUE DES BEAUX-ARTS	18, RUE DES GLACIS

1891

Tous droits réservés

A ceux qui, sans désespérer,

ont combattu

pour l'honneur de nos armes,

j'offre toute la pensée militaire de cette étude.

PRÉFACE

Les opérations entreprises, en 1870, contre les communications des armées allemandes, sur le théâtre de guerre du sud-est, n'ont encore fait l'objet d'aucune étude militaire complète.

Des efforts courageux, de beaux dévouements y ont cependant produit des résultats considérables. Recueillons d'ailleurs le témoignage frappant, l'aveu même de nos adversaires.

Un soir, dans un salon officiel, à Berlin, des officiers allemands raillaient avec affectation les moyens improvisés en France pour la résistance suprême, après l'effondrement de nos armées régulières.

Le vieux maréchal de Moltke était là, silencieux, le dos appuyé à la cheminée et regardant le tapis. Tout à coup, hochant la tête, il dit doucement dans le grand silence qui se faisait toujours lorsqu'il prenait la parole : Oui, Messieurs ; tout ce que vous voudrez !
« — Mais, souvenez-vous qu'après Sedan et après
« Metz, nous croyions la guerre finie et la France
« abattue et que pendant cinq mois, ces armées im-

« provisées ont tenu les nôtres en échec. Nous avons
« mis cinq mois à battre des conscrits et des mobiles.
« C'étaient des foules plutôt que des régiments, j'en
« conviens avec vous; mais ces cohues nous tenaient
« tête. Vous pouvez oublier ces choses, vous qui
« n'avez eu que le contentement de la victoire; mais
« je ne l'oublie pas, je vous l'avoue et je n'en souris
« pas, car j'ai eu le tracas et le grand souci de cette
« résistance inattendue. Enfin, Messieurs, conclut tex-
« tuellement le Maréchal, cette lutte nous a tellement
« étonnés au point de vue militaire qu'il nous faudra
« étudier cette question durant de longues années de
« paix. »

L'organisation poursuivie dans la région de l'Est notamment par tous les éléments valides de l'ancienne armée, a été la cause des préoccupations constantes et manifestes du Grand État-major prussien. Celles-ci se sont traduites par des mesures d'ordre positif. 63,000 Allemands d'abord, puis une armée entière de 146,000 hommes ont été détournés des autres théâtres de guerre, employés à la garde exclusive des communications, immobilisés par nos essais d'offensive pendant ces trois campagnes, considérées cependant comme secondaires.

J'ai pensé qu'il y avait dans ces faits un motif de consolation après nos désastres, une cause puissante de *confiance* dans l'issue d'une lutte à prévoir, un gain inappréciable enfin pour notre *moral*.

Sans organisation, sans cadres, sans armes, nous avons résisté, nous nous sommes maintenus.

Quels doivent donc être notre espoir et notre confiance aujourd'hui que nous sommes organisés, aujourd'hui qu'on a *préparé la guerre?*

Malgré la richesse et la valeur incontestables des archives et des documents particuliers que nous avons consultés pour la période de la guerre dont nous avons tenté de reconstituer l'histoire, nous avons dû certainement oublier bien des noms, laisser dans l'ombre ou passer sous silence bien des actes de dévouement ou de courage restés encore inconnus, peut-être même des épisodes qui auraient mérité d'être rappelés et signalés, soit à titre de leçon, soit à celui d'exemple, et dont le récit serait utile et instructif.

D'un autre côté, en histoire, moins qu'en toute autre chose, il ne saurait exister rien de définitif en réalité et il faut toujours en appeler à « l'Empereur *mieux informé* ».

Déjà, grâce au précieux concours de témoins autorisés, nous avons pu grouper d'importants renseignements complémentaires, rectifier certains détails et préciser enfin certains points d'une façon plus claire et plus complète.

Dans l'intérêt commun de la vérité historique, nous venons solliciter de nos lecteurs une aide analogue, c'est-à-dire la communication de tous les compléments d'information générale ou particulière qu'ils voudront bien nous adresser.

En effet, la multiplicité et la valeur des sources d'origine, leur opposition raisonnée, leur comparaison, leur « recoupement » en un mot, peuvent seuls nous donner les moyens d'arriver à compléter plus tard, dans une deuxième édition, cette monographie *réconfortante* de la lutte hautement honorable que nous avons soutenue alors, dans notre région frontière, contre les communications de l'adversaire.

Nancy, le 1ᵉʳ mai 1891.

J.-B. DUMAS.

PREMIÈRE CAMPAGNE DE L'EST

DE LA

FIN DU MOIS D'AOUT AU 15 NOVEMBRE

CHAPITRE Iᵉʳ

SITUATION GÉNÉRALE ET ÉTAT DES ESPRITS
A LA FIN DU MOIS D'AOUT ET AU COMMENCEMENT
DE SEPTEMBRE

I. — Situation d'ensemble.

> « Un Pays ne manque jamais d'hommes
> « pour résister à une invasion ou pour
> « soutenir une grande guerre, mais il
> « manque souvent de soldats. »
> NAPOLÉON.

Le Pays venait de voir ses forces organisées s'effondrer dans le choc des premières rencontres. Il allait opposer à l'envahisseur la levée en armes de tous les éléments valides de la nation.

Mais nos lois militaires n'étaient pas en rapport avec les exigences des guerres modernes; elles n'avaient point transformé à l'avance nos hommes en soldats; rien n'avait préparé ceux-là à prendre place dans les rangs de l'armée. La France s'était si longtemps tenue à l'écart de toute institution militaire qu'elle se trouvait dans une situation grave. Elle avait à vaincre des difficultés presque insurmontables; la lutte était inégale : aussi notre honneur national allait-il en sortir intact et même grandi. L'armée, en effet, était immobilisée ou tombée aux mains de l'ennemi. Elle avait largement versé son sang et donné la mesure de son incomparable bravoure, mais il nous restait à prouver à l'Europe et à l'Allemagne que la France tout entière soutenait la cause de son armée. Faute d'avoir pu combattre avec elle et dans ses rangs, il fallait que la nation donnât de sa personne.

L'énergique collaboration de tous allait donc permettre, au prix d'efforts inouïs, il est vrai, et en mettant en œuvre tous les dévouements, de lever des masses considérables[1]; mais cette expérience douloureuse devait donner, par son impuissance, le dernier coup à la légende des levées en masse et à celle des armées improvisées.

Il fallait cette dure leçon pour convaincre l'opinion publique en France de la nécessité d'organiser d'une manière permanente toutes les forces militaires du pays, pour lui prouver enfin que la bonne volonté et l'activité ne remplacent ni la compétence, ni la tradition militaire, aux heures du péril national.

II. — État des éléments de la résistance dans l'Est. — Premiers coups de main. — Leur influence morale. — Mesures prises par les Allemands.

Dans l'Est, l'organisation des éléments de la résistance était à peine ébauchée à la fin du mois d'août. Divers groupes, formés spontanément, se préparaient à défendre

---

[1]. Voir à l'appendice la situation générale des forces françaises au moment de l'armistice.

leur territoire ; mais, l'action du Gouvernement ne se faisant pas encore sentir, aucun lien ne les rattachait entre eux. Le 18 juillet, le ministère Ollivier avait convoqué par décret les gardes mobiles de l'Est ; toutefois, ce décret n'était devenu exécutoire qu'après nos premiers désastres et aucune mesure d'organisation ne l'avait suivi. On disposait là cependant de nombreux éléments dont les efforts, incohérents par suite du manque de direction, devaient longtemps encore demeurer stériles.

Situation des éléments de la résistance. — C'étaient, en premier lieu, des Mobiles, mal armés, à peine vêtus et sans instruction ; leur éducation antérieure, au milieu d'une nation dont on avait énervé les mœurs militaires, loin de les avoir disposés à se plier aux lois de la vie du soldat, les avait plutôt préparés à se soustraire au frein de toute discipline.

C'étaient, en second lieu, des francs-tireurs, gens souvent énergiques et vigoureux, mieux armés, mieux équipés et possédant d'ordinaire quelque habitude des armes et de la marche.

Il fallait réunir ces hommes, les grouper, les encadrer, les pourvoir, les discipliner, les instruire enfin, quand l'ennemi, victorieux déjà en de grandes rencontres, avait vu le moral de ses armées, nombreuses et amplement approvisionnées, s'élever au plus haut degré. Bien que novices encore dans le métier des armes, ces bandes avaient cependant signalé déjà leur existence par quelques coups d'audace ; elles avaient fréquemment inquiété les troupes allemandes.

Passant en revue les divers départements en contact à cette époque avec l'ennemi, nous constaterons les mesures prises, les efforts effectués et les tentatives dirigées contre lui.

Bas-Rhin. — Envahi dès le 4, le département du Bas-Rhin avait été en grande partie occupé dès le 6. Il n'avait pu recevoir aucun secours sérieux. Abandonné à lui-même, il n'avait point désespéré.

Nulle part, en effet, la guerre n'avait été accueillie avec une émotion plus profonde qu'en Alsace. On y connaissait bien l'Allemagne, ses convoitises, ses prétentions. On comprenait que la nationalité même du Haut et du Bas-Rhin allait être mise en question[1]. Sur toute la frontière, les paysans demandèrent des armes que le Gouvernement leur refusa; et le premier résultat de cette politique fut d'exposer ceux qui se défendaient à toutes les rigueurs de la loi martiale.

Dès le début, en effet, les Allemands annoncèrent que les paysans français, n'étant pas organisés comme leurs

---

[1]. Dès 1865, on pouvait voir, en Alsace et dans toutes les villes d'eau des Vosges, des cartes d'origine inconnue qui représentaient l'Alsace et la Lorraine, dite allemande, réunies à l'Allemagne.
Cette carte diffère fort peu de celle que le grand état-major a dressée à Berlin en septembre 1870 et qui fut annexée aux préliminaires de Versailles. Le 14 août 1870, une ordonnance royale instituait un gouvernement général d'Alsace. Le 21, une décision royale ajoutait au gouvernement d'Alsace, la Lorraine dite allemande. Enfin, le 30 août, un décret royal formait un nouveau département allemand de la Moselle et d'une partie de la Meurthe. D'ailleurs, on a prétendu mettre à la charge du Gouvernement de la défense nationale la *mutilation de notre territoire à la suite de la guerre*. Il eût été possible, a-t-on soutenu, de sauver notre intégrité territoriale en signant la paix au *lendemain de Sedan*, et la *perte de l'Alsace et de la Lorraine* aurait été le fruit des efforts désespérés que le gouvernement du 4 Septembre fit pour repousser l'invasion.
La réponse à cette assertion a été faite, avec une incomparable autorité, par l'organe attitré de la chancellerie berlinoise. Dans son numéro du 21 sep-

landwehriens, seraient passés par les armes, s'ils essayaient de résister. Peu après ils étendaient cette prescription aux francs-tireurs régulièrement organisés, dont les officiers possédaient une commission du Gouvernement, dont les hommes étaient munis d'uniformes, d'armes de guerre et de livrets. De telles mesures étaient contraires au droit des gens; elles constituent un crime qu'aucune raison de nécessité militaire ne saurait excuser.

Cependant, la petite place de Schlestadt, sur la limite du Haut-Rhin et du Bas-Rhin, commençait déjà à détruire sous les yeux de l'ennemi tout ce qui obstruait sa zone militaire. Placée en avant de la plaine qui s'étend du Nord au Sud entre les Vosges et le Rhin, sa situation lui donnait mission de défendre deux des principaux défilés des Vosges menant sur Saint-Dié par le val de Villé et par Sainte-Marie-aux-Mines, et de protéger la ligne du chemin de fer entre Strasbourg et Bâle.

La place aurait eu une importance considérable si elle

---

tembre 1890 la *Gazette de l'Allemagne du Nord* a fait la déclaration suivante :

« Nous croyons savoir avec certitude que, peu de semaines avant Sedan,
« après les grandes batailles devant Metz, le comte de Bismarck, dans un en-
« tretien qu'il eut avec un agent officieux de l'empereur Napoléon, désigna la
« limite de la langue allemande et le paiement des frais de guerre (sans en
« fixer le chiffre) comme les conditions de la paix. L'agent français répliqua
« que Strasbourg avec une partie de la Basse-Alsace lui paraissait devoir suffi-
« samment renforcer la frontière allemande pour garantir à l'Allemagne cette
« sécurité que le chancelier réclamait pour elle dans l'avenir. »

Ce témoignage est irréfragable. Il prouve d'abord que, dès le début de la guerre, après nos premières défaites, les prétentions de l'Allemagne étaient, à peu de choses près, celles qui ont prévalu cinq mois et demi plus tard; mais il nous révèle encore que, dès le milieu du mois d'août, deux semaines avant le désastre de Sedan, au lendemain des batailles quasi victorieuses de Gravelotte et de Borny, l'empire regardait si bien la partie comme perdue qu'il offrait de céder Strasbourg et le Bas-Rhin. On voit ce qu'il faut penser de cette assertion, que la paix pouvait être faite, au 4 septembre, sans aucun sacrifice territorial.

avait possédé sa garnison normale de 6,000 à 7,000 hommes; elle aurait servi d'appui à la défense des Vosges; mais elle renfermait seulement, sous l'autorité du commandant de Reinach, les éléments imparfaits qui suivent :

> 2 bataillons de la garde mobile du Bas-Rhin. . 1,200 h.
> 2 escadrons de dépôt des 2ᵉ et 6ᵉ lanciers. . . 280 h.
> 1/2 batterie d'artillerie régulière.
> 4 batteries de garde mobile.

Dans les derniers jours d'août, sous l'énergique impulsion du commandant de Reinach, on avait pris toutes les mesures possibles pour mettre la place en état de défense et pour utiliser les ressources dont on disposait. Déjà, le 17 août au soir, on avait envoyé une reconnaissance dans le val de Villé, à quinze kilomètres de la place. C'était la 8ᵉ compagnie du 2ᵉ bataillon de garde mobile, forte de 50 hommes, sous la conduite du capitaine Stouvenot et du lieutenant Minicus; 250 cavaliers badois, surpris au bivouac, étaient abordés résolument et mis en fuite.

HAUT-RHIN. — Dans le Haut-Rhin, aussitôt après la déclaration de guerre, on avait appelé la garde mobile à l'activité. Les 2ᵉ et 3ᵉ bataillons et la 2ᵉ batterie d'artillerie étaient désignés pour constituer la garnison de Neuf-Brisach; leur réunion devait s'y effectuer dans les premiers jours du mois d'août.

A la date du 7, la garnison comprenait déjà, sous le commandement du lieutenant-colonel de Kerhor :

> Les 2ᵉ et 3ᵉ bataillons de garde mobile du Haut-Rhin, de 900 hommes chacun . . . . 1,800 h.
> Le dépôt du 74ᵉ de ligne comprenant environ . . 500 h.
> 1 compagnie de garde nationale sédentaire.
> La compagnie des francs-tireurs de Neuf-Brisach[1].

---

1. Constituée dès le 6 septembre 1868. Dans la même année, le 11 juillet,

L'artillerie comprenait :

1/2 batterie du 6ᵉ régiment comprenant environ. . 70 h.
Les 1ʳᵉ et 2ᵉ batteries d'artillerie de garde mobile
  du Haut-Rhin, dont l'effectif s'élevait à . . . . 200 h.

Enfin, le 4ᵉ régiment de chasseurs à cheval avait encore son dépôt dans cette ville.

Coup de main de Bellingen. — Le 30 août, on apprenait que l'ennemi réunissait à Neuenbourg, en face de Chalampé[1], des pontons[2] pour jeter un pont sur le Rhin. Les francs-tireurs de Neuf-Brisach[3] étaient aussitôt envoyés en reconnaissance vers ce point. Ils se réunissaient à un détachement de 50 francs-tireurs de Colmar, commandé par le lieutenant Kœnig, en reconnaissance avec même mission. Profitant d'un épais brouillard, ils passaient le fleuve sur des bateaux de la douane française, abordaient la rive badoise, enlevaient les rails du chemin de fer et coupaient les fils télégraphiques à la station de Bellingen, puis regagnaient la rive française en ramenant sept pontons allemands.

Pendant ce temps, la place, n'ayant point de leurs nouvelles, envoyait, à leur recherche, et pour les soutenir au besoin, une colonne de marche composée de volontaires. Une compagnie de gardes nationaux, venue de Mulhouse,

---

on avait également formé une compagnie de francs-tireurs de Colmar sous le capitaine Eudeline. Cette dernière comptait parmi ses plus jeunes soldats, M. Verlynde, aujourd'hui capitaine de chasseurs à pied breveté, attaché à l'état-major de la 4ᵉ division de cavalerie.

1. Aujourd'hui « Eichwald ».
2. C'était pour préparer le passage de la 4ᵉ division de réserve, qui devait se réunir dans le Brisgau sous le commandement du général de Schmeling.
3. Ce détachement de 50 hommes des francs-tireurs de Colmar (du capitaine Eudeline), sous le commandement du lieutenant Kœnig, avait déjà été envoyé en reconnaissance dans cette direction dès le 28 août.

avait déjà rejoint les francs-tireurs et l'on procédait au coulage des pontons. L'ennemi, cependant, accourait et dirigeait sur cette petite troupe un feu très vif de mousqueterie auquel elle ripostait vigoureusement; puis la colonne regagnait Neuf-Brisach où elle rentrait le 1er septembre.

On avait espéré que cette expédition heureuse mettrait un terme aux incursions perpétuelles des Badois dans la haute Alsace, où ils venaient piller et rançonner les villages inoffensifs[1]. Elles se renouvelaient cependant quelques jours après et une nouvelle escarmouche avait lieu à Bollwiller et à Soultz. Là, les gardes nationaux des villages et les francs-tireurs suffisaient à repousser les Allemands. Enfin, le reste de la garde mobile du Haut-Rhin, concentrée à Belfort aux premiers jours d'août, avait encore fourni l'effectif de 3 bataillons et d'une batterie.

MEURTHE ET VOSGES. — Plusieurs années avant la guerre, il s'était formé dans quelques villes des Vosges, sous le nom de *Compagnies de Francs-Tireurs*[2], des sociétés de tir, impropres peut-être à former des corps militaires sans un complément d'organisation, mais, en tous cas, fort utiles pour familiariser la jeunesse avec le maniement des armes. Ce fut d'abord, à la cour de l'Empereur, comme dans le public parisien, un grand engouement pour l'uniforme en toile grise des francs-tireurs vosgiens.

---

1. La nouvelle de cette expédition heureuse suffit à tirer le ministre de la guerre d'une situation difficile au Corps législatif. Celle-ci était motivée par une interpellation de M. Keller, député du Haut-Rhin, au sujet de l'état d'abandon de la Haute-Alsace, saccagée journellement par des incursions de paysans badois. Le général de Palikao donna alors lecture de la dépêche suivante aux applaudissements de la Chambre : « Un corps franc a pénétré sur le territoire badois ; *le train badois manque aujourd'hui.* »

2. Voir la liste générale de ces corps à l'appendice. Ils avaient été organisés en 1868, grâce à l'initiative du maréchal Niel.

Aux fêtes de Nancy en 1866, aux fêtes de l'Exposition en 1867, chacun leur fit accueil, mais le Gouvernement voulut imposer à ces compagnies certaines obligations qui cadraient mal avec leur caractère de simples sociétés de tir [1] ; elles préférèrent se dissoudre et la jeunesse y perdit d'excellentes écoles.

Dans ces départements, comme ailleurs, la garde mobile avait été fort négligée et ce fut seulement trois jours après la déclaration de guerre, quinze jours avant l'invasion, que l'arrêté du 18 juillet 1870 organisa les cadres des bataillons et des batteries. Quant à la garde nationale, ce fut le 9 août, après Forbach et Reichshoffen, que le Corps législatif consentit à écouter la proposition de J. Favre tendant à l'armement immédiat des gardes nationales! Mais il était trop tard, et la garde nationale, sans armes, fut réduite à un simple service de police intérieure dans les villes [2].

HAUTE-SAÔNE. — Dans la Haute-Saône, la nouvelle des désastres de Wissembourg et de Reichshoffen avait trouvé la mobile du département entassée à Vesoul, sans armes, sans équipement, à peine habillée et dans une inaction absolue, bien fâcheuse au point de vue de la discipline. L'autorité militaire était encore sans action sur cet état de choses et le préfet n'encourageait guère ce mouvement de patriotisme qu'il eût été de son devoir de diriger avec énergie. Quelques hommes ardents s'organisaient en comité ;

---

[1]. Entre autres, la nomination du Prince impérial comme président des Sociétés.

[2]. Le 26 août, un arrêté du préfet des Vosges ordonnait la formation de la garde nationale sédentaire ; celle d'Épinal comportait 7 compagnies, sous le commandant Martin, ancien élève de l'École polytechnique.

mais ils ne pouvaient obtenir qu'on distribuât des armes. Malgré les revers succédant aux revers, on semblait oublier cette forte jeunesse qui ne demandait qu'à s'armer, à s'instruire, à marcher à l'ennemi. Jusqu'au 20 août, la mobile de la Haute-Saône restait sans destination et sans direction réelle. Le 25, les 4 bataillons, dont 2 seulement venaient de recevoir des armes, étaient dirigés sur Belfort. Ces conscrits étaient ainsi retenus trop près de leurs foyers, et la proximité de leur famille exerçait sur eux une influence amollissante; il fallait l'investissement de la place pour leur imposer l'existence sobre et sévère qui convient à des soldats.

Le contingent de la Haute-Saône, composé des classes de 1865 à 1870 inclusivement et d'un effectif de plus de 5,000 hommes, avait donc formé 4 bataillons dont les 3 premiers répondaient aux arrondissements de Gray et de Lure, tandis que le 4e correspondait à l'arrondissement de Vesoul. Chaque bataillon comprenait 8 compagnies de 150 à 200 hommes. L'organisation effective de ces éléments se fit seulement à Belfort, par les soins du colonel Sautereau, envoyé dans cette place par le ministère Palikao. Il sut en faire une troupe homogène, animée par la suite d'un véritable esprit militaire.

Les 3 premiers bataillons furent alors réunis pour former le 57e régiment provisoire, commandé par le lieutenant-colonel Fournier. Le commandement du 4e bataillon fut donné au commandant Chabaud.

Dans les premiers jours d'août, la mobile du Haut-Rhin avait également réuni à Belfort l'effectif nécessaire pour former 3 batteries. Enfin, la place renfermait encore à ce moment 2 bataillons du 45e de ligne et 1 bataillon de garde mobile du Rhône.

Haute-Marne. — Dans la Haute-Marne, un camp d'instruction, destiné à la garde mobile du département, avait été établi à Langres et placé sous les ordres du général du génie Chauvin. A la suite de nos premiers revers, des bataillons des Vosges et de la Meurthe y étaient arrivés et, bien que leur organisation fût encore loin d'être complète, déjà le commandant de la place songeait à les employer au dehors d'une façon active.

L'armée allemande marchait, en ce moment, vers le Nord, après s'être avancée, vers l'Ouest, jusqu'au delà de Saint-Dizier; elle laissait de faibles garnisons dans les villes qu'elle avait traversées et le commandant de la place de Langres voulait tenter de les enlever en commençant par les plus éloignées, afin d'amener ainsi la garnison de Saint-Dizier à capituler. En conséquence, le 2 septembre, deux trains de chemin de fer amenaient à Neufchâteau 1,500 hommes sous les ordres du commandant Koch, du 50e de ligne. La colonne se composait de gardes mobiles de la Haute-Marne et des Vosges et de 2 compagnies du 50e de ligne; en quittant Neufchâteau, elle marchait sur Vaucouleurs, y surprenait l'ennemi et lui faisait 40 prisonniers, dont 3 officiers[1].

Mais la nouvelle du désastre de Sedan lui faisait envoyer l'ordre de ne pas pousser plus loin et elle rentrait à Langres le 5 septembre.

Mesures prises par les Allemands. — De semblables tentatives, renouvelées sur de nombreux points, n'avaient pas manqué de troubler beaucoup les Alle-

---

[1]. Et parmi eux le directeur de la police de Berlin appelé récemment au grand quartier général.

mands; ils jugeaient que cette situation, sur les derrières de leurs lignes d'opérations, nécessitait l'envoi et le maintien dans le Sud-Est de détachements relativement considérables.

Le 31 août, le général de Werder, voulant à tout prix éviter le retour d'une tentative analogue à celle de Bellingen, qui avait jeté le trouble et l'inquiétude dans le pays de Bade, dirigeait de Kehl sur le Brisgau un détachement de troupes de toutes armes [1]. Le ministre de la guerre du grand-duché envoyait dans le même but à Mülheim un bataillon d'infanterie tiré de la garnison de Rastatt [2] et, le 7 septembre, il jugeait même indispensable, afin de rassurer les populations de la rive droite du Rhin, d'adjoindre à ce détachement 4 batteries d'artillerie.

En présence des mesures que les Allemands furent ainsi amenés à prendre sous la pression démoralisante de ces tentatives isolées, mais *imprévues,* ne faut-il pas regretter qu'une direction plus ferme nous ait fait alors défaut? Elle eût permis de tirer un parti plus efficace de l'énergie dépensée par l'initiative individuelle. A ce moment où l'irritation du pays était profonde, l'inaction devenait un crime et la nation devait se jeter dans les bras de ceux qui, sympathisant avec ses sentiments de douleur d'avoir été

---

1. 2 compagnies du 6° régiment badois, 1 peloton de dragons et 4 pièces.
2. 2° bataillon du 6° régiment badois sous le haut commandement du colonel Bauer, chargé de garder l' « *Oberland* ». Le bruit s'était même répandu dans le grand-duché que 5,000 francs-tireurs de Lyon arrivaient sur le Rhin dans le but de se réunir aux ouvriers des fabriques de Mulhouse, alors privés de travail, pour tenter de concert une incursion de représailles dans la partie méridionale du grand-duché. Cette nouvelle avait vivement ému la population du pays menacé.

(*Grand État-major*, vol. III, p. 122.)

vaincue et son ardeur à se défendre, lui rappelleraient les légendes de 1792[1] et feraient briller à ses yeux l'espoir de chasser l'étranger et d'en débarrasser le sol de la patrie[2].

---

[1]. « Si, en 1792, la France repoussa l'agression de la première coalition,
« c'est qu'elle avait eu 3 ans pour se préparer et lever 200 bataillons de
« garde nationale, c'est qu'elle ne fut attaquée que par des armées au plus
« de 100,000 hommes.

« Si 800,000 hommes eussent marché sous les ordres du duc de Brunswick,
« Paris eût été pris malgré l'élan et l'énergie de la nation. »

(*Mémoires de Napoléon.*)

[2]. *Il est toujours trop tôt pour périr*. Quelle que soit la faiblesse d'un État, par rapport à son adversaire, il ne saurait, sous peine de déchéance morale absolue, se soustraire à des *efforts suprêmes*. Ces efforts n'excluent pas la possibilité de se sauver d'une perte certaine par une paix onéreuse : la défense poursuivie ne peut que faciliter les conditions de la paix et en amoindrir la rigueur.

Un Gouvernement qui, écrasé, anéanti par la chute de ses espérances à la suite d'une bataille décisive perdue, ne pense qu'à rendre au plus vite les douceurs de la paix à son peuple et ne se sent ni le désir, ni l'énergie de tenter un suprême effort, en y consacrant les dernières forces de la nation, commet, par faiblesse, une grande inconséquence et prouve ainsi qu'*il n'était pas digne de la victoire et celle-ci ne lui a fait peut-être précisément défaut que pour cette raison*.

(Clausewitz.)

Dans une guerre entre deux peuples qui ont adopté le service obligatoire et universel, il n'y a de vaincu *à la fin* que celui qui veut l'être.

(Ch. de Flandre à Gambetta. Edimburgh, 31 janvier 1871.)

Si jamais — ce qu'à Dieu ne plaise — notre patrie devait subir une défaite pareille à celle que la France a essuyée à Sedan, je souhaiterais ardemment qu'il vînt un homme qui *sût*, comme Gambetta l'a *voulu* pour son pays, l'embraser de l'esprit de la résistance poussée jusqu'à ses dernières limites. Puissions-nous avoir en partage le principe qu'avaient les Romains, de ne jamais conclure la paix à moins qu'elle ne fût heureuse !

(Von der Goltz.)

CHAPITRE II

SITUATION GÉNÉRALE DES DÉPARTEMENTS DE L'EST PAR SUITE DE L'ARRIVÉE AUX AFFAIRES DU GOUVERNEMENT DE LA DÉFENSE NATIONALE.

I. — Mesures immédiates prises par le Gouvernement.

Dès les premiers jours de septembre, le Gouvernement auquel Paris confiait les destinées de la France, marquait son arrivée aux affaires par une impulsion énergique imprimée aux idées de défense nationale et de résistance à outrance.

Désireux de donner une direction plus puissante à l'élan de patriotisme qui agitait ainsi et faisait vibrer la nation tout entière, le Gouvernement prenait toutes les mesures nécessaires pour coordonner les efforts individuels et pour en tirer le meilleur parti au point de vue de la défense.

Pouvoirs donnés aux préfets. — Il s'empressait de donner aux préfets[1] *des départements placés sous le*

---

1. 1814.

Ordres à donner par le Major général. (Paris, 1ᵉʳ janvier 1814.)

Il y aurait, à chacune de ces quatre armées, une organisation d'insurrection, composée d'un général et de plusieurs officiers supérieurs; ce seraient des officiers du pays, estimés dans le pays.

Le général Berckheim est nommé général de l'insurrection de l'Alsace.

En proposer pour les Vosges, la Champagne, la Franche-Comté, le Jura, le Lyonnais, la Savoie, le Dauphiné.

Les généraux de l'insurrection se tiendront près des généraux commandant

le coup de l'ennemi, certains pouvoirs militaires afin d'arriver à centraliser en quelque sorte la première organisation administrative des divers groupes avant l'arrivée de l'élément militaire. Celui-ci devait poursuivre ensuite cette organisation, puis prendre le commandement des unités définitivement constituées. Les préfets avaient ainsi, par disposition transitoire, toute latitude pour prendre les mesures que comportait la situation spéciale de leur département en vue de la résistance.

Comités de défense[1]. — Des *comités de défense* s'étaient d'ailleurs constitués spontanément dans le but de grouper les citoyens connus par leur esprit d'initiative et leur intelligence des besoins de la situation. Les travaux et les propositions de ces comités restaient toutefois soumis à l'approbation des autorités compétentes de la hiérarchie civile ou militaire. Leur action était entièrement subordonnée. On pressait le Gouvernement de centraliser la direction de ces comités ; il n'estimait pas que le moment en fût encore opportun et la décision n'en fut prise que plus tard, le 24 septembre, sur la proposition de l'amiral Fourichon, par la création des *commandements régionaux.*

---

les corps : ils donneront des ordres pour l'organisation par tiers de la population des villages ; ils en formeront des compagnies, nommeront les officiers, le chef de bataillon, donneront des ordres pour sonner le tocsin et formeront des corps de partisans dont ils nommeront les chefs et auxquels ils donneront des patentes de partisans.

. . . .

1. *Décret sur la levée en masse.* (4 janvier 1814.)

. . . .

Article 2. — Les généraux commandant les levées en masse seront assistés d'un comité composé de deux ou trois habitants soit civils, soit militaires, qu'ils désigneront de concert avec les préfets.

. . . .

Situation des départements au point de vue militaire. — La situation particulière des départements de l'Est s'était améliorée par suite de ces nombreux efforts ; elle était la suivante au mois de septembre.

Vosges. — *Mission du capitaine Varaigne.* — Dans les Vosges, à la suite d'une demande du préfet du département, M. George[1], le capitaine Varaigne[2], du génie, avait reçu du général Trochu la mission d'organiser d'urgence, pour les mettre en état de combattre le plus tôt possible, les gardes mobiles et les jeunes gens qui arriveraient des territoires envahis avec la volonté de marcher de suite à l'ennemi. L'arsenal de Besançon devait lui fournir les armes nécessaires et le préfet des Vosges, les moyens matériels d'organisation. Les capitaines Bourras[3], du génie, et Schædlen[3], de l'artillerie, étaient mis à la disposition du capitaine Varaigne, ainsi que tous les officiers évadés qui, passant par Épinal, désiraient se joindre à eux. Le général commandant à Besançon lui avait envoyé dans le même but le capitaine d'artillerie Perrin[4].

Les troupes réunies dans le département devaient constituer :

> Les 2ᵉ et 4ᵉ bataillons de garde mobile de Saône-et-Loire (armés de fusils à percussion et très mal équipés).
>
> 3 bataillons de garde mobile des Vosges (fusils à tabatière, très mal équipés).

---

1. Depuis sénateur.
2. Actuellement général de division, gouverneur d'Épinal.
3. « *Bourras*, modeste, sérieux, très intelligent ; — *Perrin*, brusque, énergique, propre au commandement actif ; — *Schædlen*, organisateur, énergie et sang-froid remarquables, mérite supérieur. » (Rapport de M. George, préfet des Vosges, en date du 28 septembre.)
4. Colonel d'artillerie en retraite.

L'effectif de ces 5 bataillons s'augmentait par suite de l'arrivée à Épinal des jeunes gens des départements occupés par l'ennemi, principalement de celui de la Meurthe, et l'on pensait atteindre en quelques jours un effectif total de 4,000 à 5,000 hommes.

Un corps franc, formé de 1,200 volontaires alsaciens et lorrains et qui prit le nom de *Bataillon franc des Vosges*, fut aussi formé assez rapidement. Le capitaine Bourras en reçut le commandement.

Enfin, le 2ᵉ bataillon des gardes mobiles de la Meurthe (fusils à tabatière), ramené de Lunéville sur Langres par l'énergique initiative de son commandant, avait été détaché de la place de Langres le 19 septembre et envoyé sur Épinal avec mission de détruire le tunnel de Lützelbourg. Il était sous les ordres du commandant Brisac[1]. Un officier du génie, M. de la Noë, et quelques sapeurs avaient été mis à sa disposition pour cette entreprise[2].

HAUTE-SAÔNE. — 8 bataillons de garde mobile, soit :

> 3 de la Haute-Garonne,
> 2 des Alpes-Maritimes,
> 3 de la Haute-Savoie,

avaient été envoyés dans ce département pour le couvrir ;

---

[1]. Ancien capitaine d'artillerie démissionnaire.
[2]. Dès le 30 août, le colonel de Bigot, chef d'état-major de la 7ᵉ division (Besançon), écrivait au ministère :
« Une grande fermentation règne en Lorraine et en Alsace et partout les
« habitants exaspérés n'attendent que des armes et une intelligente direction
« pour courir sus à l'ennemi. Des convois considérables de munitions et de
« vivres circulent continuellement sans escorte sur la voie ferrée Strasbourg-
« Nancy. Un bataillon d'infanterie, avec un petit détachement du génie et un
« officier de ce corps, suffiraient pour couper le chemin de fer entre Saverne et
« Sarrebourg. »

mais l'armement, l'habillement, l'équipement insuffisants de ces troupes ne permettaient pas encore de les faire entrer en ligne.

Jura. — Dans le Jura, le tirage et la révision s'exécutaient le 6 et le 7. On armait la garde nationale. La garde mobile était équipée, mais les armes manquaient. Enfin, le préfet signalait ce fait, à l'honneur de ces jeunes conscrits, qu'aucun cas d'insubordination ne s'était produit. Le manque d'armes se faisait d'ailleurs vivement sentir partout et la commission d'armement, présidée par M. Lecesne, s'occupait activement de remédier à cette situation.

Doubs. — Dès le 5 septembre, le préfet du Doubs, M. de Farincourt, annonçait au Gouvernement que l'organisation de Besançon, dirigée par le général de Prémonville, paraissait en bonne voie. La garde nationale de la ville était armée de 2,000 fusils. On en avait distribué plus de 10,000 aux chefs-lieux d'arrondissements et de cantons des environs. 2,000 mobiles, sur un total de 4,000, étaient armés et équipés et leur instruction avait été poussée jusqu'à l'école de bataillon. Le conseil municipal de Besançon s'associait aux efforts de la région en votant une somme de 100,000 fr. pour compléter les travaux de défense de la place (6 septembre).

La Haute-Saône, le Jura et le Doubs n'allaient d'ailleurs pas tarder à grouper les intérêts de leur défense sous la direction administrative de M. Albert Grévy.

L'initiative individuelle n'était pas moins active et le Gouvernement s'efforçait de lui venir en aide et de l'encourager. Le 9 septembre, le ministre de l'intérieur ordonnait aux préfets du Doubs, du Haut-Rhin, de la Haute-Saône et des Vosges de mandater, jusqu'à concurrence de

100,000 fr., à l'ordre de M. Keller, ancien député, qui s'occupait, avec le zèle le plus ardent, d'organiser une légion de francs-tireurs.

Partout le Gouvernement s'efforçait de réveiller, de surexciter le sentiment patriotique, de donner un corps aux aspirations guerrières de la nation. Partout il cherchait à mettre en œuvre tous les dévouements, toutes les capacités loyales. « *Votre seule politique*, écrivait-il aux préfets, *doit être la Défense nationale.* » Des arrêtés énergiques accentuaient ces paroles et témoignaient de la ferme volonté de ne se laisser entraver par aucune considération de traditions, de personnes ou de situations acquises. Tout devait tendre vers un seul but : *chasser l'ennemi du sol français*. Locale ou ennemie, toute résistance éloignant de ce but devait être brisée sans pitié.

Les préfets étaient invités à désigner les maires s'occupant avec ardeur de la défense et y consacrant toute la force de leur volonté, à signaler ceux qui l'entravaient par leur faiblesse. Au besoin, ils devaient même pourvoir d'urgence à leur remplacement[1].

II. — Petites opérations pendant la période précédant l'arrivée du général Cambriels.

La défense, cependant, ne restait pas inactive et cette deuxième période était marquée par une recrudescence

---

1. A comparer :   DÉCRET.
                                          Fismes, 5 mars 1814.
. . . .
Article 1er. — Tous les maires, fonctionnaires publics et habitants, qui, au lieu d'exciter l'élan patriotique du peuple, le refroidissent ou dissuadent les citoyens d'une légitime défense, seront considérés comme traîtres et traités comme tels.
(Extrait du *Moniteur* du 7 mars 1814.)   NAPOLÉON.

d'audace dans les tentatives dirigées contre les Allemands.

Mesures répressives prises par les Allemands. — Le grand état-major, jugeant qu'une telle situation compromettait la sécurité des lignes de communication des armées allemandes et contribuait à démoraliser les troupes, décidait l'occupation de la Haute-Alsace, afin de mettre fin, d'une façon complète, à ces entreprises, qui l'inquiétaient beaucoup.

Il invitait donc, le 9 septembre, le général de Werder à faire parcourir toute cette région par des colonnes volantes chargées de désarmer les habitants. On réunissait dans ce but, aux troupes précédemment concentrées à Mülheim, à la suite du coup de main de Bellingen, 4 bataillons, 8 escadrons 1/2, 3 batteries et un détachement de pionniers avec équipage de pont léger[1]. Ces forces avaient pour mission de pousser jusqu'à Colmar et Mulhouse. Trois escadrons étaient en outre désignés pour entretenir les communications avec le corps de siège de Strasbourg.

Rassemblement de la 4ᵉ division de réserve. — Enfin, le 20 septembre, une 4ᵉ division de réserve, formée sous les ordres du général de Schmeling, au moyen de 3 régiments de landwehr, 1 régiment d'infanterie, 2 régiments de uhlans de réserve, 6 batteries de réserve et 1 compagnie de pionniers, se rassemblait entre Fribourg, Vieux-Brisach et Schliengen[2]. Elle avait ordre, aussitôt sa concentra-

---

[1]. Sous le commandement du général-major Keller.
[2]. 16,457 hommes, 2,809 chevaux, 36 pièces (15 bataillons, 8 escadrons, 36 pièces, 1 compagnie) appartenant aux troupes *actives* encore disponibles

tion effectuée, de franchir le Rhin, d'occuper la Haute-Alsace, d'assiéger Schlestadt et Neuf-Brisach et d'observer le pays vers Belfort. Elle devait se tenir en rapport avec le gouverneur général d'Alsace et avec le général de Werder. Elle avait surtout pour mission de mettre fin aux entreprises des francs-tireurs, en investissant les places de la Haute-Alsace qui leur servaient de points d'appui.

Envoi d'une brigade allemande sur Mulhouse. — Déjà, le 16 septembre, l'envoi vers Mulhouse de la brigade allemande, détachée du corps de siège de Strasbourg, sous le commandement du général Keller, avait témoigné de l'inquiétude causée au grand état-major par les mouvements qui s'effectuaient dans les Vosges.

Cette brigade, soutenue par le détachement du colonel Bauer, avait occupé Mulhouse et y était restée deux jours. Elle y avait détruit la voie ferrée de Belfort et le pont de l'Ill.

Action des corps francs pendant la marche de cette brigade. — Mais avant d'atteindre ce point, elle avait été harcelée, chaque jour et à chaque pas, par d'incessantes attaques, soit de la part des francs-tireurs, soit par les habitants eux-mêmes. A Marckolsheim et dans la forêt de Kuenheim, des corps francs l'avaient attaquée non sans succès. Le 11 septembre, une troupe de francs-tireurs et de gardes mobiles avait aussi combattu vaillamment à Bernardswiller contre les détachements badois : ils avaient réussi à repousser les Allemands, après leur avoir infligé des pertes sensibles [1].

---

en Prusse et réunis par ordonnance royale du 20 septembre 1870. (*Grand État-major,* vol. III, p. 297. Voir l'appendice.

1. Aucuns détails plus précis sur ces deux engagements, sauf quelques renseignements fort vagues dans le récit du Grand État-major. (Vol. III, p. 124 et 125.)

Enhardis par ce succès contre un ennemi supérieur en nombre et pourvu d'artillerie, ces mêmes francs-tireurs tentaient encore une nouvelle attaque au pont de l'Ill, à l'ouest de Horbourg[1]. Mais l'artillerie ennemie ne leur permettait pas de soutenir la lutte et ils se retiraient sur Colmar.

Reconnaissances de la garnison de Neuf-Brisach. — Escarmouches. — Déjà, le 13 septembre, la place de Neuf-Brisach, prévenue par les paysans qui annonçaient une occupation sérieuse du pays, avait dirigé une reconnaissance sur Kuenheim, en arrière de Biesheim, par la route de Strasbourg. 40 cavaliers, restés seuls dans la place, précédaient la colonne. Au sortir de Kuenheim, ils tombaient au milieu d'un escadron de cavalerie badoise de la brigade Keller; mais bien que forcés par le nombre à la retraite, ils faisaient subir à l'ennemi des pertes relativement sérieuses.

Le lendemain, une petite troupe de mobiles, de francs-tireurs et de douaniers sous le commandement d'un lieutenant de mobiles, sortait de Neuf-Brisach et marchait vers la maison éclusière du canal, à hauteur de Biesheim.

L'ennemi l'occupait en force et la reconnaissance, trop faible pour aller plus loin, revenait à Neuf-Brisach, quand elle apercevait une assez forte colonne s'avançant vers la place par la route de Strasbourg.

C'était la garde nationale de Biesheim, chargée et sabrée par la cavalerie allemande. Ces braves gens avaient sans doute puisé leurs seules notions d'art militaire dans

---

1. Rapport du premier président de la cour d'appel (Haut-Rhin) en date du 14 septembre : « Une centaine de francs-tireurs et 50 ou 60 gardes nationaux « se sont portés spontanément à la rencontre de l'ennemi et l'ont repoussé, « mais l'ennemi étant revenu en nombre, le petit groupe s'est replié sur « Colmar. »

quelques romans nationaux et n'avaient pas hésité à se former courageusement en carré au milieu du village, au lieu de défendre leurs maisons en s'y retranchant. Le résultat d'une pareille tactique était facile à prévoir, la troupe n'ayant aucune instruction militaire : le carré avait été enfoncé et les paysans sabrés fuyaient vers Neuf-Brisach. La petite colonne en reconnaissance s'empressait de les secourir en dirigeant un feu nourri sur l'ennemi ; elle réussissait à les dégager et à les faire entrer dans la place.

Le 18 au soir, le percepteur de Muntzenheim apportait la nouvelle qu'un piquet ennemi se trouvait dans le village. Quelques troupes de ligne partaient en toute hâte de Neuf-Brisach sur des charrettes ; elles surprenaient le poste ennemi et le ramenaient prisonnier dans la ville.

La garnison allait d'ailleurs compter un effectif plus en rapport avec l'importance de la place. Le 25 septembre, en effet, le 2e bataillon de la garde mobile du Rhône arrivait dans la ville, ainsi qu'une compagnie de francs-tireurs de Mirecourt, et le chiffre total de l'effectif de la garnison atteignait 5,500 hommes.

Résultats de ces coups de main. — Cette résistance, bien qu'en réalité peu dangereuse pour les colonnes importantes, gênait beaucoup les petits détachements allemands et constituait un réel danger pour eux. La coopération armée des habitants, qui n'hésitaient pas à se joindre aux francs-tireurs, rendait peu sûres et indécises les patrouilles de la cavalerie. Dans les Vosges, les populations organisaient également la défense ; des bandes de francs-tireurs, de 50 à 100 hommes, franchissaient les cols et battaient les pentes occidentales de la chaîne.

Opérations spéciales du bataillon de la Meurthe. — Le bataillon de la Meurthe en particulier, dont la mission spéciale sur Lützelbourg a été rapportée plus haut, n'allait pas tarder à s'engager sérieusement.

Une reconnaissance, poussée sur Lützelbourg par son chef, le commandant Brisac, accompagné du capitaine Varaigne, pendant que le bataillon se rendait lui-même à Saint-Dié, leur avait prouvé que les Prussiens avaient eu connaissance de leurs projets. Certaines personnes de l'entourage du préfet des Vosges avaient, malgré ses recommandations, manqué de discrétion. Il était devenu impossible d'exécuter l'opération ordonnée contre le viaduc de Lützelbourg. Ce point était en effet occupé en forces par les Allemands. Toutes les routes de Lützelbourg à Badonviller étaient sillonnées de partis allemands et la cavalerie ennemie battait le pays.

Envoi par le général de Werder d'une colonne mobile sous le commandement du major d'Elern. — Une colonne mobile, forte de 1,200 hommes environ, comprenant : 1 bataillon de landwehr de la Garde, 2 pelotons de hussards et 2 pièces de canon, occupait Badonviller, depuis le 21 au soir, venant de Saverne, Sarrebourg et Blamont. Elle avait été envoyée par le général de Werder, très préoccupé des tentatives qui pourraient se produire contre la voie ferrée, formant la ligne de communication de l'armée allemande par la vallée de la Zorn. Le major d'Elern la commandait.

Dans ces conditions une surprise n'était plus possible et le bataillon était trop faible (600 hommes) pour tenter d'exécuter l'opération de vive force.

On se contenta donc de l'employer à déloger la colonne allemande de Badonviller.

Escarmouche de Pierre-Percée (23 septembre). — L'attaque eut lieu dans les environs de Pierre-Percée, le 23 septembre, au moment où l'ennemi[1] débouchait de Badonviller par la vallée de Celles dans le but d'exécuter une reconnaissance aux abords de la voie ferrée. 3 compagnies de francs-tireurs (Neuilly, capitaine Sageret, — Luxeuil, capitaine de Perpignac, — Colmar, capitaine Eudeline) s'étaient réunies au bataillon de la Meurthe. Deux compagnies du bataillon de la Meurthe et la compagnie de francs-tireurs de Luxeuil engagèrent la lutte, à la scierie Lajux, contre la colonne allemande. Pendant ce temps les autres compagnies occupaient Celles. Le feu, très vif, dura de 2 heures et demie à 4 heures et fut suivi de la retraite des Allemands qui se retirèrent sur Badonviller et s'y retranchèrent. De notre côté, une compagnie restait à Celles, en prévision d'un retour de l'ennemi pendant la nuit et le reste de la petite troupe rentrait à Raon-l'Étape.

Escarmouche à Dinsheim (24 septembre). — Le lendemain, de l'autre côté des Vosges, quelques francs-tireurs, embusqués dans les vignes à l'est de Dinsheim, attaquaient les avant-postes du détachement badois réuni à Mutzig et destiné à relier la colonne du major d'Elern à la division badoise. Aussitôt après cette brusque attaque, les francs-tireurs se retiraient rapidement sur Flexbourg.

Escarmouches à Heiligenberg et à Rothau. — D'autres engagements avaient également lieu, près d'Heiligenberg[2] et près de Rothau[3], entre des partisans et une reconnaissance allemande qui remontait la vallée de la Bruche.

Pendant ce temps, le préfet des Vosges déployait la plus

---

1. 3 compagnies d'infanterie et 2 pelotons de cavalerie, environ 800 hommes et 60 chevaux.
2. A 5 km ouest de Mutzig.
3. A $2^{km},5$ au sud de Schirmeck.

grande activité: il avait chargé le capitaine Perrin de la défense des défilés et des cols de la chaîne des Vosges et il avait mis à sa disposition 2 bataillons de garde mobile de Saône-et-Loire.

Les trois bataillons de garde mobile des Vosges, constituant le 58⁰ régiment de marche, se formaient également à Épinal. Bien que leur organisation et leur équipement fussent encore très défectueux, on n'hésitait pas, en raison de leur ardeur et de leur excellent esprit, à envoyer l'un d'eux (le 3ᵉ) à Raon-l'Étape, pour soutenir le bataillon de la Meurthe. Il y arrivait le 24 et s'y rencontrait avec 2 compagnies de Saône-et-Loire, déjà envoyées sur ce point. Enfin le 1ᵉʳ bataillon des Vosges était dirigé sur Saint-Dié, pendant qu'un des bataillons de Saône-et-Loire occupait Remiremont et que les deux autres bataillons du même département complétaient leur organisation à Épinal.

Le lendemain, les Allemands évacuaient Badonviller pour se replier sur Azerailles et Montigny, et le bataillon de la Meurthe recevait encore, comme renfort, la compagnie des francs-tireurs du Doubs (capitaine Schmidt)[1].

Canonnade de Raon-l'Étape. — Le 27, avait lieu une affaire plus sérieuse auprès de Raon-l'Étape. Le petit détachement français, marchant en reconnaissance sur la route de Baccarat, était accueilli à la sortie de Raon par une canonnade venant de Clairupt, et par un feu violent de mousqueterie partant d'un petit bois situé entre cette hauteur et Raon. Nous nous retranchions immédiatement dans le village; sept barricades y étaient élevées, les maisons étaient crénelées et occupées.

---

1. Les francs-tireurs de Colmar étaient restés à Raon depuis l'affaire de Pierre-Percée.

La colonne du major d'Elern, qui, cependant, s'était augmentée de 2 compagnies d'étapes saxonnes et d'un détachement de uhlans (comprenant alors plus de 1,800 hommes et 330 chevaux), ne jugeait pas à propos de s'aventurer davantage. Elle « parvenait à effectuer sa retraite au « delà de Bertrichamps sans être inquiétée[1] ».

Le bataillon de la Meurthe accompagnait ce mouvement jusqu'à Bertrichamps.

La confiance de nos jeunes troupes s'accroissait ainsi par de petits engagements heureux, dans lesquels elles avaient constaté la retraite des Allemands devant elles.

Dispositions prises par les Allemands à la suite de la reddition de Strasbourg (27 septembre). — La reddition de Strasbourg avait lieu le même jour. Elle rendait disponible la majeure partie du corps de siège[2].

Le 30 septembre, la garnison de la ville était constituée au moyen de la 1re division de réserve, dont une partie était même détachée pour observer Schlestadt, en attendant l'entrée en ligne de la 4e division de réserve.

La division de landwehr de la Garde était appelée devant Paris.

Formation du XIVe corps. — Quant à la division badoise, réunie à une brigade d'infanterie combinée, à une brigade de cavalerie combinée et à trois batteries de réserve, elle formait le XIVe corps, qui comptait ainsi 23 bataillons, 20 escadrons et 12 batteries (72 pièces), soit au total 36,800 hommes[3] de troupes aguerries et régulières, disponibles et prêtes à marcher contre nos rassemblements improvisés, auxquels une haute direction faisait encore défaut.

---
1. *Grand État-major*, vol. III, p. 127.
2. Voir la décomposition à l'appendice.

Effectif total employé contre nos rassemblements. Action morale des partisans. — Si, à ce nombre, on ajoute celui des troupes réunies par les Allemands dans le même but, on constate qu'un effectif d'au moins 63,000 hommes fut ainsi distrait des autres théâtres d'opérations par une poignée de Français mal armés, mal équipés, mal habillés, sans approvisionnements, sans instruction et sans direction.

Un tel résultat pourrait paraître extraordinaire : on serait porté peut-être à trouver inutile et déplacé un semblable déploiement de forces; mais il importe ici de pénétrer les causes morales qui ont porté les Allemands à agir ainsi. La confiance de leurs hommes était atteinte par les entreprises de nos partisans, favorisés par un terrain admirablement propre à la guerre d'embuscade; leur imagination grossissait les périls auxquels les exposaient les patrouilles isolées, les pointes, les reconnaissances. En un mot, leur moral s'affaissait sous les incessantes escarmouches, heureuses ou malheureuses, de nos corps francs. Elles les troublaient profondément. Il importait au plus haut point de réagir, et de réagir d'une manière éclatante. La sûreté de l'armée envahissante en dépendait en effet, car des soldats inquiets ou craintifs gardent mal une colonne et ne préservent pas un stationnement. Il fallait leur rendre la confiance en eux-mêmes et leur prouver que les méthodes de guerre de leurs chefs étant infaillibles, il ne suffisait point de quelques paysans mal armés pour les braver et les mettre en échec.

L'examen attentif de ces faits conduit à bannir toute improvisation systématique des choses de la guerre. Là où des éléments inhabiles ont produit un simple résultat moral, ces mêmes forces organisées auraient pu donner des résultats d'ordre absolu.

Cette prévoyance qui a fait défaut alors, s'impose donc pour l'avenir et les enseignements du passé ne doivent pas être perdus.

Mission du XIVᵉ corps. — Le général de Werder reçut le commandement de ce corps : il avait ordre de marcher vers la haute-Seine, en étouffant sur son passage toutes les tentatives de formation de troupes dans les départements des Vosges, de la Haute-Marne et de l'Aube. Il devait, en outre, chercher à rétablir le chemin de fer de Blainville, Épinal et Chaumont et, enfin, tenter un coup de main sur Langres.

En communication constante avec les gouverneurs généraux d'Alsace et de Lorraine, ainsi qu'avec le général de Schmeling, commandant la 4ᵉ division de réserve, il devait, en ce qui concernait ce dernier, s'entendre avec lui, en vue d'une action commune, pour se couvrir contre toute entreprise venant de Belfort [1].

Passage du Rhin par la 4ᵉ division de réserve, du 1ᵉʳ au 3 octobre. — Cependant la 4ᵉ division de réserve [2] effectuait, du 1ᵉʳ au 3 octobre, le passage du Rhin à Neuenbourg, en avant de Neuf-Brisach. Le 3, elle occupait Mulhouse sans résistance et détruisait la ligne de Belfort. Un premier investissement était effectué autour de Schlestadt et de Neuf-Brisach.

2 bataillons, 2 escadrons et une batterie s'établissaient à Colmar pour dominer la Haute-Alsace et purger le pays,

---

1. Voir ses instructions à l'appendice.
2. 16,450 hommes, 2,800 chevaux, 36 pièces formant 15 bataillons, 8 escadrons, 6 batteries. (Voir l'appendice.)

mais surtout les Vosges, des bandes de francs-tireurs qui battaient l'estrade avec une énergie infatigable. Un pont, jeté à Neuenbourg, établissait les communications avec le duché de Bade.

Détachement du général de Degenfeld contre les rassemblements de Raon-l'Étape. — Le général de Werder venait, en outre, de se décider à agir. Informé de la réunion des contingents français autour de Raon-l'Étape, il prenait la résolution de porter les coups de ce côté. Le résultat n'était point douteux pour lui. Il savait notre faiblesse et connaissait sa force. Le 2 octobre, en conséquence, un détachement, dirigé par le général de Degenfeld et fort de 6 bataillons, 2 escadrons 1/4 et 2 batteries[1], se mettait en marche à travers les Vosges. Il formait deux colonnes; l'une se dirigeant de Mutzig sur Raon-l'Étape par Schirmeck, tandis que la seconde allait de Barr sur Étival par Senones.

La première campagne de l'Est commençait en réalité et les Allemands allaient se trouver en présence du général Cambriels, qui entrait en scène. Mais, avant de continuer le récit de ces faits, il devient nécessaire de relater brièvement les dispositions générales prises en ce moment par le Gouvernement et le plan d'opérations projeté dans la région de l'Est.

Plan d'opérations dans l'Est. — Envoi du général Cambriels. — Le plan de défense et d'opérations de la région de l'Est, discuté et adopté à Paris par le Gouvernement, avant l'investissement (15 septembre), établissait, en principe, la formation dans l'Est de plu-

---

[1] 7,000 hommes, 900 chevaux, 12 pièces.

sieurs petits corps, destinés à manœuvrer sur les flancs et les derrières de l'ennemi, de façon à menacer et à gêner ses communications.

La veille de l'arrivée des Allemands devant Paris, le général Le Flô, ministre de la guerre, faisait partir le général Cambriels pour Belfort, afin d'y prendre le commandement des forces qui s'y trouvaient réunies.

Un arrêté lui donnait en outre autorité sur les hauts fonctionnaires civils des départements environnants et sur les éléments militaires, mis précédemment à leur disposition.

Grièvement blessé à la tête dans la journée de Sedan, le général Cambriels était encore malade, mais son ardent patriotisme lui venait en aide pour vaincre ses souffrances et marcher à l'ennemi.

Le général Le Flô lui avait recommandé de passer le plus tôt qu'il lui serait possible de l'organisation à l'action. Sans songer toutefois à opposer encore des troupes de formation aussi récente et manquant d'une cohésion suffisante aux corps prussiens si puissamment organisés, il lui recommandait de harceler les détachements ennemis sans trêve et sans repos, de l'empêcher ainsi de s'étendre, de restreindre le champ de ses réquisitions, de menacer surtout ses relations avec l'arrière, enfin de l'inquiéter jour et nuit, toujours et partout. Il fallait arriver à couper les chemins de fer de l'ennemi qui constituaient ses vraies lignes de communication. C'était, de ce côté, la grande œuvre à poursuivre et on devait, dans ce but, jeter partout des corps francs.

CHAPITRE III

COMMANDEMENT DU GÉNÉRAL CAMBRIELS

I. — Arrivée du général Cambriels dans l'Est. — Pouvoirs qui lui sont conférés (18 et 26 septembre).

Commandement supérieur de Belfort (18 septembre). — Nommé, le 18 septembre, au commandement supérieur de Belfort [1], le général Cambriels arrivait dans cette ville le 23.

Ses pouvoirs s'étendaient sur les éléments militaires des Vosges et de la Haute-Alsace; la direction générale de la défense lui en était confiée. Toute latitude lui était, en outre, donnée pour réquisitionner, dans les départements voisins, les troupes qu'il jugerait utile d'employer. Un régiment de cavalerie, le 7ᵉ régiment de chasseurs à cheval, avait ordre de le rejoindre le plus promptement possible.

Relations avec les réserves derrière la Loire. — Enfin, des instructions étaient adressées au général de La Motte-Rouge, chargé de l'organisation du 15ᵉ corps derrière la Loire. Elles témoignaient de l'importance que le Gouvernement attachait à la mission du général Cambriels. Elles

---

1. L'histoire du siège et de la défense de Belfort, ayant déjà été écrite au moyens de documents officiels exacts, ne rentre plus dans le cadre de cette étude.

imposaient au général de La Motte-Rouge l'obligation de lui venir en aide en lui envoyant, au fur et à mesure de leur formation, les premières divisions dont il pourrait disposer[1].

Situation de Belfort et des environs. — Le commandant supérieur de Belfort, à son arrivée dans cette ville, trouvait la place en assez bon état de défense. 15,000 hommes environ s'y trouvaient réunis.

L'esprit des troupes et de la population était excellent[2]. Mais l'œuvre d'organisation n'était qu'ébauchée et bien qu'elle fût en bonne voie, il restait encore presque tout à faire avant de pouvoir utiliser, d'une façon active, les éléments inexpérimentés dont on disposait.

II. — Organisation de la défense par le général Cambriels.

Le général Cambriels se hâtait de se mettre en rapport avec les préfets des départements placés sous sa haute direction. Il leur communiquait ses pouvoirs et

---

1. Instructions du général Le Flô au général de La Motte-Rouge :
..... « D'un autre côté et, sans perdre de vue l'obligation de laisser tou-
« jours une protection suffisante à la Délégation du Gouvernement établie à
« Tours, vous pourrez vous porter dans la vallée de la Saône et, vous appuyant
« sur Auxonne, Besançon, Belfort même, manœuvrer sur le flanc gauche de
« l'ennemi et l'inquiéter dans ses opérations. » (*Souvenirs du général de La Motte-Rouge*, vol. III, page 470.)

Il est extrêmement intéressant de comparer ces instructions avec le plan d'opérations dans l'Est, conçu par M. de Freycinet, et dont il donne le résumé page 222 de *La Guerre en province.*

2. Voir la note 1 de la page suivante.

se rendait rapidement compte des mesures prises, des efforts réalisés, des résultats obtenus. L'état moral des populations, celui des troupes étaient surtout l'objet de son attention. Il ne déployait pas moins d'activité en ce qui concernait la réunion des approvisionnements de toute nature dans les divers points d'appui du territoire.

Enfin, il s'occupait immédiatement d'organiser des batteries de montagne en vue des opérations que le Gouvernement avait prescrites.

Cependant, la précipitation avec laquelle on avait réuni les divers éléments de la défense, la rapidité qu'on avait mise à les envoyer dans l'Est, avaient engendré un certain désordre, une certaine confusion[1]. Aussi les préparatifs se trouvaient-ils ralentis plutôt qu'accélérés et ce défaut de méthode devait retarder le moment où l'on pourrait entrer en ligne. Le général s'empressait de coordonner les efforts, d'en restreindre les effets décousus, d'imprimer à tous une action plus régulière, moins précipitée dans ses actes, mais d'autant plus rapide dans ses résultats. Les diverses autorités recevaient l'ordre de ne plus envoyer à Belfort que les troupes dont l'organisation, au point de vue matériel, était complète. Elles devaient procéder à l'armement, à l'équipement des hommes dans les différentes places avant de les diriger sur Belfort. Un point de rassemblement

---

1. « Le moral de la garnison et de la population étaient profondément atteints
« à notre arrivée à Belfort et je dois dire que c'est le général Cambriels qui
« le releva par son brillant entrain, son insouciante gaieté, vraiment extraor-
« dinaire chez un homme qui était resté pour mort quinze jours avant à
« Sedan... » (Extrait d'une correspondance du commandant Léonce Berger,
ancien chef d'état-major du général Cambriels.)

était indiqué dans ce but aux mobiles de la Côte-d'Or. Lure était désigné et on devait y employer les hommes à élever des ouvrages [1]. Le Gouvernement s'efforçait d'ailleurs de faciliter au général Cambriels l'exécution de la mission difficile dont il l'avait chargé : il étendait les pouvoirs déjà très importants qu'il lui avait confiés.

Création des commandements régionaux (24 septembre). — En effet, le 24 septembre, sur la proposition de l'amiral Fourichon, on avait créé des *commandements régionaux* dans le but de grouper et de centraliser, sous l'autorité militaire, les comités de défense d'un certain nombre de départements. Ces commandements devaient, en principe, s'étendre des Ardennes à Belfort en passant par Tours.

Commandement supérieur de la région de l'Est. — Le 26 septembre, le général Cambriels recevait le *commandement supérieur de la région de l'Est,* comprenant la 7ᵉ division militaire, ainsi que les subdivisions des Vosges, du Haut-Rhin et de la

---

[1]. Le général Cambriels signalait au ministre, le 4 octobre, qu'il était indispensable de ne pas lui envoyer, comme on le faisait, des hommes dépourvus d'armes, d'équipement, de munitions et de campement. — « Ce ne sont plus « des soldats ; ce sont des *bouches à nourrir*, on n'a pas de quoi les équiper. « Il ne faut m'envoyer que des unités en état de marcher. Tous ces gens-là « épuisent la place et vident les caisses. Il ne faut pas les faire passer par « Belfort. »

A comparer :

Biron à Servan, 1792... « J'ai déjà beaucoup trop de ceux qui *mangent*, mais beaucoup trop peu de ceux qui *servent.* »

Côte-d'Or, appartenant aux 5ᵉ, 6ᵉ et 8ᵉ divisions militaires[1].

Mesures prises du côté de l'Alsace et de Belfort. — En ce moment, l'Alsace attirait plus particulièrement l'attention et l'activité du général Cambriels. Il importait en effet de couvrir complètement les rassemblements qui s'opéraient dans le bassin de la Saône. La sécurité de cette place d'armes naturelle pouvait seule permettre d'y lever des troupes et il ne fallait pas que des entreprises du dehors pussent venir la troubler.

---

1. Le général Cambriels organisait alors son commandement de la façon suivante :

    Chef d'état-major : M. Berger, ancien capitaine d'état-major, faisant fonctions de chef d'escadron (nommé le 26 septembre).

    Attachés à l'état-major : M. Rothalier, capitaine de la garde nationale.
                — M. Chatel, ingénieur des ponts et chaussées.

Les troupes étaient réparties en trois brigades, sous les colonels Crouzat, Thornton et Sautereau.

1ʳᵉ *Brigade.* — Colonel d'artillerie *Crouzat* (nommé général le 3 octobre).
    Dépôt et 4ᵉ bataillon du 45ᵉ.
    1ᵉʳ, 4ᵉ et 5ᵉ bataillons du Haut-Rhin.
    Légion romaine et zouaves pontificaux.
    1ᵉʳ et 2ᵉ escadrons du 7ᵉ chasseurs.
    1ʳᵉ batterie du 3ᵉ d'artillerie.

2ᵉ *Brigade.* — Colonel de cavalerie *Thornton* (nommé général le 3 octobre et remplacé par le lieutenant-colonel Vivenot).
    4ᵉ bataillon du 84ᵉ.
    1ᵉʳ, 2ᵉ, 3ᵉ, 4ᵉ bataillons de la Haute-Saône.
    3ᵉ et 4ᵉ escadrons du 7ᵉ chasseurs.
    2ᵉ batterie du 3ᵉ d'artillerie.

3ᵉ *Brigade.* — Colonel *Sautereau*.
    4ᵉ bataillon du 85ᵉ.
    3ᵉ et 4ᵉ bataillons du Rhône (16ᵉ de marche).
    1ᵉʳ et 2ᵉ bataillons du Rhône (65ᵉ de marche).
    5ᵉ et 6ᵉ escadrons du 7ᵉ chasseurs.
    1 batterie d'artillerie en formation.

Le général de Chargère recevait le commandement territorial du Haut-Rhin.

Or, le 26, on apprenait que les Badois opéraient sur le Rhin, en face de Mulhouse. Ils construisaient des ouvrages sur ce point et l'on pouvait prévoir un passage du fleuve.

Le général Cambriels envoyait aussitôt 3 compagnies de francs-tireurs dans la forêt de la Hardt. Dès le 28, le colonel Thornton[1] arrivait sur ce point à la tête de 4 escadrons du 7e chasseurs à cheval et, avec l'aide de la légion bretonne, des francs-tireurs alsaciens et des francs-tireurs de l'Isère, on établissait tout un dispositif de surveillance le long du Rhin.

Le garde général, M. Zurlinden, employait aussi dans ce but ses gardes forestiers.

En même temps, et afin d'utiliser, sans en négliger aucun, tous les dévouements qui s'offraient en Alsace, le général proposait au ministre de la guerre à Tours d'appeler les célibataires du département du Haut-Rhin, âgés de 25 à 35 ans, qui n'attendaient qu'un ordre pour se mettre en route. Mais à ce moment déjà, comme dans toutes nos périodes de crises nationales, ce n'étaient point les hommes qui faisaient défaut. La guerre sait réveiller les courages français et, si l'on a pu dire que notre nation n'était pas militaire, on n'a jamais nié qu'elle ne fût profondément guerrière. Les Français ne manquèrent en effet jamais quand il s'est agi de combattre[2].

En 1870, comme en 1814, c'étaient les armes qui manquaient; la consommation dans ces deux périodes avait été énorme; l'équipement, l'habillement, les approvi-

---

1. Depuis général de division et inspecteur général des remontes.
2. Voir l'appendice : Situation au moment de l'armistice.

sionnements en tous genres ne répondaient pas non plus aux besoins d'un aussi grand nombre de courages. Le Gouvernement éprouvait cette angoisse, en présence de l'ennemi foulant notre sol, d'être arrêté par une question de matériel, quand la nation entière demandait à combattre. Il ne put donc autoriser le commandant supérieur à prendre la mesure que celui-ci demandait pour l'Alsace et le général dut se borner à donner l'ordre de réunir les douaniers à Mulhouse. Ils étaient nombreux, beaucoup très vigoureux, tous, bien armés et bien équipés. On avait donc lieu d'espérer que leur groupement, sous les ordres de l'inspecteur des douanes, M. Rolland, donnerait de bons résultats.

Ils avaient ordre, au cas où ils ne pourraient tenir devant un ennemi supérieur en nombre, de se replier, dans la direction de Thann, par les bois, puis par la vallée de Saint-Amarin.

Le général Cambriels investissait en outre M. Keller des fonctions de colonel de la garde nationale mobile et du commandement supérieur des compagnies de francs-tireurs du Haut-Rhin. Les gardes forestiers étaient également placés sous sa direction; mais son autorité sur ces diverses troupes s'exerçait simplement au point de vue des opérations militaires.

La création d'un 6e bataillon de gardes mobiles du Haut-Rhin, composé de volontaires, était en même temps décidée. M. de Mayol de Luppé en recevait le commandement et le colonel Keller, la direction supérieure.

Enfin, on envoyait sur ce théâtre le 2e bataillon de Saône-et-Loire occuper le col du Bonhomme; il détachait une compagnie au col de Bussang.

Le commandant supérieur ne négligeait pas non plus d'assurer autant qu'il était en son pouvoir la défense des voies ferrées qui rayonnent autour de Belfort. Occupant une position de flanc, relativement au large seuil situé au sud de cette place, il en protégeait l'entrée. Les dispositions qu'il avait prises dans ce but présentaient encore l'avantage de soutenir l'action des corps francs dans la Haute-Alsace.

Le colonel Keller occupait Thann.

Le général Thornton, avec le 7e chasseurs à cheval, s'étendait en avant de la Chapelle-sous-Rougemont et du ruisseau de Saint-Nicolas. Il avait sous ses ordres, en arrière de cette position, 9 bataillons et demi et 6 pièces de Frais à Petit-Magny, par Fontenelle, Bessoncourt et Roppe.

Mais le commandant supérieur ne tardait pas à s'apercevoir de l'impossibilité, où il se trouvait, d'organiser la défense de son flanc droit, entre Belfort et le Rhin, avec les éléments dont il disposait. Il se contentait donc de faire garder l'angle des deux voies ferrées, conduisant de Belfort sur Paris et sur Lyon, par 3 bataillons de la Haute-Garonne, forts chacun de 1,300 hommes, qu'il échelonnait sur deux lignes entre Lure et Montbéliard. La 1re ligne occupait Marvelise, Chavane, le Vernois ; la 2e, Faymont, Lomont, Béverne, Etobon. (Dépêche du 3 octobre au général de Prémonville.)

Le commandant supérieur se mettait également en rapport avec Épinal et la défense des Vosges, avec Besançon, sous le général de Prémonville, avec Langres, avec Dijon, enfin, confié au général Sencier. Il réglait lui-même la défense de cette dernière place par l'intermédiaire d'un ingénieur distingué, M. Vernis[1].

III. — Défense des Vosges.

Situation dans les Vosges. — Mais l'attention du général Cambriels était alors appelée tout entière sur les Vosges, et ce théâtre d'opérations allait l'occuper exclusivement.

La situation venait de s'y modifier en quelques heures et d'une façon fâcheuse pour nous.

Les résultats obtenus antérieurement avaient été assez satisfaisants pour donner lieu à de grandes espérances. Le moral des troupes employées dans ce pays s'était relevé. La confiance était revenue ; mais en dernier lieu une série d'hésitations et de mouvements regrettables s'était produite, et elle nous avait fait perdre tout le fruit des premières tentatives heureuses.

Le lieutenant-colonel du 58ᵉ régiment de gardes mobiles, auquel le commandement des troupes était échu en raison de la supériorité de son grade, n'avait pas pénétré toute l'importance de la mission qui lui incombait.

Il n'avait pas d'instructions ; l'examen des circonstances où l'on se trouvait et des positions qu'il occupait, la considération du but à atteindre et qu'il était facile de concevoir, ne suffirent point à remplacer, pour lui, les ordres

---

[1]. Par dépêche en date du 3 octobre, le général Cambriels presse le ministre de nommer lieutenant-colonel le commandant *Denfert-Rochereau*, du génie, « homme extrêmement instruit et modeste ». « Si Belfort est aujourd'hui en « état de défense », ajoute-t-il, « c'est à lui qu'on le doit. »

précis qui faisaient défaut[1]. L'intelligence de la situation lui. manqua; il crut bien faire en réservant ses troupes, alors que leur rôle consistait, au contraire, à tenir et à conserver, coûte que coûte, la zone des obstacles, faciles à défendre, jusqu'à l'entrée en ligne des réserves centrales, organisées en arrière. Il ne sut pas prendre cette initiative. Sa principale préoccupation fut de soustraire ses hommes à des engagements auxquels il ne les croyait pas suffisamment préparés et dont le but ne lui semblait pas défini.

Cette inaction nous fit perdre un temps précieux et notre retraite inexplicable rendit la confiance aux détachements allemands; enfin, la voie ferrée venant de Saverne ne fut pas détruite quand l'occasion eût été favorable.

Le général Cambriels s'empressait de remédier à cette situation, dans la mesure du possible, en investissant du commandement supérieur pour la défense des Vosges un officier d'une énergie incontestée: le capitaine d'artillerie Perrin.

Envoi d'une brigade de renfort dans les Vosges par le Gouvernement de Tours. — La situation, toutefois, était difficile et le général Cambriels ne s'en dissimulait point les difficultés: les troupes étaient jeunes et tout à fait inexpérimentées. Leur organisation laissait beaucoup à désirer. Les cadres enfin, qui seuls auraient pu donner quelque cohésion à l'ensemble, n'avaient encore qu'une instruction militaire fort superficielle. Il devenait évident que, de tels éléments, malgré leur patriotisme et leur bonne volonté,

---

1. « Et mes instructions ? » — « Elles sont dans ton cœur et dans ta tête, l'occasion les en fera sortir. » (Carnot, *Mémoires de Levasseur de la Sarthe*).

n'avaient point la solidité, la confiance nécessaires pour résister à un effort sérieux, pour tenir la campagne contre des troupes aguerries. Il fallait les soutenir, les accoler à des éléments plus anciens et plus instruits ; l'exemple ainsi donné pouvait être fécond en enseignements et en résultats ; l'émulation produite devait à coup sûr engendrer plus de confiance [1].

Aussi, le 1er octobre, le général Cambriels demandait-il au ministre d'envoyer dans les Vosges des brigades organisées, afin d'appuyer ses jeunes troupes. Le 2 octobre, le Gouvernement l'informait qu'il dirigeait le général Dupré, de Vierzon sur Épinal, avec 8,000 hommes et une batterie d'artillerie. Le général Dupré devait prendre le commandement de la subdivision.

Dispositions offensives des Allemands contre les rassemblements des Vosges. — Mais ces troupes étaient très jeunes et aussi inexpérimentées que celles qu'elles avaient mission de soutenir ! Le temps allait en outre leur faire défaut pour reprendre leurs esprits après leur arrivée sur ce terrain, inconnu d'elles, car les Allemands venaient de décider l'envoi immédiat de troupes contre les rassemblements des Vosges.

Détachement du général de Degenfeld. — Le 2 octobre, le général de Werder mettait en marche à travers les Vosges un détachement mixte de la division badoise sous le

---

[1]. Le 25 janvier **1793**, Dubois-Crancé, dans son célèbre rapport à la Convention, proposait la réunion d'un bataillon de ligne à deux bataillons de volontaires pour former des demi-brigades.

L'adoption de cette mesure, dite de l'**Amalgame**, donna, comme on le sait, des résultats inespérés ; grâce à cette fusion, on put instruire rapidement les formations nouvelles et les employer presqu'immédiatement.

commandement du général de Degenfeld. Deux colonnes étaient formées: l'une s'avançait de Mutzig par Schirmeck sur Raon-l'Étape; l'autre de Barr sur Étival par Senones. Elles comprenaient 6 bataillons, 2 1/4 escadrons, 2 batteries. A la même époque, la 4ᵉ division de réserve, réunie dans le Brisgau, avait franchi le Rhin à Neuenbourg; elle entrait dans Mulhouse, le 3 octobre, et s'occupait aussitôt des moyens de combattre les francs-tireurs qui battaient l'estrade au sud de cette ville.

Travaux de défense sur les voies de communication et surveillance des routes d'Alsace. — A ce moment, tous les passages des Vosges, du Ballon d'Alsace au col d'Urbeis[1], avaient été mis en état de défense.

M. George, préfet du département, avait, en effet, dès sa nomination, délégué M. de Fontanges, ingénieur en chef des Vosges, pour faire exécuter, sur les voies de communication, tous les travaux de défense qui seraient reconnus nécessaires. Des chambres de mine avaient été préparées sur les routes et les passages les plus importants; puis le commandant Perrin, ayant été appelé par le général Cambriels au commandement supérieur de la défense des Vosges, M. de Fontanges avait mis à sa disposition tout son personnel.

Le commandant Perrin s'était empressé de faire obstruer les cols par des abatis; il avait fait occuper les routes. Des ouvrages tracés par lui avaient été également exécutés dans la vallée de Sainte-Marie-aux-Mines et dans celle de la Poutroye. Enfin, il avait fait construire en avant de Raon-l'Étape un retranchement qui barrait toute la vallée de la Meurthe dans la direction de Baccarat. Il

---

1. Chemin de Villé (Giessen) à Provenchères et à Saint-Dié (Meurthe).

faisait surveiller les vallées de Celles et de Senones, qui débouchent sur Raon-l'Étape, et constituaient les passages obligés de l'ennemi venant des environs de Strasbourg.

Une compagnie du bataillon de la Meurthe, postée à Celles, défendait la route de Schirmeck. Une autre compagnie de ce bataillon, appuyée de 100 francs-tireurs de la Seine sous le commandement du capitaine Dumont, s'avançait vers Senones ; elle occupait d'abord Moyenmoutier, puis le col du Hans à l'extrémité de la vallée[1]. Le reste du bataillon de la Meurthe, renforcé du 1er et du 3e bataillon des Vosges, était à Raon-l'Étape.

Escarmouches à la Trouche et à Champenay. — La défense active des cols au moyen de troupes n'avait donc pu être organisée solidement. Ces postes étaient trop faibles pour garder les passages. L'ennemi qui s'avançait par Celles et par Senones ne tardait pas à briser la résistance que nous cherchions à lui opposer à la Trouche et à Champenay. Il allait déboucher en face de Raon-l'Étape et d'Étival.

Abandon de Raon-l'Étape. — Jugeant que, dans ces circonstances, la défense de Raon-l'Étape n'était point possible, le commandant Perrin faisait sauter le pont du chemin de fer à Thiaville et se retirait vers la Bourgonce en franchissant la Meurthe à Étival.

Le bataillon de la Meurthe et le 1er bataillon des Vosges[2] s'établissaient à la Bourgonce ; le 3e bataillon

---

1. Les francs-tireurs de Mirecourt (capitaine Bastien) étaient à Senones ; ceux de Neuilly (capitaine Sageret) occupaient les environs de Saulcy.
2. Commandant Simonin.

des Vosges[1] allait occuper la position du Haut-Jacques sur la route de Saint-Dié à Bruyères. Les grand'gardes s'étendaient en avant de la Salle et de Nompatelize, couvrant le front dans la direction d'Étival.

Arrivée des Allemands sur la Meurthe et escarmouche de la Chipotte. — Le 5 octobre, la colonne allemande du nord s'emparait sans difficulté de Raon-l'Étape, tandis que la colonne du sud attaquait par Étival. Quelques francs-tireurs, laissés sur ces deux points, ne les abandonnaient qu'après avoir donné aux Allemands des preuves de leur courage ; l'ennemi employait même de l'artillerie contre eux.

Poursuivis par les Allemands dans la direction de Rambervillers, les francs-tireurs faisaient tête à la Chipotte et il fallait une demi-heure de combat pour les repousser définitivement.

Les débouchés ouest des deux passages principaux des Vosges étaient aux mains des Allemands.

Strasbourg, tombé trop tôt, n'avait point laissé à la résistance le temps de s'organiser d'une façon efficace. Nous étions attaqués en flagrant délit d'organisation ; il ne nous restait plus qu'à sauver l'honneur de nos armes, faute de pouvoir espérer de nos efforts des résultats d'ordre absolu.

Nous recevions cependant des renforts sérieux et la brigade envoyée de Vierzon allait entrer en ligne.

Débarquement de la brigade Dupré. — Arrivé malheureusement trop tard pour pouvoir soutenir, en

---

1. Commandant Brachet.

temps utile, la défense des passages et des cols, en employant sa brigade comme une réserve centrale, le général Dupré[1] se décidait toutefois à prendre immédiatement l'offensive.

Il avait atteint Épinal, le 4 octobre[2], à la tête d'une brigade, qui comprenait le 32e régiment de marche et le 34e régiment de garde mobile des Deux-Sèvres ; une batterie d'artillerie était attachée à sa colonne.

Il avait reçu, dans cette ville, les instructions du général Cambriels et le capitaine Varaigne lui avait été adjoint comme chef d'état-major.

Arrivée du général Cambriels à Épinal et instructions données au général Dupré. — Le commandant supérieur de la région venait en effet d'accourir dans les Vosges[3], dans le but de se rendre compte par lui-même des difficultés d'une situation qui lui paraissait grave.

Il n'hésitait pas à se rallier au plan général, préparé par le capitaine Varaigne :

1° Surveiller et garder avec le moins de monde possible les passages des Vosges depuis la route de Belfort ;

2° Prendre comme objectif des forces susceptibles de marcher, le tunnel de Lützelbourg, et gagner du terrain

---

1. Ancien colonel de gendarmerie à Lyon.
2. Le 1er octobre, M. Thieriet de Luyton, lieutenant-colonel de gendarmerie, avait été nommé au commandement de la subdivision des Vosges, en attendant l'arrivée du général Dupré. En même temps, le colonel Fauconnet, le même qui fut tué plus tard à Dijon, était envoyé à Épinal par le Gouvernement avec mission d'y exercer le commandement militaire. (*Journal de M. de Fontanges. — Journal du commandant Varaigne.*)
3. Le général Cambriels quitte Belfort, le 4, pour Épinal. Le général de Chargère prend le commandement de la place. Il est appelé à Tours et est remplacé, le 7, par le général Crouzat, qui prend le commandement territorial à Belfort.

vers le Nord, autant qu'on le pourrait, en raison des moyens dont on disposait.

Il fixait donc au général Dupré un objectif à atteindre. C'était de s'avancer jusqu'à portée du chemin de fer de Saverne à Lunéville, aux environs de Lützelbourg, avec une force suffisante pour y tenir au moins quelques heures et pour y effectuer la destruction du tunnel.

Mais la capitulation de Strasbourg mettait complètement obstacle à l'exécution d'une opération de cette nature, en rendant disponibles des forces ennemies considérables : insuffisamment renseignés, nous ignorions encore les effectifs que nous avions devant nous.

Dispositions du XIVe corps allemand en vue d'opérations dans les Vosges. — En effet, indépendamment de la colonne du général de Degenfeld, le général de Werder avait encore réuni, autour de Barr et de Mutzig, le gros de la division badoise[1]. Elle devait s'acheminer, le 6, sur Saint-Dié et Étival. Les troupes prussiennes du XIVe corps d'armée[1] devaient suivre la colonne badoise jusqu'à Schirmeck, puis de là gagner Raon-l'Étape. L'avant-garde avait pour mission d'occuper Saint-Dié et de battre les environs.

Pendant que les premiers détachements ennemis traversaient ainsi les Vosges et pendant que le reste du corps d'armée se disposait à les suivre, le général Dupré, sans perdre de temps, avait atteint Bruyères, dès le 5 octobre.

Concentration de 9,500 hommes, le 6 octobre, à la Bourgonce, sous le général Dupré. — Le 6, à 5 heures du ma-

---

1. Voir l'appendice.

tin, il réunissait à la Bourgonce, sous son commandement, les éléments suivants[1] :

32ᵉ rég. de marche. Lᵗ-colonel Hocédé (3 bataillons).	3,600 h.
34ᵉ rég. de gardes mobiles des Deux-Sèvres. Lᵗ-colonel Rouget (3 bataillons).	3,500 h.
58ᵉ rég. de gardes mobiles des Vosges. Lᵗ-colonel Dyonnet (2 bataillons).	1,300 h.
2ᵉ bataillon de la Meurthe. Commandant Brisac.	575 h.
Francs-tireurs de Colmar. Capitaine Eudeline.	
— de Neuilly. Capitaine Sageret.	
— de La Marche[2].	550 h.
La 18ᵉ batterie du 14ᵉ rég. d'art. Capitaine Delahaye (6 pièces de 4).	
Total : environ	9,500 h.

Combat de la Bourgonce (6 octobre). — *Dispositions offensives des troupes françaises.* — Le général Dupré prenait, comme direction première, le Donon. A 8 heures 30 du matin, les troupes, divisées en 3 colonnes, se mettaient en marche dans l'ordre suivant :

— La *colonne de gauche,* commandée par le lieutenant-colonel Rouget, assisté du commandant Perrin, se dirigeait sur Étival par Saint-Remy. Elle comprenait tous les francs-tireurs, 2 bataillons du 34ᵉ régiment de mobiles des Deux-Sèvres, un demi-bataillon du 32ᵉ de marche et 2 pièces de 4.

— La *colonne du centre,* sous le commandement du lieutenant-colonel Hocédé, était formée de 2 bataillons du 32ᵉ de marche, d'un bataillon du 34ᵉ régiment de mobiles

---

1. Rapports n° 1 et n° 2 du général Dupré et Historiques des corps cités.
2. Les francs-tireurs de La Marche avaient pour lieutenant, Mˡˡᵉ *Antoinette Lix,* receveuse des postes, qui avait déjà servi en 1863 comme franc-tireur dans l'armée polonaise. Elle fut médaillée et, plus tard, décorée.

(Deux-Sèvres) et de 2 pièces de 4. Elle formait réserve au centre, un peu en arrière des colonnes de gauche et de droite.

— La *colonne de droite*, sous le lieutenant-colonel Dyonnet, comprenait le bataillon de la Meurthe, 2 compagnies du 32ᵉ régiment de marche [1], le 1ᵉʳ bataillon du 58ᵉ régiment de mobiles des Vosges, un détachement de 500 hommes du 2ᵉ bataillon du même régiment et 2 pièces [2]. Elle devait se diriger sur Étival par Nompatelize [3].

Marche offensive des Allemands. — De son côté, le général de Degenfeld s'était mis en marche le même jour de grand matin. La majeure partie de ses troupes suivait les deux rives de la Meurthe dans la direction de Saint-Dié, qu'il voulait enlever. Il laissait 2 bataillons et 1 escadron à Raon-l'Étape et à Étival, pour assurer ses derrières, les relier avec les débouchés des Vosges et pour rassembler des vivres.

Deux bataillons, un demi-escadron, 2 pièces suivaient la rive gauche de la Meurthe (major Kieffer).

Deux bataillons, 3/4 d'escadron, 1 batterie lourde et 2 sections légères (colonel Müller) s'avançaient par la rive droite.

---

1. L'une provenait du 23ᵉ de ligne. (*Rapport du colonel Dyonnet.*)
2. Section du sous-lieutenant Laffon de Ladébat.
3. D'après le rapport du colonel Dyonnet, la colonne de droite marchait contre Nompatelize, précédée, à droite de la route, par une compagnie du 32ᵉ (provenant du 23ᵉ) et à gauche par le 1ᵉʳ bataillon des Vosges, déployés. Le bataillon de la Meurthe était en colonne au pied des bois. En arrière, marchaient 500 hommes du 58ᵉ, 1 compagnie du 32ᵉ et 2 pièces. Au début, le commandant du bataillon de la Meurthe avait demandé à enlever Nompatelize, mais il n'avait pu s'y maintenir. Les 500 hommes du 58ᵉ et la compagnie du 32ᵉ s'étaient joints alors d'eux-mêmes aux tirailleurs et l'on était parvenu à entrer dans le village.

1ᵉʳ Moment.

Vers 7 heures du matin, on échangeait les premiers coups de feu au nord de Nompatelize et de la Voivre. C'étaient nos grand'gardes qui accueillaient l'ennemi; mais un épais brouillard empêchait tout engagement sérieux jusqu'à 9 heures du matin.

Opérations de la colonne de droite. — Pendant ce temps les mobiles des Vosges (58ᵉ) se déployaient vers la Salle. Deux de leurs compagnies et le bataillon de la Meurthe entraient dans Nompatelize [1] que l'artillerie ennemie s'empressait aussitôt de canonner vigoureusement. Le bataillon de la Meurthe se déployait en avant des premières maisons, appuyant sa gauche à l'église, point culminant du bourg, et se développant à droite en arrière de la crête qui descend vers Saint-Michel. Deux compagnies du 32ᵉ de marche, faisant face à l'ouest, garnissaient la trouée qui sépare Nompatelize des Jumeaux. Nompatelize devenait ainsi le sommet d'un saillant couvrant la Bourgonce.

---

1. *Mort héroïque du capitaine Schædlen :*
« Au début du combat, la colonne Dyonnet n'avait pu arriver jusqu'à Nom-
« patelize. Quelques obus l'avaient d'abord refoulée et une partie s'était jetée
« en désordre dans le bois des Jumeaux. Le général Dupré la remplaçait par
« 2 bataillons de sa réserve sous les ordres du lieutenant-colonel Hocedé, qui
« entrait résolument dans le village et soutenait de nouveau le combat avec
« les mobiles de la Meurthe.
« Pendant ce temps, Schædlen, qui marchait avec le 58ᵉ mobiles, faisait
« sortir les hommes du bois, les disposait lui-même en tirailleurs et, prenant
« le fusil de l'un, puis de l'autre, il les encourageait à s'en servir avec calme,
« montrant à chacun la manière de s'y prendre.
« Une première blessure ne l'arrêta pas : il mit son bras en écharpe et con-
« tinua. C'est ainsi qu'il reçut, dans la poitrine, une balle qui l'acheva. »
(Correspondance particulière. *Archives de l'auteur.*)

Un bataillon de fusiliers allemands occupait alors les maisons situées au fond du vallon. Un autre bataillon marchait sur Biarville, puis faisait filer sur sa gauche de nombreux tirailleurs, qui gagnaient, à notre droite, le hameau des Feignes, au pied du versant est des Jumeaux.

Les deux compagnies du 32ᵉ de marche, qui reliaient Nompatelize à cette hauteur, engageaient en ce moment un feu très vif avec l'ennemi. Le bataillon de la Meurthe exécutait un changement de front en arrière et venait les appuyer, en portant sa droite dans la direction des Jumeaux.

Ce mouvement dégarnissait malheureusement Nompatelize et le bataillon de fusiliers allemands en profitait aussitôt. Deux pièces préparaient l'attaque du village; la moitié du bataillon s'emparait de la partie nord, tandis que l'autre moitié engageait une fusillade avec notre colonne de gauche, qui occupait la Salle et le Han.

Le bataillon de la Meurthe tentait un dernier effort pour refouler l'ennemi hors de Nompatelize : mais les forces de l'ennemi y étaient supérieures; en outre, son artillerie causait de grands ravages : deux pièces établies au nord-ouest de Nompatelize, quatre autres en batterie auprès de Biarville, canonnaient, sans relâche, le village de Nompatelize et le bois des Jumelles; 4 pièces arrivaient encore d'Étival.

Le bataillon allemand, qui avait tourné par les Feignes, profitait donc de l'ébranlement produit sur ces jeunes troupes par ce feu meurtrier. Il repoussait les deux compagnies du 32ᵉ et s'emparait de la lisière nord des Feignes, en même temps qu'il entrait dans Nompatelize par le sud. Une fois en possession des premières maisons du village, il forçait le bataillon de la Meurthe à l'évacuer, puis à se reporter à 500 mètres plus en arrière et dans le bois des Jumelles.

Le général Dupré faisait aussitôt avancer les deux pièces de sa réserve pour déterminer un retour offensif; mais nos jeunes conscrits, qui parvenaient à se maintenir en ligne, n'avaient pas encore assez de confiance pour se reporter en avant.

D'ailleurs, les Allemands, de leur côté, étonnés d'une résistance à laquelle ils ne s'attendaient pas, hésitaient à s'avancer dans le rentrant que formait notre ligne en ce moment[1].

Opérations de la colonne de gauche. — A l'aile gauche, le lieutenant-colonel Rouget, à la tête des gardes mobiles des Deux-Sèvres et des francs-tireurs de Neuilly[2] et

---

1. *Grand État-major prussien*, Vol. III, page 306 : « En présence de la « *supériorité numérique bien constatée de l'adversaire*, les Allemands ne re- « gardaient pas comme prudent de pousser plus loin leur offensive. » — (9000 conscrits de la veille, mal armés et n'ayant encore pour la plupart jamais tiré à la cible, contre 7000 soldats !)

« Nous n'aimons pas qu'on nous dise que tel poste faible a résisté à l'at- « taque d'un corps beaucoup plus considérable. Le fait, sans doute, est à « l'honneur des troupes, mais un tel événement prouve toujours l'ignorance ou « le défaut de vigilance du général ; *l'art de celui-ci est de faire en sorte* « *que partout où l'ennemi se présente, il trouve une force supérieure à la* « *sienne.* »

(*Correspondance de Carnot avec l'armée du Rhin,* **1793**.)

2. Le capitaine des francs-tireurs de Neuilly, *Sageret,* tint constamment la tête de la colonne dirigée sur Étival par la lisière des bois. Il reçut une blessure mortelle, en donnant un exemple qui pouvait assurer le succès. Son lieutenant, M. Letourneur, fut également tué. Quelques jours après leur mort, les hommes qui composaient la compagnie de Neuilly se dispersèrent entre différents corps.

Cette formation, l'œuvre du capitaine *Sageret,* qui avait opéré à ses frais la levée et l'équipement, n'avait eu qu'un mois d'existence ; mais elle avait rendu de réels services et perdu au feu 25 p. 100 de son effectif et tout son état-major.

de Lamarche, avait occupé Saint-Remy. Mais les mobiles des Deux-Sèvres n'avaient pu tenir devant l'ennemi, renforcé du bataillon de « Leib-grenadiers », appelé d'Étival.

Toutefois, le général Dupré ramenait ces jeunes troupes à l'ennemi en les faisant appuyer par les bataillons du 32ᵉ de marche, dont la plupart des officiers étaient mis hors de combat. Le lieutenant-colonel Hocedé[1] et le commandant Vitte étaient dangereusement blessés. Vers midi, notre aile gauche, malgré sa vigoureuse résistance, évacuait Saint-Remy et rétrogradait vers la Salle. Elle occupait le bois de Saint-Remy et les hauteurs du Han. Une demi-heure plus tard, devant une nouvelle attaque de l'ennemi, renforcé de troupes venues de Nompatelize, nous étions contraints d'évacuer cette hauteur ; mais notre artillerie ne se retirait que quand l'ennemi, arrivé à 250 mètres d'elle, rendait sa position intenable.

A l'extrême droite, sur l'autre rive de la Meurthe, l'ennemi gagnait Marzelay, à 2 kilomètres de Saint-Dié, sans éprouver d'autre résistance que celle de quelques partisans.

La vigoureuse défense des abords de la Bourgonce déterminait alors le général de Degenfeld à appeler, sur la rive gauche de la Meurthe, toutes les troupes qui n'avaient pas franchi la rivière. Les ponts de la Voivre et d'Étival étaient employés à ce passage.

Un bataillon badois marchait aussitôt de la Voivre sur

---

1. Le lieutenant-colonel Hocedé eut une jambe et un bras brisés. Amputé par un chirurgien allemand, il mourut, trois jours après, chez le curé de la Bourgonce.

les Feignes, dont les Allemands occupaient déjà la lisière nord. Devant ces forces supérieures, nous étions contraints d'évacuer définitivement le village.

Enfin l'ennemi occupait Saint-Michel, la Vacherie et Sauceray.

Refoulés dans le bois des Jumelles, nous y étions fusillés de l'est et du nord et canonnés par l'artillerie de Biarville. L'ennemi commençait même à gravir les pentes est des Jumeaux et nos troupes, sous cette grêle de projectiles, avaient peine à tenir.

Cependant un mouvement d'hésitation marquée se manifestait chez l'adversaire. Les Allemands, considérant qu'il était imprudent de pousser plus loin l'offensive, s'arrêtaient. La résistance qu'ils rencontraient n'indiquait-elle pas la présence de troupes considérables? Les positions que nous occupions étaient très fortes; ils jugeaient donc qu'il était plus sage d'attendre l'arrivée de nouveaux renforts et de nouveaux renseignements sur les éléments qu'ils avaient en présence.

2ᵉ Moment.

Vers une heure, le général Dupré faisait reprendre l'offensive sur tout le front.

Un petit groupe de 80 hommes du bataillon de la Meurthe, abandonné dans Nompatelize, y occupait encore quelques maisons et répondait à coups de fusil à l'ennemi qui lui offrait de se rendre. Une grande partie du même bataillon garnissait le bois des Jumelles. Le reste, au nombre de 100 hommes environ, était déployé en tirailleurs entre Nompatelize et la Salle. Le général Dupré, donnant l'exemple de l'intrépidité et voulant, coûte que coûte, entraîner sa ligne en avant, marchait avec eux[1].

A leur droite, le 32e de ligne tentait un suprême effort sur Nompatelize, pendant que le reste de notre colonne de gauche sortait du bois de Saint-Benoît (francs-tireurs de Neuilly, capitaine Sageret)[2].

Ce bel élan faisait reculer l'ennemi; l'exemple de cet officier général, oubliant un instant son grade élevé, et redevenant capitaine pour entraîner ses troupes hésitantes, avait électrisé ces jeunes soldats. A ce moment leur force morale supérieure à celle de l'ennemi forçait celui-ci à se porter en arrière[3]; il évacuait le Han et se réfugiait dans un bouquet de bois situé plus au nord. Nous l'attaquions vigoureusement, et poussant sur Saint-Remy, nous menacions même son flanc droit. Mais des renforts lui arrivaient de Raon-l'Étape. C'étaient 3 compagnies de « Leibgrenadiers » et 1 peloton de dragons. 2 pièces accouraient

---

1. Il était accompagné d'un jeune élève de l'École polytechnique, M. Pistor, aujourd'hui lieutenant-colonel d'artillerie, qui fut blessé à ses côtés en cherchant à entraîner la chaîne de tirailleurs en avant. Le capitaine Varaigne fut atteint d'un éclat d'obus à la tête.

2. « A une heure le feu avait totalement cessé quand au bout d'une demi-
« heure, il reprenait brusquement *par une soudaine attaque des Français*.
« Soutenues par quelques batteries remises en action sur les hauteurs de la
« Bourgonce, des masses d'infanterie débouchent des bois de Saint-Benoît et des
« Jumelles, ainsi que du village de La Salle, et se portent contre les troupes
« badoises réparties par compagnies sur une longue ligne de bataille. Celles-ci
« évacuent le Han, mis en flammes, pour gagner un bouquet de bois qui se
« trouvait plus au Nord; elles parviennent, il est vrai, à s'y maintenir *contre*
« *les efforts répétés de l'assaillant*, mais d'autres corps français, *poussant*
« *sur Saint-Remy, viennent bientôt les menacer sérieusement sur leur flanc*
« *droit.*
« *La situation commençait à présenter une certaine gravité.* »
(*Grand État-major*, vol. III, p. 306.)

3. L'honneur des armes et la supériorité morale de l'armée et de son chef sont des éléments dont l'action invisible pénètre sans cesse tout l'acte de la guerre. (CLAUSEWITZ.)

aussi de la Voivre et il les jetait sur son flanc menacé avec un escadron de cavalerie qui, jusqu'à ce moment, avait servi de soutien aux pièces en batterie sur le plateau de Biarville.

Toute cette ligne se portait alors sur la Salle et la Bourgonce.

3ᵉ Moment.

Le général Dupré faisait aussitôt occuper un petit bois de pins qui couvrait le village de la Salle. Il y réunissait le bataillon de la Meurthe, des mobiles des Deux-Sèvres et des Vosges, des gardes nationaux et quelques forestiers.

Leur résistance opiniâtre arrêtait l'ennemi jusqu'à 4 heures. Mais, grièvement blessé d'un coup de feu, le général Dupré se voyait forcé d'abandonner de sa personne le champ de bataille.

A gauche, l'ennemi avait réussi à emporter le bois du Han et la Valdange; il enveloppait à l'est et à l'ouest le village de la Salle.

En même temps, le 32ᵉ régiment voyait échouer, au centre, son attaque contre Nompatelize; il était refoulé par l'ennemi qui commençait également à déborder les énergiques défenseurs de la Salle.

Les Jumeaux venaient d'être enlevés, malgré notre défense pied à pied, par toute l'aile gauche de l'infanterie badoise qui se portait de Nompatelize sur la Folie et commençait à descendre les pentes occidentales de cette hauteur, en accélérant notre retraite de ses feux rapides.

Retraite. — La position de la Salle n'était donc plus tenable; force était de l'évacuer. La Bourgonce était également abandonnée et la retraite s'effectuait vers le Mont-de-Repos, pendant qu'un lieutenant du 32ᵉ régiment de marche[1], ralliant quelques hommes de bonne volonté, les postait en arrière d'un ravin et, grâce à la situation exceptionnellement favorable des lieux, tenait le champ de bataille et protégeait la retraite.

La lutte avait duré sept heures.

Conclusion. — Pendant *sept heures,* des *conscrits,* appelés depuis quelques jours, mal armés, mal équipés, à peine soutenus par quelques pièces de faible calibre, avaient disputé le terrain à **7,000** *soldats exercés,* appuyés par de la cavalerie et **12** pièces.

Nos hommes, armés le jour même de leur départ de Vierzon, ne connaissaient pas le maniement de leurs fusils. La plupart d'entre eux n'avaient jamais fait feu. Mais un passage du rapport, adressé le même jour au général Cambriels par le lieutenant-colonel Rouget, pourra donner une idée exacte de la situation de ces courageux conscrits le jour de l'engagement.

« Si ces pauvres jeunes gens, écrit le colonel, n'ont pas
« tenu, mon général, il faut bien les excuser ; car depuis
« 36 heures ils n'avaient pas mangé et les quatre nuits
« précédentes, ils les avaient passées blanches ou à peu
« près : trois en chemin de fer et la quatrième, précédant
« le combat, a été passée, jusqu'à minuit, en marche
« sur la Bourgonce ; le reste, à la belle étoile, malgré le
« froid. »

L'opinion de l'ennemi sur la manière dont ils ont résisté n'est pas moins utile à connaître.

« C'est à peine, écrit le capitaine allemand Löhlein[2], si

---

1. Nom inconnu.
2. Historien du corps d'armée du général von Werder.

« nous pûmes nous maintenir en déployant toute l'intré-
« pidité dont nous étions capables. »

Pertes. — Nos pertes s'élevaient à 307 hommes tués ou blessés et 539 disparus ou prisonniers [1].

Les Allemands évaluent les leurs à environ 431 hommes. Ils reportaient, pour la nuit, leur ligne plus en arrière et bivouaquaient à 3 kilomètres de la Bourgonce [2].

Premier ralliement au Mont-de-Repos. — La plupart des troupes françaises avaient dirigé leur retraite vers le Mont-de-Repos. La légion bretonne (commandant Domalain) et le corps franc des Vosges du capitaine Bourras [3] qui venaient d'y arriver, marchant au canon, formaient un noyau autour duquel le rassemblement s'effectuait. Un conseil de guerre fut réuni, formé des officiers supérieurs. Le commandant Perrin était d'avis que la résistance sur cette position était possible et devait être tentée. Mais les hommes étaient exténués, les vivres faisaient défaut, l'artillerie

---

1. *Pertes.*

	TUÉS.	BLESSÉS.	DISPARUS.
Officiers	3	24	
Soldats	62	218	
	65	242	
	307		539

2. Le parti le plus utile qu'on puisse tirer d'une crête de montagnes, consiste principalement à laisser l'ennemi *seul* souffrir des difficultés que présentent les chemins du terrain montueux, à se mettre en mesure de le recevoir *au débouché* et de le battre partiellement *avant qu'il ait entièrement effectué le passage*. — C'est dans ce but qu'il faut combiner toutes ses dispositions. — L'occupation de la montagne n'est plus alors qu'une *mesure de sûreté, mais non une disposition défensive* : aussi faut-il y employer le moins de troupes qu'on peut.

(UNGER.)

3. Corps formé à Épinal par le capitaine Varaigne (1800 hommes environ) et arrivé trop tard pour s'engager. Ces hommes avaient déjà exécuté leurs tirs à la cible.

manquait de munitions. La retraite fut donc ordonnée et s'effectua sur Bruyères.

La légion bretonne, restée au Mont-de-Repos, s'occupait de couper les routes et d'y établir des abatis. Le lendemain, cette légion put s'avancer jusque dans le village de la Bourgonce, sans être inquiétée par l'ennemi[1]. Une compagnie de francs-tireurs parisiens (capitaine Darbalétrier) l'avait rejointe. Quelques dragons badois venaient escarmoucher et la légion leur faisait un prisonnier. Les Allemands, en représailles, incendiaient peu de temps après deux maisons au village de la Bourgonce. Il semble inutile de chercher à caractériser cette manière d'entendre la guerre.

Rassemblement derrière la Vologne. — Le 7 octobre, les diverses troupes qui avaient pris part au combat étaient rassemblées à Bruyères et se réorganisaient. Les deux cols du Haut-Jacques et du Mont-de-Repos étaient gardés par la légion bretonne et le corps franc des Vosges, qui protégeaient ce rassemblement.

Position de la Vologne. — Le même jour, le général Cambriels, commandant supérieur de la région, arrivait à Bruyères. Il prenait la résolution de défendre pied à pied le massif compris entre Bruyères, Remiremont et Gérardmer et qu'il est nécessaire de longer pour se rendre, soit

---

1. Il faut reconnaître qu'on ne pousse pas régulièrement devant soi des bandes de paysans insurgés comme on peut le faire de détachements de vrais soldats. Obligés de céder, ceux-ci cherchent toujours à se réunir, tandis que ceux-là se dispersent dans toutes les directions. Il en résulte, pour peu que la contrée soit montagneuse ou boisée ou simplement coupée, que la marche des subdivisions de l'attaque est sans cesse menacée de dégénérer en combats, *les mêmes paysans, déjà dispersés par les têtes de colonne, pouvant à chaque instant reparaître sur les derrières*. (CLAUSEWITZ.)

sur Belfort en franchissant le Ballon d'Alsace, soit sur Besançon[1].

Cette position affecte la forme d'un bastion dont Bruyères occupe le saillant. Le fossé profond de la Vologne enserre ses deux faces. En avant de la face est et au nord de la dépression suivie par le lac de Retournemer, celui de Longemer et le cours supérieur de la Vologne, s'étend une série de massifs, dont les rameaux, divergeant en forme de patte d'oie, dominent les deux Meurthe et la plaine de Corcieux. Ce terrain mouvementé était gardé, afin de tenir les débouchés de Saint-Dié, du col de Sainte-Marie-aux-Mines et du col de Bonhomme. Des postes avancés éclairaient en avant de la forêt de Mortagne, le long de la Mortagne.

La ville de Remiremont, située en arrière de la position

---

1. En vue de soustraire les milices et les populations armées à l'action trop directe et trop violente de l'ennemi, on ne doit les employer que rarement à la *défense tactique*.

Instrument de *résistance stratégique* d'une grande énergie, elles se comportent naturellement dans le combat comme les troupes de qualité inférieure ; elles y apportent beaucoup de puissance et de feu dans l'élan, mais leur sang-froid et leur ténacité s'épuisent vite. Il est certain que la dispersion, après défaite, d'un corps de milice ne peut avoir que peu d'influence sur les masses insurgées ; elles savent d'avance qu'il en sera souvent ainsi.

Il importe néanmoins de ne pas les exposer à de trop fortes pertes qui éteindraient bientôt toute leur ardeur.

Les milices ne doivent donc jamais entreprendre de défendre une coupure de terrain dans l'intention d'y prolonger la résistance jusqu'à ses dernières limites.

Les employer de la sorte, même dans les circonstances les plus favorables, serait les exposer à une perte certaine.

Elles doivent se borner à défendre aussi longtemps que possible les débouchés des montagnes, les chaussées des marais, les gués, les ponts, mais dès qu'elles se voient forcées, au lieu de se retirer en masse sur une position défensive, elles doivent se disperser pour recommencer bientôt à surprendre et à harceler les troupes envahissantes.

Si les grands instincts nationaux doivent quelque part *se condenser et former un instrument de résistance effective*, ce ne peut être que *sur des points tels* qu'ils y trouvent *l'influence d'une protection nécessaire* et n'y soient pas trop exposés aux coups trop puissants de l'attaque. (CLAUSEWITZ.)

et qui comptait 6,000 habitants, devait permettre de se procurer d'importantes ressources.

Le général Cambriels donnait ordre de concentrer sur Gérardmer les approvisionnements d'Épinal et d'envoyer à Vesoul ce qu'on ne pourrait diriger sur Gérardmer.

Les troupes garnissant la position étaient réparties en 2 brigades. Elles se développaient sur un front de 35 kilomètres.

La 1re brigade, sous le colonel Perrin[1], s'étendait de Clefcy-sur-Meurthe à Fiménil (au sud de Bruyères).

La 2e brigade, sous le lieutenant-colonel Rouget, de Fiménil à Jarménil (confluent de Vologne et Moselle).

Quelques renforts arrivaient en ce moment; c'étaient: 3 bataillons du 55e de mobiles (dont 2 du Jura) commandés par le lieutenant-colonel de Montravelle[2], le 2e bataillon de gardes mobiles du Doubs, commandant d'Ollone, 2 compagnies de francs-tireurs, l'une des Alpes et l'autre du Rhône[3]. Enfin le 11, un bataillon du 3e zouaves de marche (1,200 hommes et 15 officiers) atteignait Remiremont.

Effectif des troupes rassemblées derrière la Vologne (15,000 hommes environ). — Bien qu'il soit difficile de connaître et d'évaluer les effectifs de troupes aussi irrégulières, et bien que les états de situation fassent défaut sur ce point, on peut cependant estimer à environ 15,000 hommes au maximum la force des troupes de toute nature, dont le général Cambriels disposait à cette date sur la position de la Vologne.

---

1. Nommé colonel de la garde mobile, le 7 octobre.
2. Ancien capitaine de dragons, démissionnaire.
3. Arrivent à Épinal le 9. Les premiers étaient aussitôt envoyés sur Rambervillers.

Situation sur les flancs et les derrières. — La situation générale sur les flancs et en arrière de la position était la suivante:

Le bataillon du Haut-Rhin, occupant Munster, gardait le col de la Schlucht; il envoyait une compagnie au Valtin.

Le colonel Keller, avec 500 ou 600 hommes, occupait Thann; un bataillon de la mobile de la Haute-Loire venait le renforcer; il protégeait le col de Bussang et celui d'Oderen.

9 bataillons de gardes mobiles[1], échelonnés de Vauvillers à Champagney, assuraient les communications avec le bassin de la Saône et gardaient les lignes de retraite. Ils tenaient les routes de Bains, Plombières, Remiremont, les cols de la Roche et du Thillot. Mais les hommes n'étaient armés que de fusils à piston et n'étaient pas exercés, ce qui rendait bien douteuse la défense de ces lignes de retraite au cas où elles seraient menacées. Leur effectif s'élevait environ à 9,000 hommes.

En arrière, la place de Besançon ne disposait plus que d'environ 11 compagnies sans armes et sans équipement

---

1. Le 8 octobre, le commandant du génie à Vesoul informait le général Cambriels que neuf bataillons,

        1 bataillon des Hautes-Alpes,
        2 bataillons des Alpes-Maritimes,
        3 bataillons de la Haute-Savoie,
        3 bataillons de la Haute-Garonne,

échelonnés de Vauvillers à Champagney, assuraient la garde des communications et étaient dispersés de la façon suivante:

Vauvillers	1er de la Haute-Savoie.
Saint-Loup	Hautes-Alpes.
Fougerolles	1er des Alpes-Maritimes.
Luxeuil	3e de la Haute-Saône.
Melizey	1er de la Haute-Garonne.
Champagney	2e de la Haute-Garonne.
Amance, Faverney et Port-d'Atelier	2e de la Haute-Saône.
Saulx	2e des Alpes-Maritimes.
Faymont, Lomont, Etobon	3e de la Haute-Garonne.

(1 bataillon et 5 compagnies de mobiles; dépôts du 16ᵉ chasseurs et du 78ᵉ de ligne).

Les rassemblements d'hommes continuaient à Langres, Vesoul, Lure, Dijon, Gray, Châtillon, Beaune, Auxonne, Lons-le-Saulnier; mais la plus grande partie des nouvelles levées n'avait pu même être habillée. Au total, elles comptaient environ 14,000 hommes au maximum, dont l'instruction se poursuivant, n'était qu'à son début. Le reste, montant à environ 7,500 hommes, manquait encore de tout et arrivait dans les dépôts[1].

---

1. La situation des troupes de la région de l'Est aurait été la suivante, le 10 octobre :
— 1° D'après un *carnet de poche* non signé (Projet d'organisation ?) :

Herpelmont.

1ʳᵉ Brigade . . { 32ᵉ de ligne (1ᵉʳ et 2ᵉ bataillons).
Mobiles des Vosges (1ᵉʳ, 2ᵉ et 3ᵉ bataillons).
Artillerie (1 batterie moins 2 pièces).

La Neuveville.

2ᵉ Brigade . . { 85ᵉ de ligne (4 compagnies).
32ᵉ de ligne (3ᵉ bataillon).
Mobiles des Deux-Sèvres (1ᵉʳ, 2ᵉ et 3ᵉ bataillons).
Bataillon des mobiles de la Meurthe.

Gérardmer.

3ᵉ Brigade . . { Mobiles du Jura (1ᵉʳ et 2ᵉ bataillons).
Mobiles du Doubs (1 bataillon).
Saône-et-Loire (2ᵉ et 4ᵉ bataillons).

Remiremont.

4ᵉ Brigade . . { 2 escadrons du 7ᵉ chasseurs.
Mobiles du Haut-Rhin (2 bataillons).
85ᵉ de ligne (1 bataillon).
2 pièces de 12.

Routes de Servance à Bains.

5ᵉ Brigade . . { 1 bataillon des Hautes-Alpes.
1ᵉʳ et 2ᵉ bataillons des Alpes-Maritimes.
1ᵉʳ, 2ᵉ et 3ᵉ bataillons de la Haute-Savoie.
1ᵉʳ, 2ᵉ et 3ᵉ bataillons de la Haute-Garonne.

Laveline-du-Houx.

Réserve . . . { 1ᵉʳ bataillon de marche (légion d'Antibes).
4 compagnies du 85ᵉ de ligne.
1 bataillon de zouaves.
4 pièces.

— 2° D'après un relevé, établi par le *Bureau de la correspondance et des*

64 GUERRE SUR LES COMMUNICATIONS ALLEMANDES.

L'armée de l'Est. — En résumé, « l'armée » du général Cambriels, réunie derrière la Vologne, présentait un

---

opérations militaires, la situation aurait été la suivante au point de vue des effectifs :

5 brigades et une réserve (ce renseignement concorde pour la formation, mais non pour l'effectif, avec celui du carnet de poche non signé que nous avons entre les mains). . .	36,400 h.
Garnison de Belfort	15,000
(211 officiers et 10,639 hommes à cette date d'après un relevé de situations, établi à Belfort le 19 octobre, jour par jour pour la période du 19 septembre au 19 octobre.)	
Neuf-Brisach.	6,000
Schlestadt.	2,000
Francs-tireurs	2,000
	61,400 h.
Depuis, *ajoute ce bureau,* Cambriels a reçu . . .	4.800
On a dirigé sur Dijon et Auxonne	6,750
	72,950 h.

On tient, en outre, prêts à partir 9,500 hommes de gardes mobiles.

— 3° Le relevé que nous avons calculé en puisant nos renseignements dans les *dépêches et télégrammes,* donne les indications suivantes :

Position de Bruyères. .	15,275	soldats.	
Saint-Loup-Champagney.	9,000	—	
La Schlucht et Bussang.	2,500	—	
Belfort	10,850	—	
Besançon			10,573 hommes.
Langres, Auxonne, etc.	13,586	—	7,650 —
	51,211 conscrits et 18,223 rationnaires au moins.		

— 4° M. de Freycinet, *la Guerre en province,* p. 104 :

« A l'entrée de l'administration du 10 *octobre,* l'armée du général Cambriels
« venait d'évacuer les Vosges et de chercher un abri à Besançon.

« Cette « *Armée » primitivement forte de* 55,000 *hommes,* s'était rapide-
« ment fondue pendant la marche et comptait alors à peine la moitié de son
« effectif primitif. »

— 5° *Dépêche télégraphique du 7 octobre.* — Tours. — Guerre à général Cambriels.

« Vous m'avez demandé du renfort sur Épinal le 1ᵉʳ octobre au soir. Ce
« renfort venant de Vierzon est arrivé le 3. J'ai fait droit à toutes vos de-
« mandes, sauf à celle qui avait pour but de renforcer votre corps de 2 ou 3 di-
« visions et *pour effet d'en porter l'effectif à* 40,000 *ou* 50,000 *hommes.*
« Je n'admets donc pas de plaintes de votre part à ce sujet... »

effectif sensiblement égal à celui d'une « division » allemande.

Il semble inutile d'insister sur ce point qu'il ne s'y trouvait aucune troupe organisée d'une manière régulière et que, malgré le petit nombre d'hommes ainsi réunis, tous les modèles d'armes à feu en usage depuis 20 ans y étaient représentés [1].

En ce qui concernait les munitions, le général Crouzat annonçait, dès le 7, au général Cambriels que le ministre lui expédiait 400,000 cartouches de Tours. Lui-même en tenait 200,000 à la disposition du commandant supérieur. Enfin 2 wagons de munitions arrivaient le même jour à Épinal [2].

Progrès des Allemands. — *Belle défense de Rambervillers.* — Cependant les Allemands continuaient à envoyer de nouvelles troupes sur ce théâtre d'opérations ; le XIVᵉ corps (36,800 hommes) commençait à franchir les Vosges [3] et, le 9, la division badoise cantonnait à Saint-Dié et à Étival. Le même jour, les troupes prussiennes (4ᵉ brigade) atteignaient Raon-l'Étape et jetaient un détachement (une compagnie d'infanterie et un peloton de cavalerie) sur Rambervillers ; mais les gardes nationaux et les pompiers de la ville, au nombre de 500 environ (commandant Petit-Jean et lieutenant Brunier), la défendaient courageusement et repoussaient l'ennemi qui, se

---

1. Voir l'appendice.
2. Dépêche du sous-intendant militaire d'Épinal en date du 7, adressée à 2 heures au général Cambriels à Bruyères et lui demandant s'il fallait envoyer ces munitions à Bruyères.
3. Le XIVᵉ corps formait 4 brigades, pourvues chacune de cavalerie et d'artillerie, afin de leur assurer l'indépendance tactique la plus entière dans la zone difficile où elles étaient appelées à opérer.

renforçant d'un bataillon, reprenait la lutte. La défense se montrait extrêmement énergique ; chaque maison, chaque barricade, le cimetière, la tuilerie, le pont des Laboureurs, étaient défendus avec ténacité.

L'ennemi était forcé de s'arrêter et, suspendant le combat, réclamait de nouveaux renforts[1].

Pendant la nuit, trop faibles pour espérer soutenir la lutte, nous abandonnions Rambervillers ; l'ennemi entrait dans la ville au moment où Épinal lui envoyait le secours de 200 francs-tireurs des Alpes. Il avait perdu une trentaine d'hommes environ.

Les Allemands, pour châtier cette valeureuse petite cité de son patriotisme, la livraient au pillage et fusillaient 26 habitants inoffensifs.

Le 11 octobre, le général de Werder y établissait son quartier général et le XIV⁰ corps reprenait sa marche vers le sud-ouest sur un large front, entre la vallée de Sainte-Hélène, où la 4ᵉ brigade prussienne jetait une avant-garde, et la Meurthe. La division badoise dirigeait sa 2ᵉ brigade sur Anould et Corcieux, la 3ᵉ sur la Houssière, et la 1ʳᵉ dans la vallée des Rouges-Eaux. Celle-ci se trouvait aux prises avec nos postes avancés au moulin de la Hazelle, à l'ouest de Maillefang.

Engagements du moulin de la Hazelle, du bois de Frézimont, de Neuf-Moulin, etc. (11 octobre). — Le corps franc des Vosges, sous le commandant Bourras, occupait ce point ainsi que le bois de Frézimont, Neuf-Moulin et le bois d'Obtinrupt, en avant de Brouvelieures.

---

[1] « Dans l'intérieur de la ville, les défenseurs opposent une résistance si
« tenace que les Prussiens ne progressent que fort lentement. »
(*Grand État-major*, vol. III, p. 309.)

Par sa résistance, il forçait l'ennemi à employer 2 bataillons et une batterie pour le déloger.

Engagements de Bruyères (11 octobre). — La 1re brigade badoise entrait alors dans Brouvelieures et dans Domfaing. L'ennemi, une fois en possession de ces deux villages, en débouchait aussitôt pour se porter contre Bruyères. Il ne tardait pas à se heurter de nouveau au corps franc des Vosges et à la légion bretonne qui défendaient le Haut-de-la-Bataille, puis le château et le Haut-de-Hélédraye. Mais le détachement ennemi, sorti de Domfaing, faisait tomber successivement ces positions en les débordant et, au bout de deux heures d'escarmouches, les Allemands entraient dans Bruyères à 4 heures et demie du soir.

Nos francs-tireurs, après cette énergique résistance, ne se décourageaient pas et allaient se poster à Laval. L'ennemi y dirigeait le soir une reconnaissance, mais nos francs-tireurs l'accueillaient chaudement ; elle était mise en fuite et se retirait précipitamment sur Bruyères. Le lendemain, l'ennemi, exaspéré par ces incessantes escarmouches, dont l'action était puissante sur le moral de ses hommes, se livrait à des représailles sauvages et incendiait le village de Laval.

Escarmouche d'Anould (10 octobre). — *Ouverture des débouchés des cols du Bonhomme, de Louchpach et de Plafond.* — Pendant ce temps, sur notre extrême droite, les gardes mobiles du Jura, sous le colonel de Montravelle, s'engageaient avec l'avant-garde de la 2e brigade badoise. Chargés de surveiller les débouchés du col du Bonhomme à Anould (2e bataillon, commandant de Froissard) et ceux du Louchpach au Valtin (1er bataillon, commandant Le Pin, avec le colonel), ils étaient refoulés à Anould et gagnaient Ban-sur-Meurthe, découvrant ainsi le col du Plafond et les routes de Bruyères et de Gérardmer.

Le bataillon du Doubs (commandant d'Ollone), envoyé de cette dernière ville pour les soutenir, ne dépassait pas Gerbépal et rentrait à Gérardmer, sans occuper non plus le col du Plafond.

Examen de la situation du général Cambriels. — Les succès du XIVe corps, dans son offensive, rendaient notre situation difficile et périlleuse. Le général Cambriels n'ignorait pas non plus le mouvement de la 4e division de réserve (16,000 hommes et 36 pièces) dans la Haute-Alsace, entre Mulhouse et Belfort. Ces troupes pouvaient facilement percer le faible rideau que nous leur opposions aux cols de Bussang et de la Schlucht. Elles menaçaient donc sérieusement nos communications.

En outre la pluie, qui n'avait cessé de tomber, avait mouillé la plus grande partie des cartouches de nos hommes, mal équipés pour faire campagne. Les approvisionnements faisaient défaut. Les commandants des brigades de droite et de gauche rendaient compte au général Cambriels de cette situation et ne lui cachaient pas leurs inquiétudes. Le colonel Perrin, malgré toute son énergie et sa ténacité, ne croyait plus la résistance possible dans ces conditions. Le 11, à 8 heures du soir, il écrivait au général Cambriels: « Je m'attends à être attaqué demain matin. Toutes mes « cartouches sont mouillées; mes mobiles ne tiendront « pas. » Les sentiments du colonel Rouget étaient les mêmes. Le commandant supérieur tint alors conseil avec le général Thornton, qui venait d'arriver à Remiremont, et avec le commandant du génie Varaigne, son chef d'état-major.

La position menaçait d'être débordée de trois côtés à la fois[1]. Remiremont paraissait être un des premiers objectifs du corps de Werder et de la division qui occupait la Haute-Alsace. Épinal était très menacé, et si l'ennemi y entrait pendant que nous étions encore à Bruyères, il pouvait nous devancer à Lure et à Melizey et refouler, sans difficulté aucune, les groupes, armés de fusils à piston, qui occupaient nos lignes de communication. C'était nous couper du bassin de la Saône et nous bloquer de toutes parts comme dans une place forte, où les ressources auraient fait défaut.

« Il fallait recommencer l'attaque de la Bourgonce ou « se replier[2]. »

Or, les forces dont disposait le commandant supérieur ne permettaient pas de suppléer à l'organisation absente et de remplacer la qualité des troupes par leur quantité. L'artillerie était insuffisante pour appuyer des troupes aussi inexpérimentées. On peut dire qu'elle manquait complètement. Le moral des hommes était très affecté par les rigueurs de la saison, par la neige, par l'insuffisance de leur habillement, et surtout par le combat du 6 et les difficultés du pays. Ils n'étaient nullement rompus à la fatigue; un effort de quelques jours avait épuisé leur résistance physique, ébranlé leur moral.

---

1. Tous les avantages que le sol d'un pays montagneux accorde à la défense, *sur le front*, il les lui refuse, *sur les flancs*, pour les donner, par contre, aux troupes de l'attaque. La meilleure moitié de l'action du défenseur se trouve ainsi paralysée, ce à quoi contribue encore le danger, très grand pour lui, d'être coupé de sa ligne de retraite. La résistance pourra se prolonger tant que les colonnes tournantes n'auront pas encore atteint les points qui menacent ou coupent les lignes de retraite de la défense ; mais, une fois ces points conquis, le mal sera *sans remède*, toutes les réserves réunies ne réussiront plus à faire lâcher prise à l'ennemi, la retraite sera désormais compromise.

(CLAUSEWITZ.)

2. Commandant Varaigne.

Le général Cambriels, dans ces circonstances, résolut de se replier sur les défilés de la Haute-Saône à Lure et Faucogney, où sa position serait moins en l'air et moins exposée. La retraite sur Belfort avait été de prime abord écartée, par suite d'une dépêche du ministre de la guerre, qui prescrivait au général en chef de s'établir derrière la Saône, s'il était forcé d'abandonner les Vosges. A Belfort, d'ailleurs, on eût été privé de moyens de communications avec le reste de la France, et c'eût été marcher à l'encontre du but assigné aux corps rassemblés dans les Vosges. En outre, les ressources de Belfort n'auraient pu suffire.

Besançon remplissait mieux les conditions exigées. Dans cette place, les communications resteraient assurées avec le pays par le chemin de fer de la Bresse, en admettant même que l'ennemi fît de grands progrès dans la vallée de la Saône.

Le général Cambriels voulait en outre éviter à tout prix de laisser enfermer dans les Vosges le noyau d'armée qui commençait seulement à se former.

Son intention première avait été, il est vrai, de tenter encore d'arrêter l'ennemi : il avait donné l'ordre au général Crouzat, qui commandait alors à Belfort, de lui envoyer dans ce but toutes les troupes dont il pourrait disposer [1];

---

[1]. « En prévision d'opérations sérieuses dans les Vosges, j'avais reçu, vers
« le 10 octobre, du général Cambriels, l'ordre d'aller le rejoindre par les voies
« ferrées avec le général Thornton, le 7º chasseurs et la batterie Paris. Le ba-
« taillon du 85º, les mobiles du Haut-Rhin et de la Haute-Saône se mettaient
« en route en même temps par la voie de terre. Le quartier général était à
« Laveline-du-Houx au-dessus de Docelles.

« Le général Cambriels était en tournée aux avant-postes à mon arrivée ; il
« ne rentra que le soir profondément découragé à la suite de ce qu'il avait vu ;
« il pleuvait à verse depuis plusieurs jours et plusieurs nuits ; les hommes
« n'ayant pas de cartouchières, leurs munitions étaient trempées et hors de

toutefois les circonstances devenaient trop graves pour exposer, non pas seulement à un échec, mais *à la dispersion,* des éléments encore informes qu'un entraînement

---

« service ; *leur ravitaillement était très difficile en raison de la diversité*
« *des armes;* les malheureux mobiles qui avaient combattu à la Bourgonce,
« étaient épuisés par les fatigues, les pluies, les épreuves qu'ils venaient de
« traverser ; la plupart n'avaient ni couvertures, ni tentes-abris, ni outillage
« de campement. Il n'y avait plus rien à demander en ce moment à de jeunes
« soldats qui avaient tant souffert.
    « La même nuit, le général réunit le *Grand Rapport* ainsi composé :
« général Cambriels, général Thornton, capitaines Varaigne, Perrin, Delahaye,
« Berger, sous-intendant Legros.
    « Ayant pris connaissance de la situation et ayant appris en outre que l'ar-
« mée était menacée d'être tournée et coupée du sud, le conseil fut d'avis qu'il
« fallait abandonner les Vosges. Se replier sur Belfort, s'enfermer dans cette
« place qui avait son organisation à faire et dont le moral serait certainement
« affecté à la vue d'une armée en déroute, c'était recommencer l'aventure de
« Metz après Forbach ; il fut donc décidé qu'on marcherait sur Besançon pour
« conserver ses coudées franches. »
            (Extrait d'une correspondance du commandant Léonce Berger,
                ancien chef d'état-major du général Cambriels.)

Journal du siège de Belfort. — 4 *octobre.* — Départ de Belfort pour Remiremont de la 14⁰ batterie mixte du 3⁰ d'artillerie et de la 5⁰ compagnie *ter* du 2⁰ régiment du train d'artillerie.

Télégrammes. — 9 *octobre.* — Les 2 escadrons Thornton (240 hommes) partiront demain pour Remiremont. Arriveront à Épinal vers 11 heures du soir. Vivenot part aujourd'hui avec 2 bataillons de mobiles du Rhin.

11 *octobre.* — Départ de Belfort pour Remiremont du 4⁰ bataillon du 85⁰ de ligne (commandant Durochat) et de 2 escadrons du 7⁰ chasseurs.

Ordre au bataillon de la Loire de se porter de Thann sur Gérardmer.

12 *octobre.* — La situation pour la garde des cols est encore la suivante après la retraite de l'armée de l'Est :

Col du Bonhomme.	1 compagnie de francs-tireurs et des gardes nationaux.
Col de la Schlucht.	2 compagnies de francs-tireurs.
Col de Bramont. .	2 compagnies de francs-tireurs.
Col d'Oderen . . .	2 compagnies.
Col de Bussang . .	2 compagnies de francs-tireurs et 1 de gardes mobiles des Vosges.

Le 2⁰ bataillon de Saône-et-Loire (à Giromagny) a une de ses compagnies à Thann.

En Alsace, 2 compagnies de gardes mobiles du Rhône gardent le viaduc de Dannemarie.

militaire de quelques semaines devait rendre capables de tenir la campagne. Il importait donc, en ce moment critique de formation, de se soustraire à un désastre qui aurait eu pour conséquences de découvrir Besançon, Lyon et le centre du pays.

IV. — Retraite sur Besançon.

Le 11 au soir, le mouvement de retraite commençait en conséquence. Des feux de bivouac restaient allumés pour tromper l'ennemi et dissimuler le départ. Sur l'ordre du général Cambriels, les ponts de la Vologne avaient été minés par les soins du comité de défense et sous la direction de M. de Fontanges, ingénieur en chef du département. Des mesures analogues avaient été prises pour détruire rapidement les voies de communication conduisant dans le bassin de la Saône.

La retraite allait donc être protégée par les difficultés créées ainsi à l'ennemi et, aussitôt après le départ des derniers éléments français vers le Sud, le viaduc de Bertraménil sautait.

Remiremont et Dommartin avaient été assignés aux troupes de la Vologne, comme directions premières ; les troupes que Belfort avait envoyées pour garder Gérardmer, et celles qui occupaient les cols des Vosges, se concentraient d'abord au Thillot. Le 13, les colonnes atteignaient Lure, Melizey et Faucogney[1].

---

[1]. En arrivant à Melizey, on discuta la possibilité de se jeter sur les têtes de colonnes que l'on savait devoir déboucher par la route de Luxeuil. Le général Cambriels, avec une sûreté de jugement qu'on doit reconnaître, préféra éviter un nouvel engagement pour ne pas compromettre l'œuvre d'organisation qu'il voulait poursuivre autour de Besançon.

Entrée des Allemands à Épinal (12 octobre). — Instruit, dès le 12 octobre au matin, de la retraite complète des forces françaises vers le Sud, le général de Werder contremandait les ordres qu'il avait donnés pour nous attaquer. Il renonçait également à nous poursuivre et il décidait de se porter par Épinal vers la haute Seine conformément à ses instructions.

La 4ᵉ brigade marchait aussitôt sur Girécourt; la 1ʳᵉ brigade badoise quittait Bruyères avec le même objectif; les 2ᵉ et 3ᵉ brigades s'élevaient de la haute Meurthe vers Bruyères et Deycimont (7 kilomètres S.-O. de Bruyères).

Quelques détachements de gardes nationaux d'Épinal arrêtaient toutefois l'avant-garde prussienne au moment où elle débouchait du village de Deyvillers. Ils ne tardaient pas à être rejetés sur Épinal. Deux batteries ouvraient alors le feu contre le cimetière et le château, et l'avant-garde entrait dans la ville à 4 heures du soir[1].

Le 13, le XIVᵉ corps effectuait sa concentration autour de la ville[2] et il organisait ses communications en arrière, le long de la Moselle, vers le Nord. Ces événements rendaient nécessaire d'accélérer, vers le Sud, le mouvement de notre retraite. L'état des hommes exigeait qu'on évitât tout engagement avant d'avoir atteint Besançon, car une fois dans le rayon de cette place, les défenses de la ville

---

1. Le 12 octobre, l'ingénieur en chef du département, M. de Fontanges, délégué du comité de défense, évacuait sur Xertigny et la Haute-Saône environ 600 gardes nationaux d'Épinal, mal armés, mal équipés, sans instruction et hors d'état de rendre encore aucun service.

2. La 4ᵉ brigade prussienne jetait une forte avant-garde sur la rive gauche de la Moselle pour couvrir Épinal. Un détachement de cette avant-garde, fort de 3 compagnies, 1 escadron et 4 pièces, venait se heurter dans les bois de la Louvroie, à l'est des Forges, contre une troupe de 300 francs-tireurs, commandée par le capitaine Nicora, et la refoulait avec des pertes sensibles.

devaient permettre à nos bandes désorganisées de reprendre haleine et de se reformer.

Le général Cambriels ordonnait donc de diriger sur ce point tous les éléments mobiles de son commandement qui ne seraient pas nécessaires à la défense de Belfort. En prévision des besoins de cette armée en formation, il faisait concentrer dans la place des approvisionnements de toute nature. Mais une dépêche du président du comité de défense de la Haute-Saône lui annonçait en ce moment que l'ennemi ne s'immobilisait pas à Épinal. Il poussait même, assurait-on, dans la direction de Saint-Loup et devait y arriver le 13 au soir[1]. Lure allait donc être menacé dès le 14, c'est-à-dire au moment où nos colonnes atteindraient cette ville. Le commandant supérieur s'empressait de couvrir son mouvement, du côté menacé, en dirigeant sur Lure les troupes les mieux organisées et les moins ébranlées de l'agglomération d'hommes qu'il poussait vers Besançon. Le reste, ainsi couvert, gagnait Ronchamp, y embarquait en chemin de fer ses éclopés, ses malades, ses bagages, puis atteignait, par Baume-les-Dames, la vallée du Doubs.

Du 15 au 17, le ralliement s'opérait autour de Besançon. On commençait à équiper et à organiser les troupes. Enfin, la création d'un camp retranché autour de la ville était décidée et allait s'effectuer.

---

1. 3ᵉ brigade badoise, suivie le 15 par la 1ʳᵉ, et le 16 par tout le corps d'armée, marchant sur Vesoul, conformément aux ordres du grand quartier général « *d'attaquer l'ennemi le plus à portée* », même en poussant jusqu'à Besançon.

V. — Opérations autour de Besançon.

Le général Cambriels s'occupait, aussitôt après son arrivée sous les murs de Besançon, de déterminer les conditions de résistance de la ville et de ses environs. Le commandement de cette place et celui de la 7ᵉ division militaire étaient aux mains du général de Prémonville, que secondait, d'une façon remarquable, son chef d'état-major, le colonel de Bigot. Une étude approfondie du pays, d'où il était d'ailleurs originaire, avait appris à ce dernier à connaître les moindres ressources de cette région. Elle était admirablement disposée pour y établir un camp de formation et occuper, sur le flanc de l'ennemi, une position menaçante et très forte.

1ʳᵉ Ligne. Chailluz. — En avant de Besançon, l'Ognon constitue en effet le fossé d'une première ligne de défense, déterminée par la crête boisée des hauteurs de Chailluz, de Châtillon-le-Duc, d'Auxon ; au nord-ouest de la place, la trouée d'École forme une dépression assez large, où viennent converger en faisceaux les routes qui franchissent l'Ognon à Pin, à Cussey et à Voray.

De grands bois et des forêts recouvrent ce sol mouvementé, qui domine l'Ognon de 350 mètres. En arrière, et enclavé dans le Doubs, qui l'enserre de toutes parts, Besançon élève ses remparts, laissant toutefois sur sa rive droite, comme une tête de pont, le faubourg du Battant.

A faible distance de la ville se dressent d'anciens ouvrages détachés qui, dominés eux-mêmes, ne sauraient la protéger contre les effets puissants de l'artillerie moderne.

Depuis deux jours, l'armement réglementaire garnissait

l'enceinte et les forts et 253 pièces, approvisionnées à 500 coups chacune, y étaient réparties[1].

2ᵉ ligne. Plateau Séquanais. — Le Doubs et la falaise du plateau Séquanais constituent, en arrière, une deuxième ligne parallèle à la première. La crête du Lomont et la forêt de Chaux la flanquent à droite et à gauche.

Du côté de Montbéliard, en amont de Baume-les-Dames, la vallée, moins escarpée, présente plusieurs passages, qui permettaient de tourner la ville par l'Est.

La défense de Besançon était donc intimement liée à celle de Montbéliard, dont l'importance stratégique était en outre des plus considérables. En effet, cette place commande l'entrée de la vallée du Doubs qui, prolongée par la Saône et la trouée du canal du Centre, forme un couloir menaçant, ouvert au cœur du pays.

Système formé par Besançon, Montbéliard, Dôle, Dijon et Chagny. — L'ensemble de ce système n'était pas complet, toutefois, si Dijon et Chagny étaient abandonnés, si Dôle n'était pas occupé.

Les circonstances ne permettaient pas d'embrasser un plan aussi vaste, ni d'en relier de façon complète les diverses parties. Force était de mettre en œuvre, rapidement et pour le mieux, les éléments dont on disposait. Le temps manquait en effet, la désorganisation des corps était complète et l'ennemi avançait tous les jours.

---

[1].
	PIÈCES.
Rempart, ville, faubourg de Battant	143
Brégille	43
Beauregard	5
Chaudanne	22
Citadelle	40
	253

et 500 coups par pièce, dont 30 projectiles seulement chargés.

On décidait donc de ne pas s'étendre, sur la gauche, plus loin que l'isthme étroit formé par le Doubs et la Loue et dont Buzy occupe le centre. La langue du pays a caractérisé ce passage d'une façon pittoresque, en lui donnant le nom de *Porte des Plateaux*. On le tiendrait donc pour garder le flanc gauche de la position, ainsi limitée, à court rayon, par cette forte défense naturelle. Les circonstances permettraient sans doute plus tard de reprendre le premier plan et, par Dijon et le Morvan, de donner la main à l'armée en formation sur la Loire.

Besançon constituait le centre et le pivot de cet ensemble; c'était là que le commandant supérieur avait décidé d'organiser le camp retranché, c'était sur ce point que devait affluer la masse d'hommes en état de porter les armes, qui peuplaient les vallées du Rhône et de la Saône. Il fallait tout disposer pour les équiper, les armer, les instruire et les encadrer. Il importait donc, avant toutes choses, d'augmenter la force de résistance de ce point d'appui et les travaux d'exécution du camp retranché furent aussitôt arrêtés de concert avec le directeur des fortifications. Des ingénieurs civils, à défaut d'officiers des armes spéciales, constituèrent le service du génie de l'armée et prirent toutes les mesures pour terminer l'armement des forts et de l'enceinte.

Des ouvrages s'élevèrent en outre sur la crête des Buis, en avant du faubourg du Battant et sur les hauteurs de Montfaucon. Enfin, on arrêtait le contour de la ligne de défense du nouveau camp, en l'appuyant au Doubs, à droite, vers Chalezeule et, à gauche, sous Velotte en passant par Palente, Montarmot, le Point-du-Jour, les Monts Boucons, Saint-Ferjeux, le Rosemont. On employait surtout à ces différents travaux la garde nationale de la ville et des ouvriers civils, afin de ne distraire aux troupes aucun des instants qu'elles devaient exclusivement consacrer à leur instruction militaire et aux détails intérieurs de leur organisation.

Indépendamment des travaux entrepris dans le rayon même de la place, le général Cambriels envoyait encore des ingénieurs sur la ligne comprise entre cette ville et Blamont. Ils avaient pour mission d'employer les habitants du pays à renforcer, par quelques mouvements de terre, le rempart naturel formé par les hauteurs du Lomont.

Création d'une armée des Vosges sous le commandement du général Garibaldi. — Cependant un concours inattendu allait assurer le flanc gauche de l'armée de l'Est. On n'avait pas cru pouvoir l'étendre plus loin que l'isthme de Buzy ; mais il était très important que Dôle fût occupé, sans être soustrait toutefois à l'autorité immédiate du commandant supérieur. L'armée des Vosges[1] allait s'y réunir sous le général Garibaldi.

Né à Nice, sur une terre française, momentanément détachée de la mère-patrie, le général Garibaldi était venu offrir ses services à son pays natal. Bien que le général eût opté pour la nationalité italienne et que nos lois, dans leur sagesse, interdisent de confier le commandement de nos nationaux à des étrangers, le Gouvernement n'avait point voulu refuser à un homme né sur le sol français, l'honneur de combattre pour le drapeau de la France.

Dès le 14, le Ministre de la guerre écrivait au général Cambriels : « Général, je fais appel à votre patriotisme ; le « commandement des compagnies franches, avec une bri-

---

[1]. L'armée dite « des Vosges » n'eut pas l'occasion de combattre sur le théâtre d'opérations dont elle portait le nom.

« gade de mobiles, dans la zone des Vosges, a été donné au
« général Garibaldi. » Le 16, le général Garibaldi arrivait
au quartier général du commandant supérieur de la région
de l'Est, à Saint-Claude (près Besançon). Ils tenaient conseil et le général Garibaldi, entièrement rallié, pour le
moment, au plan de défense du général Cambriels, convenait d'occuper Dôle et la forêt de Serre. La rive gauche du
Doubs et la forêt de Chaux constituaient, en arrière, un
second échelon, sur lequel il se replierait au cas où la première position serait forcée.

Les contingents de l'Aveyron et des Alpes-Maritimes
étaient désignés pour former la brigade de garde mobile
affectée au premier noyau de l'armée des Vosges. Les corps
francs recevaient communication de l'ordre du Gouvernement qui les rattachait à cette nouvelle armée.

Défaut de direction supérieure. — Il est pénible d'avoir
à constater que, dans ces circonstances, toute direction
d'ensemble fit entièrement défaut aux opérations ainsi
projetées entre ces deux officiers généraux. On peut aisément en déterminer les causes et il devait forcément en
être ainsi.

En effet, le général Cambriels, nommé commandant supérieur de la région de l'Est, était, de fait et incontestablement, le chef à qui toute cette partie de la France devait
obéissance. Le général Le Flô avait été très heureusement
inspiré en créant ces commandements régionaux, dont sa
grande expérience lui avait démontré l'absolue nécessité.
Si l'on eût nommé, au commandement de Dôle et de l'armée des Vosges, un général français, il eût accepté, sans
difficulté aucune, sa situation de subordonné au commandant supérieur. Mais le général Garibaldi, possesseur
jusqu'alors dans toutes ses opérations de guerre d'une in-

dépendance absolue, agissant toujours pour son compte et délié de toute subordination, considérait, nous n'en doutons pas, qu'un *personnage historique* de son importance ne pouvait recevoir d'ordre de personne. Le Ministre de la guerre ne put donc trancher clairement la situation respective de ces deux chefs d'armée et la parité de leur grade, en affaiblissant leur commandement, donna aux instructions du général Cambriels le caractère de *négociations*, bien plutôt que celui d'ordres de supérieur à subordonné.

Un tel état de choses condamnait forcément leurs opérations décousues à la stérilité dans les résultats. L'opposition des pouvoirs devait, en outre, chose plus grave encore, jeter le désordre dans cette région et empêcher d'aboutir l'une des conceptions les plus belles[1] de cette guerre, l'une de celles qui aurait pu et aurait dû être vraiment féconde.

Il ne faut point, croyons-nous, chercher d'autre origine

---

1. « Les forces militaires de la majeure partie de la France ont été employées « à une série de tentatives, sans cesse renouvelées, ayant pour but de débloquer « Paris. Lorsqu'on arrive à l'étude de cette partie de la campagne, le prestige « inouï qu'on voit Paris exercer sur la nation française frappe l'esprit d'éton- « nement ; on dirait vraiment que désormais la guerre n'a plus d'autre objet..... « Nul ne songe à troubler les Allemands dans la possession des régions que tra- « versent leurs voies ferrées de communication, *ou si l'on y songe par hasard*, « *nul n'agit en conséquence*. Paris est investi, il faut délivrer Paris : telle est « l'unique pensée qui domine tous les esprits, depuis le haut jusqu'en bas de « l'échelle sociale..... Cette idée fixe facilita et simplifia beaucoup la tâche des « Allemands..... Grâce à ce désir aveugle, la guerre se maintint, pendant des « mois entiers, au grand avantage des Allemands, sur un terrain très limité. « Ce ne fut qu'à la fin que, renonçant à l'espoir de dégager *directement* Paris, « on essaya une entreprise d'un autre genre, la marche sur Belfort. *Si elle eût* « *réussi, elle eût certainement reculé de beaucoup l'heure du dénouement.* « Le meilleur moyen de diviser les forces qui bloquaient Paris eût été d'em- « ployer *toutes les troupes* dont on disposait à entraver les communications « des Allemands et à couper les chemins de fer qui les reliaient à l'Allemagne. »
(Lieutenant-général von Hanneken.)

à cette impuissance et il est permis de regretter absolument, au point de vue militaire, l'emploi qui fut fait du général Garibaldi[1].

Voyage du Ministre de la guerre à Besançon. — Sur ces entrefaites, le Ministre de la guerre, désireux d'apprécier par lui-même les causes de la retraite sur Besançon et de se rendre compte de l'état des esprits, fortement surexcités par ces événements, arrivait à Besançon[2].

Il y conviait le commandant supérieur à une conférence et arrêtait avec lui les principales lignes du rôle assigné à l'armée de l'Est dans le plan général de la défense du pays.

Il fut décidé que l'armée continuerait à s'organiser dans le camp retranché, dont l'exécution se poursuivrait avec énergie.

La nomenclature et la quantité des approvisionnements, qui faisaient défaut, furent déterminées et le Ministre promit, au nom du Gouvernement, d'en pourvoir l'armée.

Plan du Gouvernement. — Enfin, en prévision du moment où l'armée organisée pourrait commencer ses opérations, le triangle, formé par les trois places fortes de

---

1. Le 12 *juillet* 1870, M. d'Arnim, ambassadeur de *Prusse* à Florence, a demandé à M. de Presy, directeur des chemins de fer italiens, un train spécial pour Livourne. Arrivé à destination, M. d'Arnim a été vu s'embarquant pour Caprera en compagnie du consul de Prusse à Livourne. Or, Garibaldi était à Caprera.

2. Commissaire et Préfet du Doubs à Gouvernement Tours. — 16 octobre. — 7ʰ 8 du soir.

« Connaissez la retraite inexplicable de Cambriels ; fuite sans combat devant ennemi encore à venir... Accusation menaçante des troupes et de la population contre Cambriels. Grande fermentation dans la ville. Confiance perdue. Nécessité pourvoir d'urgence à remplacement, car affaiblissement intellectuel et moral.

« — ...... Le général commandant dans les Vosges est-il fou ? Telle est l'opinion de Grévy et la mienne. Est-il incapable ou coupable ? *Faut-il le juger ?......* » (Rapport de M. Ordinaire.)

Langres, Belfort, Besançon, lui était assigné comme base offensive de manœuvres.

Une marche en avant de Besançon sur Langres, en passant par Gray, était aussi résolue dans le but de s'établir plus directement sur les communications de l'ennemi.

Le soir même, un complément d'instructions était encore adressé au général Cambriels. Il recevait l'ordre d'organiser une colonne mobile dans le massif du Thillot[1], où la Moselle prend sa source. L'importance de cette position, d'où l'on peut se porter avec une égale rapidité dans la Haute-Alsace, dans les Vosges ou dans la Haute-Saône, est considérable. Elle paraissait appelée à jouer un grand rôle en nous permettant de reprendre pied ultérieurement sur toute la ligne des Vosges.

Le Ministre de la guerre, appréciant combien il était essentiel, pour nos opérations, de conserver ainsi la faculté de nous reporter sur les communications de l'ennemi, insistait spécialement sur la nécessité de lancer ce corps détaché.

Avant de partir, le Ministre déterminait, dans une proclamation aux troupes, le plan d'organisation à poursuivre et le rôle assigné à la colonne qu'il détachait : « Il faut or-
« ganiser et agir, disait-il ; dans ce double but, pendant
« qu'un corps se dirigera, sous le commandement du co-

---

1. Ordre en date du 18 octobre.

« Le colonel Perrin est nommé commandant d'une colonne mobile de
« 5,000 hommes chargée d'opérer dans les Vosges autour du massif du Thillot.
« Il devra se mettre en route immédiatement pour commencer ses opérations.

« *Signé* : Léon GAMBETTA. »

Idem. — Le général Crouzat, commandant la place de Belfort, prendra le commandement d'une brigade dans l'armée en voie d'organisation à Besançon. Même ordre pour le colonel Paris. Le colonel Denfert-Rochereau est nommé commandant de la place de Belfort.

« lonel Perrin, au-devant de l'ennemi, les troupes restées
« sous Besançon seront refondues, organisées, divisées en
« brigades et demi-brigades et recevront tous les renforts
« en hommes, chevaux, canons, munitions, vivres et appro-
« visionnements nécessaires pour constituer une véritable
« et solide armée. »

Réorganisation de l'armée de l'Est. — Sous l'é-
nergique impulsion du commandant supérieur, le travail
d'organisation avançait rapidement. Le 20 octobre, une
division était déjà à peu près constituée et, le 21, l'ordre
de bataille de l'armée était arrêté de la manière suivante :

Composition de l'armée de l'Est au 21 octobre.

Commandant supérieur de la région de l'Est : Général CAMBRIELS.

ÉTAT-MAJOR.
   Chef d'état-major . . . Lieutenant-colonel VARAIGNE (auxi-
                                 liaire), chef de bataillon du génie.
   Sous-chef d'état-major . Chef d'escadron BERGER (auxiliaire).
   Capitaine d'état-major . M. CHATEL, ing. des ponts et chaussées.
CABINET.
   Aide de camp. . . . . Commandant DE VERDIER (auxiliaire[1]).
   Officiers d'ordonnance . Capitaines de garde mobile DE VILLE-
                                   NEUVE et DE ROTHALIER.
QUARTIER GÉNÉRAL.
   Adjudant-major du quar-
    tier général. . . . Capitaine GIRARD (auxiliaire).
   Sous-intendant du quar-
    tier général. . . . M. LEGROS.

---

[1]. M. Macain de Verdier avait formé à Paris, vers la fin du mois d'août, la compagnie *des Quarante* avec le projet de faire sauter le tunnel de Lützelbourg. L'expédition ayant échoué, ces jeunes gens avaient offert leurs services au général Cambriels qui les avait employés comme officiers d'ordonnance ou comme estafettes, suivant leur situation.

ARTILLERIE.
Directeur . . . . N.
Chef d'état-major . . . Commandant Delahaye.
GÉNIE.
Directeur . . . . Général de division Thoyot (auxiliaire), inspect. gén. des ponts et chaussées.
Chef d'état-major . . . Colonel Gilles (auxiliaire), chef de bataillon du génie.
INTENDANCE.
Chef du service de l'armée Intendant Croizet.
SERVICE DE SANTÉ . . . . Médecin-major de 1re classe Balensa.

1re Division : Général CROUZAT.

Chef d'état-major : Commandant de Truchis de Lays.
Sous-intendant : M. Perret.

		BATAILLONS.
1re brigade : Général de Polignac (auxiliaire).	85e régiment de marche. . . .	2
	Gardes mobiles de la Loire. . .	2
	— du Jura. . . .	2
2e brigade : Général de Palesy.	16e bataillon de chasseurs. . .	1
	Gardes mob. de la Hte-Garonne .	3
	— de Saône-et-Loire (4e)	1
	— des Pyrénées-Orientales	?
Artillerie	13e et 14e batteries du 3e régiment.	
Cavalerie	2e rég. de lanciers (Ultérieurement).	

2e Division : Général THORNTON.

Chef d'état-major : Commandant de Verdière.
Sous-intendant : N.

1re brigade : Lieut.-colonel Boisson . .	3e rég. de zouaves de marche. .	2
	Gardes mobiles du Haut-Rhin. .	2
2e brigade : Général Aube, cap. de vaiss.	32e régiment de marche. . . .	3
	Gardes mobiles des Deux-Sèvres.	3
Artillerie	14e batterie du 8e régiment. 19e — 12e —	
Cavalerie	2 escadrons du 7e chasseurs.	

PREMIÈRE CAMPAGNE DE L'EST.

BATAILLONS.

Colonne mobile des Vosges : Gardes mobiles des Vosges... 3
Lieut.-col. PERRIN (auxi- — de la Corse.. 2
liaire), chef d'esc. d'art. 1 batterie de montagne.
Sous-intendance : Capitaine faisant fonctions : MARCHAL.
Service de santé : Ambulance GAUTHIER.

Réserve :
Lieut.-colonel SEGARD.
- 1ᵉʳ rég. de marche (légion d'Antibes)............ 2
- Mobiles de la Meurthe..... 1
- Artillerie { 18ᵉ batterie du 14ᵉ.
              14ᵉ — 10ᵉ.

Marche des Allemands sur l'Ognon. Tentatives contre Besançon. — Cependant, le général de Werder, aussitôt après être entré à Épinal, se préparait à continuer vers la Haute-Saône le mouvement qui lui avait été prescrit, quand un ordre du Grand État-major lui avait enjoint de se porter contre les troupes du général Cambriels. Il avait donc pris, dès le 15, la direction de Vesoul ; le 18, il occupait cette ville ainsi que Lure, Luxeuil, Saint-Loup et Vauvillers. Le même jour, l'ordre lui parvenait de nous suivre jusque sous Besançon, puis *de marcher sur Bourges par Dijon*[1].

Le général allemand estimait que nos hommes, trop abattus pour soutenir la campagne, ne nécessitaient aucune poursuite de sa part et il s'apprêtait déjà à marcher directement sur Dijon, quand il apprenait que nous tenions la ligne de l'Ognon et que sa cavalerie s'était heurtée sans succès, près de Rioz, à nos chasseurs à cheval.

Ces nouvelles modifiaient son intention première et, le 21, tout le XIVᵉ corps avançait vers l'Ognon par les routes de Pin, Étuz, Voray. Les 3 brigades badoises marchaient

---

1. Voir l'appendice.

en première ligne, suivies par les Prussiens. Elles avaient ordre d'occuper le lendemain les ponts de l'Ognon.

Le 21 également, le commandant supérieur de la région de l'Est faisait éclairer le front de ses positions par une petite colonne mobile sous les ordres du colonel Perrin.

La reconnaissance, composée du 4e bataillon du 85e (moins une compagnie laissée dans les bois de Chailluz), du 2e bataillon du Doubs, du 3e bataillon des Vosges et de la 1re section d'artillerie du 14e régiment, atteignait Franois[1], où on lui signalait l'ennemi dans la direction de Rioz[2]. Elle y laissait un détachement et gagnait Voray, où elle s'établissait pour la nuit, en installant ses grand'gardes à Geneuille, à Bussières et sur les routes de Boult[3] et de Rioz.

Conformément aux ordres du commandant supérieur, les gardes mobiles des Hautes-Alpes étaient envoyés le 22 à Châtillon-le-Duc et aux Rancenières, ceux des Vosges à Auxon-Dessus. Environ 1,000 hommes du 16e bataillon de chasseurs et du 78e de ligne arrivaient à Voray, afin de soutenir la reconnaissance.

Le colonel Perrin ordonnait aussitôt aux gardes mobiles des Vosges et à ceux des Hautes-Alpes de gagner Cussey et Étuz; quant au 16e bataillon et au 78e, il les dirigeait sur Buthiers et Voray. Lui-même franchissait l'Ognon et poussait sa reconnaissance sur la rive droite par le bois de Voray dans la direction de Boulot. En même temps, il donnait l'ordre (7 heures du matin) au 3e bataillon des Vosges d'occuper le pont de Cussey et de le défendre énergiquement.

---

1. Franois, à 7 kilomètres ouest de Besançon.
2. Rioz, à 20 kilomètres nord de Besançon.
3. Boult, à 5 kilomètres nord de Voray et à 15 kilomètres nord de Besançon.

Combat de Châtillon-le-Duc (22 octobre [1]). —
Au moment où ce bataillon arrivait à Étuz, vers 7 heures du matin, la 2ᵉ brigade badoise atteignait la plaine de Bonnevent et son avant-garde [2] débouchait en vue d'Étuz. Elle était signalée par les coups de feu de nos chasseurs à cheval et 5 compagnies étaient aussitôt envoyées en avant du village. Elles ouvraient le feu contre les éclaireurs allemands qui se repliaient. L'avant-garde badoise faisait aussitôt donner son artillerie et entrait sans difficulté dans Étuz; le 3ᵉ bataillon des Vosges, encore peu solide, et d'ailleurs bien inférieur en nombre, se portait en arrière, malgré les efforts de ses officiers.

Cependant la reconnaissance, que dirigeait en ce moment le colonel Perrin dans les bois de Boulot et de Retheu, arrivait sur les derrières de cette avant-garde, engagée un peu légèrement à grande distance du corps principal. Le colonel n'hésitait pas à la faire attaquer par une compagnie du 85ᵉ et une compagnie de mobiles du Doubs, sous les ordres du commandant d'Olonne, qui la forçaient à se replier dans les bois de Longe-Queue; le bataillon des Vosges profitait de ce mouvement pour occuper Étuz. En ce moment, le gros de la brigade badoise arrivait à Velloreille. Son chef envoyait immédiatement à son avant-garde un renfort d'une batterie lourde et lançait un bataillon contre le bois de Retheu.

Le chef de la reconnaissance française craignait alors pour ses communications avec la rive gauche de l'Ognon;

---

1. Les Allemands l'appellent *Combat sur l'Ognon* parce qu'ils ont enlevé l'avant-ligne de l'Ognon. Il doit avoir, pour nous, le nom de *Combat de Châtillon-le-Duc* parce que : 1° c'est le point principal de la ligne de résistance où nous nous sommes maintenus, 2° c'est là que le général Cambriels se tenait et donnait ses ordres.

2. 1 bataillon, un 1/2 escadron et 2 pièces.

sentant qu'ainsi en l'air sur la rive droite, il risquait d'être enlevé, il se rabattait sur Voray. En ce moment, l'avant-garde allemande, renforcée, entrait pour la deuxième fois dans Étuz, dont son artillerie avait puissamment préparé l'attaque. Mais les Badois ne parvenaient pas encore à nous rejeter entièrement sur la rive gauche et nous tentions de fréquents retours offensifs contre Étuz.

Le général de Werder, qui avait atteint Oiselay avec les troupes prussiennes, envoyait alors la 1re brigade badoise par Pin sur le flanc et les derrières de nos troupes de Cussey. Six compagnies de mousquetaires de la 2e brigade entraient également en ligne pour soutenir les troupes qui combattaient à Étuz. Le reste de la brigade se déployait vers Montboillon.

Vers 4 heures du soir, 3 compagnies de gardes mobiles des Hautes-Alpes arrivaient au secours du bataillon des Vosges; mais, à peine débouchaient-ils de Cussey, que les Allemands renforçaient leurs troupes de 3 compagnies de mousquetaires et canonnaient vigoureusement le pont de l'Ognon et la partie nord du village. La tête de colonne du bataillon des Alpes s'arrêtait sous ce feu, puis rétrogradait. Nous abandonnions la rive droite de l'Ognon. La brigade badoise nous suivait; nous l'arrêtions quelques instants à l'entrée de Cussey, enfin elle y pénétrait en même temps que nous, et ses dragons accompagnaient notre retraite jusqu'au bois de Cussey.

Les Allemands poussaient alors vers Bussières, Geneuille et Auxon-Dessus, afin de couper la retraite aux troupes qui tenaient encore à Voray. Sur ce dernier point en effet, nous avions à lutter contre la 3e brigade badoise, qui s'était avancée, en refoulant jusqu'à l'Ognon les enfants perdus répandus sur notre front. La reconnaissance du colonel Perrin avait alors terminé heureusement son mouvement. Elle était venue prendre position dans le bois situé au sud de Voray et en arrière du chemin de fer (bois des Mouillottes).

La compagnie du 16ᵉ chasseurs à pied et le détachement du 78ᵉ régiment, chargés de garder Buthiers, avaient énergiquement défendu ce village. Ils avaient même effectué un retour offensif contre les Allemands, mais les forces très supérieures de ces derniers les avaient contraints de céder le terrain ; ils se repliaient par le pont de Buthiers et gagnaient Bonnay en luttant courageusement. L'ennemi incendiait aussitôt ces deux villages, ainsi que celui de Voray.

Les ordres donnés par le général Cambriels au colonel Perrin spécifiaient qu'en cas d'attaque sérieuse il devait se replier sur la *position de combat*. En présence de forces contre lesquelles il eût été téméraire de s'engager à fond, il n'y avait donc pas lieu de tenter de nouveaux retours offensifs pour réoccuper la ligne de l'Ognon, les hauteurs de Châtillon-le-Duc et d'Auxon constituant, en effet, la véritable ligne de défense. Aussi le colonel Perrin y réunissait-il ses troupes, comptant sur les renforts que le général Cambriels et la place de Besançon ne manqueraient pas de lui envoyer.

A Besançon, l'ordre venait en effet d'être donné à la garde nationale sédentaire et à l'artillerie de la garde mobile du Doubs d'occuper dans les forts et sur les remparts les postes de combat qui leur étaient assignés. Le général Cambriels réunissait lui-même :

1 bataillon de gardes mobiles des Deux-Sèvres ;

2 bataillons de zouaves ;

1 batterie d'artillerie,

et il les portait vers Châtillon-le-Duc.

Le colonel Perrin avait déjà déployé 2 compagnies du 78ᵉ en avant du contrefort de Châtillon. Il avait envoyé le bataillon du Doubs en réserve aux Rancenières. Vers 4 heures, la légion bretonne et 2 pièces de montagne atteignaient Châtillon et ouvraient aussitôt le feu contre les Allemands.

Le général Cambriels arrivait sur la position et disposait ses troupes sur les hauteurs qui s'étendent entre Châtillon-le-Duc et Auxon-Dessous, dominant ainsi le terrain situé au Nord et défendant la trouée d'École. Les 6 pièces étaient mises en batterie sur les routes qui, de Valentin, divergent sur Cussey et sur Voray.

Les Allemands, malgré cet appareil, tentaient toutefois de continuer à gagner du terrain vers la place ; la colonne badoise sortait de Cussey et se portait contre Auxon-Dessus. Elle était repoussée et nous la rejetions dans le bois du Paquier et dans le Grand-Bois.

Au centre, 3 batteries allemandes, établies près de Cussey et près de Bussières, préparaient l'attaque de Châtillon-le-Duc, mais le bataillon allemand, lancé contre cette position, ne parvenait pas à l'atteindre et se réfugiait à grand'peine dans le bois de Chailluz. Ces mouvements entraînaient toutefois l'évacuation du bois de Vauvercille, que nous occupions encore en avant du front, et deux bataillons ennemis, sortis de Geneuille, en prenaient aussitôt possession.

Pendant que nous repoussions ainsi avec succès les diverses attaques prononcées sur tout le front de notre position, la brigade badoise de droite tentait de tourner notre gauche. Elle avait franchi l'Ognon à Marnay et à Pin et, gagnant la route d'Émagny à Montcley, débouchait du bois de Cussey. Mais son mouvement avait été ralenti et elle arrivait en ligne trop tard pour prendre part au combat.

Enfin à notre extrême gauche, une colonne d'un demi-régiment badois se dirigeait par Chaucenne sur Auxon-Dessous. Nous repoussions sa première attaque contre ce village, mais elle la renouvelait, soutenue par les bataillons qui avaient précédemment gagné les couverts du bois du Pasquier. Le nombre forçait les mobiles des Vosges et les zouaves à reculer jusqu'à Auxon-Dessus. Cependant, la nuit avait déjà mis fin au combat; sur toute la ligne, sauf sur ce point, les troupes prussiennes repassaient l'Ognon, la majeure partie des bataillons badois gagnaient Cussey, Geneuille et Voray. Auxon-Dessous restait toutefois au pouvoir de l'ennemi; cette position pouvait devenir un point d'appui important pour la journée du lendemain.

Le bataillon des zouaves profitait donc de la nuit pour y rentrer à la baïonnette et les troupes badoises qui l'occupaient, se repliaient sur l'Ognon.

Conclusion. — Les Allemands avaient échoué dans leur tentative contre la place. Nous avions conservé nos positions, préservé Besançon et l'armée en formation, lutté avec succès enfin contre des forces très supérieures.

Il était aisé de constater que l'entraînement logique auquel on avait soumis nos contingents, produisait déjà d'heureux résultats. Nos hommes, bien conduits et puissamment soutenus par le courage inné de leur race, avaient tenu solidement devant des troupes régulières, amplement pourvues et bien supérieures en nombre. Près de 24,000 hommes en effet, soutenus par 30 pièces, avaient été employés contre nos faibles contingents[1]. Le moral se relevait et, l'élasticité du caractère français aidant, il était déjà

---

1. Ceux-ci, successivement et lentement renforcés, atteignaient à peine vers la fin de la journée un effectif de 8,000 hommes et 8 pièces.

permis d'espérer que quelques engagements prudemment conduits donneraient à nos hommes la solidité et le calme qui leur avaient fait défaut jusqu'alors [1].

Le 22 au soir, pendant que les Allemands se repliaient sur l'Ognon, le commandant supérieur donnait l'ordre de laisser un poste avancé sur la forte position de Châtillon-le-Duc afin d'observer l'ennemi, et reportait, dans leurs cantonnements et sur les lignes du camp retranché, la majeure partie des troupes qui avaient été mises en mouvement. Les forces, réunies sous le commandement du colonel Perrin, pour exécuter la reconnaissance du front de la position, se concentraient donc sur les hauteurs de Châtillon-le-Duc et y passaient la nuit.

La journée du 23 octobre allait trouver les troupes réparties de la manière suivante :

La *1re division,* sous le général Crouzat, disposée sur deux lignes, de Palente à la Justice.

1re brigade : Général DE POLIGNAC.

1re ligne :
- 2 bataillons de la Loire, devant Palente.
- 2 — du 85e, au Dessus-de-Chailluz.
- 2 — du Jura, les Torcols, les Graviers blancs, la croisée de Cussey, la Justice.

---

1. C'est précisément au moyen de petits combats habilement introduits, prudemment conduits et dans lesquels, en restant sur la défensive, on se ménage l'appui du terrain, qu'on réussit tout d'abord à relever le moral d'une armée qui vient d'être battue.

On ne saurait se figurer quelle salutaire influence le moindre succès exerce en pareil cas sur les troupes. Ce n'est cependant qu'en se faisant violence qu'après une grande défaite les généraux prennent cette dernière voie de salut. Ils préfèrent habituellement fuir le danger en s'éloignant de l'ennemi, ce qui ne peut qu'être favorable à celui-ci et les conduire eux-mêmes à une perte plus certaine ou, pour le moins, à des dangers plus grands.   (CLAUSEWITZ.)

2ᵉ brigade : Général DE PALESY.

2ᵉ ligne.
- 4ᵉ bataillon de Saône-et-Loire, derrière le 85ᵉ, jusqu'à la route de Vesoul.
- 2 bataillons des Pyrénées-Orientales, Saint-Claude.
- 2 — de la Haute-Garonne, Chalezeule à Palente.

Artillerie.
- à Palente, la batterie Paris (4 et 12) défendant la route de Baume-les-Dames.
- à Montarmot, la batterie Menessier (12) couvrant les débouchés du bois de Chailluz.
- à l'ouest de Montarmot, la batterie Lebouis battant la route de Vesoul.

Cavalerie.
- 1 escadron à Palente.
- 1 escadron en arrière de la Croisée de Cussey.

La *2ᵉ division,* sous le général Thornton, occupait une ligne de défense dont la droite s'appuyait à la route de Vesoul. Elle suivait la crête des Monts Boucons, passait devant les fermes des Tilleroyes et du Saint-Esprit, et sa gauche allait se relier au Doubs ;

3 bataillons des Deux-Sèvres, de la route de Vesoul à la vieille route de Gray ;
2 bataillons du Haut-Rhin, de la route de Gray à la route de Marnay ;
32ᵉ régiment de marche, jusqu'à la ferme du Saint-Esprit ;
Bataillon de la Meurthe, de la ferme du Saint-Esprit à Château-Farine ;
2 bataillons de zouaves, Saint-Ferjeux ;
3 batteries (2 de 4 et 1 de 12), Télégraphe aérien, Monts Boucons, débouché de la route de Gray ;
2 escadrons du 7ᵉ chasseurs, Monts Boucons ;
Compagnie des mineurs de la Loire (en réserve).

Le 23, à 6 heures du matin, les Allemands, désireux de recommencer l'attaque qui avait échoué la veille, envoyaient en avant des reconnaissances (3,400 hommes environ) et venaient se heurter au poste que nous occupions à Châtillon-le-Duc. Ils tentaient alors de tourner, par les deux ailes, les troupes qui occupaient cette position et étaient très en l'air. Leur attaque sur ce point n'était pas sérieuse; aussi le colonel Perrin n'y laissait-il qu'une compagnie de zouaves, deux compagnies du 78ᵉ et la légion bretonne. Il dirigeait le reste de ses troupes, à travers bois, vers Palente, où il recevait l'ordre de passer sous le commandement du général Crouzat, qui dirigeait la défense dans cette zone.

Le général Crouzat se portait lui-même en avant pour reconnaître l'importance réelle du mouvement tenté par l'ennemi. Il ne trouvait celui-ci nulle part en force et, après avoir échangé avec lui quelques coups de fusil et de canon dans les environs de Valentin et d'École, il reprenait ses premières positions.

Les Allemands, en effet, renonçaient à leur premier projet.

Résultats des journées des 22 et 23 octobre. — Les renseignements que le commandant du XIVᵉ corps s'était procurés sur la situation de Besançon, lui avaient fait espérer qu'un hardi coup de main l'en rendrait maître. La place, en effet, n'était pas encore en état de défense. Cette résolution, exécutée avec énergie par tout le XIVᵉ corps, pouvait, sans doute, être couronnée de succès ; mais on doit reconnaître que l'offensive des Allemands fut molle, qu'elle ne fut pas soutenue en temps opportun, qu'enfin, au dernier moment, cette entreprise séduisante se trouva dépasser la hauteur de leur courage prudent et sage. Ils ne s'engagèrent donc pas plus avant. Ne suffisait-il pas, en effet, pour le moment, de négliger la place? L'armée de l'Est était encore incapable de se mouvoir et de manœuvrer sur leurs flancs. Elle se reformait péniblement après une retraite et n'avait pas reconquis, croyaient-ils, la puissante énergie morale nécessaire à toute action de guerre en rase campagne. Ils jugeaient donc inutile de risquer une bataille sous Besançon même, quand on pouvait aisément tourner la place en la masquant et gagner plus promptement l'objectif stratégique assigné, c'est-à-dire Bourges, — entreprise dont la réussite immédiate devait entraîner des résultats incalculables.

Indépendamment de ces considérations, qui suffiraient amplement à expliquer la conduite des Allemands dans ces deux journées, d'autres motifs non moins graves, s'il fallait en croire notre « service des renseignements », venaient encore influer sur leurs déterminations.

A cette date, en effet (si on examine la situation des armées en présence à Metz), le prince Frédéric-Charles venait de faire savoir au maréchal Bazaine qu'au grand quartier général on ne voyait plus la possibilité d'aboutir à un résultat par des négociations politiques. Le maréchal témoignait alors l'intention de tenter une sortie.

D'un autre côté, sous Besançon, les Allemands quittaient très brusquement, le 24 octobre, leurs cantonnements de l'Ognon et marchaient rapidement *dans la direction du nord* vers Bourguignon-lès-la-Charité, Étrelles, La Chapelle-Saint-Quillain, Velesmes. Une avant-garde était poussée jusqu'à Seveux et Savoyeux. Le bruit courait, parmi eux, que le maréchal Bazaine menaçait les lignes d'investissement de Metz et qu'ils allaient les renforcer.

Sans attendre les résultats des réquisitions faites, négligeant même la distribution des denrées requises et livrées, ils abandonnaient à la hâte les positions qu'ils occupaient [1].

Leurs pertes dans les deux journées s'étaient élevées à 153 hommes tués ou blessés. Les nôtres atteignaient 141 hommes.

---

1. La relation officielle allemande affirme que le général de Werder n'avait jamais eu l'intention de poursuivre son mouvement au delà de l'Ognon et d'attaquer nos troupes appuyées sur Besançon. Elle assure qu'après l'échec de Châtillon-le-Duc, le XIV° corps reprenait sa marche vers Gray et Dijon. Il est toutefois logique d'estimer que ce corps avait tenté un coup de main *contre Besançon*, car *on n'engage pas* 24,000 *hommes* sans un motif au moins aussi sérieux ; que cette tentative, mal combinée, avait échoué, enfin que les Allemands ne semblaient guère prendre la direction de Gray, quand ils marchaient vers Bourguignon-lès-la-Charité, Seveux et Savoyeux. *Gray est à l'Ouest et c'est vers le Nord qu'ils se dirigeaient.* Le grand état-major raconte, il est vrai, que le général de Werder voulait d'abord amener son corps d'armée dans la vallée de la Saône, sans doute pour se couvrir de cette rivière dans son mouvement sur Dijon. Mais le passage par Gray lui aurait procuré beaucoup plus rapidement le bénéfice de cet obstacle. Il y a là sans doute chez eux « un artifice de narration » qui tend à dénaturer le caractère réel de la situation respective des adversaires en présence après les combats de Châtillon. Notre version doit donner, bien plutôt que le récit allemand, l'impression de la vérité. Le grand état-major, pour les journées du 23 au 26, semble écourter son récit qui se suit mal. Il cherche sans doute à dissimuler la petite panique, causée par la menace d'une sortie sous Metz, après l'échec du coup de main prononcé contre Besançon.

La **Déposition de M. le général Lapasset** (*Procès Bazaine*. Audience du 29 novembre, page 680) nous apporte un recoupement précieux des données fournies par notre service des renseignements de Besançon :

« Vers le 20 d'octobre, je prévoyais ou je pressentais ce qui adviendrait, et j'avais formé le projet de me faire jour avec ma brigade mixte; j'avais étudié les points de passage. Cependant, avant d'exposer la vie de 5,000 braves gens, je voulus savoir quels pouvaient être les projets, et j'allai voir M. le maréchal. C'est le 22 octobre, sur les deux heures de l'après-midi.

« Le maréchal me reçut avec sa bienveillance accoutumée. Soit qu'il eût connaissance de mon projet, soit que, d'après mes paroles, il pressentît ce que je voulais faire, il me dit : « Lapasset, voyez-vous, pas de coup de tête ! il ne « faut pas d'action individuelle; il ne faut pas chercher les uns et les autres « à se faire jour individuellement; il y en a qui m'ont proposé de faire des « sorties par divisions; il ne faut pas faire cela ; laissez-moi, voyez-vous, lais-« sez-moi faire, et abandonnez toute espèce de projet individuel. »

« A ce moment, M. le maréchal Canrobert entra. Le maréchal Canrobert a été

Situation des armées des Vosges et de la Côte-d'Or. — En ce moment, le général Garibaldi, qui avait établi définitivement son quartier général à Dôle, commençait à y réunir des volontaires et formait ses premiers bataillons. Il se heurtait à des difficultés considérables dans cette organisation, car on hésitait beaucoup à s'en-

---

mon chef pendant bien longtemps; j'ai pour lui le plus profond respect; je m'inclinai, il me donna la main, et par respect, par déférence et convenance, je voulus me retirer. M. le maréchal Bazaine me dit : « Mais non, Lapasset, « restez, vous n'êtes pas de trop. »

« Il nous fit asseoir; il prit une carte de l'état-major, la déplia devant lui, « et se tournant vers le maréchal Canrobert, il lui dit : « Maréchal, je suis dans « une perplexité cruelle, je n'ai pas la moindre nouvelle de Boyer, je n'ai pas la « moindre nouvelle de l'Impératrice, nous n'avons plus de vivres; il faut, *il faut* « que nous sortions, et il faut que nous nous fassions jour. »

« Et alors, indiquant sur la carte, il dit : « Vous, Maréchal, avec le 4ᵉ corps, « vous serez en colonne de droite, et vous prendrez la route de Cheminot. — « Le Bœuf, lui, avec le 2ᵉ corps, formera la colonne de gauche, et prendra la « route de Strasbourg; — moi, je serai au centre avec la garde impériale et « avec la brigade mixte Lapasset; je serai là pour vous porter secours aux uns « et aux autres; — mais, il ne faut pas nous dissimuler une chose, c'est que le « salut est dans nos jambes; — il faut que nous fassions nos soixante kilomètres « dans la journée; — malheur à qui tombera : on ne le ramassera pas; — et « il faut que nous nous dirigions sur Château-Salins; là, d'après les circons- « tances, d'après les nouvelles que nous aurons de l'ennemi, je verrai ce que « j'ai à faire.

« Quant à l'artillerie, je n'ai pas à vous en donner, pas plus que de cavalerie; « presque toutes nos pièces sont démontées, elles ne peuvent pas être attelées. « La cavalerie, il n'en reste presque plus; enfin on prendra ce qu'il y aura; « mais, je le répète, notre salut sera dans nos jambes. »

« Ces paroles répondaient si bien à mes sentiments intérieurs, que je ne pus « maîtriser mon émotion, et, me levant, je dis au maréchal : « Oh! Monsieur le « Maréchal, comme votre résolution remplit mon cœur de bonheur! Enfin, nous « sommes la dernière armée française, et si nous devons tomber, que la posté- « rité au moins se découvre devant nous... » Il me dit : « Non, nous leur pas- « serons sur le corps! Allez! nous ne succomberons pas!... » Puis se tournant vers le maréchal Canrobert et vers moi, il dit : « Vous comprenez la gravité « de ces paroles, de notre discours, de notre entretien; je n'ai pas besoin de « vous recommander le secret, Messieurs; allez à vos quartiers, et attendez mes « ordres. »

« Les ordres étaient pour le lundi. Vous savez tous, Messieurs, le lundi, ce qui est arrivé. »

GUERRE SUR LES COMMUNICATIONS.

gager ainsi sous les ordres d'un général étranger. L'enthousiasme politique qu'avait soulevé, à Marseille, son arrivée en France ne trouvait que peu d'écho parmi les hommes valides qui, payant de leur personne, demandaient à servir ; la plupart réclamaient un commandement français. Le Gouvernement n'ignorait pas la gravité de cette situation au point de vue militaire et une dépêche du délégué à la guerre montre qu'au milieu de décembre, elle devenait critique : « Quant à Garibaldi, écrit M. de Freycinet au ministre de la guerre, j'éprouve une difficulté « toute spéciale à le renforcer ; la plupart des mobilisés « auxquels je m'adresse, refusent absolument d'aller au- « près du général. »

Le commandant de l'armée des Vosges avait toutefois déterminé les cadres de 4 brigades. Deux de celles-ci avaient déjà commencé leur organisation sous Bossak-Haucke[1] et Menotti Garibaldi.

L'armée des Vosges était composée comme il suit :

Commandant en chef de la zone des Vosges, de Strasbourg à Paris (sic).	Général GARIBALDI.
Chef d'état-major........	Colonel BORDONE.
Ingénieur en chef.........	Lieutenant-colonel GAUCKLER.

HOMMES.

Compagnie génoise		100
1re brigade : Gén. BOSSAK-HAUCKE[2].	1er bataillon des Alpes-Maritimes . Francs-tireurs Égalité de Marseille. Volontaires du Rhône . . . . Éclaireurs du Rhône	1,560
2e brigade . . .	(pour mémoire.)	

---

1. L'âme agissante de cette armée était le colonel Bordone. Garibaldi usé, malade, affaibli, en était le drapeau. Il avait le même âge que Turenne lors de sa célèbre campagne contre le duc de Lorraine (63 ans).
2. D'une *réelle valeur militaire*.

PREMIÈRE CAMPAGNE DE L'EST.

		HOMMES
3ᵉ brigade : Col. Menotti Garibaldi	2ᵉ bataillon des Alpes-Maritimes. . Bataillon des Basses-Alpes . . . . Francs-tireurs de Colmar . . . . Corps francs de chasseurs d'Afrique. Francs-tireurs de Dôle et de la Savoie 2ᵉ bataillon des Basses-Pyrénées (arrivé le 23).	1,975

4,000 hommes environ [1].

Dès le 18 octobre, des éclaireurs de l'ennemi avaient été signalés dans la direction de Gray et toutes les troupes disponibles des brigades Bossak-Haucke et Menotti Garibaldi étaient envoyées sur les bords de l'Ognon.

Le 20, la brigade Bossak-Haucke envoyait des détachements à Ougney et à Marnay et la brigade Menotti Garibaldi, établie au mont Rolland, gardait, en avant, Champagney et Pontailler. Des postes étaient placés aux points de passage de la Saône et de l'Ognon; on exécutait des travaux sur les routes, enfin on se reliait à Dijon qui constituait également un point de rassemblement et où la défense de la Côte-d'Or s'organisait activement.

L'armée de la Côte-d'Or. — Dès le 19 octobre, en effet, le comité de défense de la Côte-d'Or avait déjà réuni dans cette ville et dans les environs les troupes suivantes :

			HOMMES.	
Dijon . .	1 bat. de garde mobile de la Loire. . . .		1,200	
	1 — — de l'Isère		1,200	5,360
	2 — — de l'Yonne. . . .		2,400	
	1/2 — — de la H^{te}-Garonne .		560	
Beaune .	1 — — des Basses-Pyrénées		1,200	
Auxonne.	1 — — de la H^{te}-Garonne .		1,200	3,600
Nuits . .	1 — — de l'Isère		1,200	

---

[1]. Sous toutes réserves. Cette situation émane de l'ouvrage du colonel Bordone. Elle peut être exacte, mais on n'a pu la contrôler, ni la recouper d'aucune manière. Voir pour les effectifs de l'armée des Vosges, p. 98, 144, 170, 178, 189, 213, 217, 229.

et en outre (pour mémoire):

    Châtillon-sur-Seine . .   1 bataillon des Basses-Pyrénées,
    Montbard   1   —   de l'Isère,
    Semur   1   —   de l'Yonne,
chacun à 1,200 hommes.
    Soit un total général d'environ 12,500 hommes [1].

Projet d'opérations combinées entre les armées de l'Est, des Vosges et de la Côte-d'Or. — Le 20, le commandant supérieur de la région de l'Est envoyait au comité de défense de la Côte-d'Or et au général Sencier, qui commandait à Dijon, des instructions générales pour l'emploi de ces troupes. Il prescrivait de se tenir en relation avec le général Garibaldi à Dôle et de communiquer, si faire se pouvait, avec l'armée qu'on devait former derrière la Loire. Le général recommandait enfin de ne pas perdre de vue qu'on n'avait pas de forces régulières à opposer à l'ennemi; il fallait ménager ces troupes, dont la France aurait certainement besoin quand elles seraient formées et en état d'agir. Il importait donc d'assurer leur retraite sur Lyon et de les faire rétrograder en temps utile sur ce point.

Le général Sencier, toutefois, ne se trouvait plus dans les conditions de santé nécessaires pour exercer effectivement un commandement aussi actif et dont les circonstances allaient encore augmenter l'importance. Aussi le président du comité de défense, *le docteur Lavalle, recevait-il délégation du général Cambriels pour exercer le commandement et diriger les opérations* en attendant l'arrivée du chef militaire qu'on demandait au mi-

---

1. Renseignements demandés par le général Cambriels (Situation datée du 19 octobre. Dijon).

nistre[1]. Les conditions de la résistance sur ce point étaient donc des plus défavorables. Les troupes n'étaient nullement en état de combattre et l'énergique activité du docteur Lavalle ne suffisait pas à suppléer à la direction militaire qui leur faisait défaut.

Ce noyau de troupes, déjà considérable, augmentait encore chaque jour. Le lieutenant-colonel Bousquet amenait de Lyon environ 8,400 hommes (dépôts divers, mobiles de la Lozère, de la Loire, du Var, de la Drôme). En ce moment, on comptait à Pontailler environ 8,800 gardes mobiles de l'Isère, de l'Yonne, de la Haute-Garonne, des Hautes-Pyrénées[2]. Enfin quelques compagnies de partisans et de francs-tireurs et 3 bataillons de mobilisés de l'arrondissement de Dijon portaient l'effectif total du rassemblement

---

1. 21 octobre. Le général Cambriels à M. Lavalle, président du comité de défense de la Côte-d'Or.

« J'ai écrit au Ministre pour le prier de vous envoyer un général ou un co-
« lonel pour commander vos troupes. En attendant son arrivée, je vous dé-
« lègue mes pouvoirs pour le placement des troupes et la défense de votre ter-
« ritoire, à la condition toutefois que le général Sencier ne soit pas dans les
« conditions voulues pour prendre le commandement. »

2. Troupes amenées de Lyon à Dijon par le lieutenant-colonel Bousquet et remises au général Sencier par ordre du Gouvernement :

		HOMMES.
Dépôts divers (chassepots)	3,000	sur Auxonne.
4ᵉ bat. de garde mobile de la Lozère (fusils à piston).	1,822	sur Bèze.
4ᵉ — de la Loire (chassepots) . . .	1,000	—
1ᵉʳ — du Var (fusils à piston) . . .	1,000	sur Maxilly.
3ᵉ — de la Drôme (fusils à piston).	1,600	sur Bèze.
	8,422	

Il y avait en outre à Pontailler :   HOMMES.

Garde mobile de l'Isère, 3 bataillons	3,600
— de l'Yonne, 3 bataillons (fusils à piston)	3,600
— de la Haute-Garonne, 1 bataillon	1,200
— des Htᵉˢ-Pyrénées, 3 compagnies (fusils à piston).	450
	8,850

de la Côte-d'Or à 20,000 hommes environ, sans artillerie, sans équipages, mal armés, mal équipés et à peine au début de leur instruction militaire.

Cette situation critique n'avait pas échappé au Gouvernement; chaque jour ses inquiétudes devenaient plus vives et il ne négligeait aucune occasion d'entretenir le commandant supérieur de la grande importance qu'il attachait à ce que Dijon fût protégé.

Le commandant supérieur, toutefois, ne croyait pas que l'armée réunie sous Besançon fût encore en état de tenter aucune opération offensive : « Entreprendre une opéra-
« tion sérieuse, considérable, avec ces bandes, répondait-
« il au Gouvernement, c'est s'exposer à un vrai désastre.
« Si vous comptez sur cette armée de l'Est qui, en ce mo-
« ment, est à l'état naissant, laissez-la s'organiser, s'ha-
« biller, se chausser, se discipliner surtout, et alors quand
« le moment sera venu (et j'use toute mon énergie à faire
« vite), je me mettrai en mouvement et je me jetterai sur
« la ligne d'opérations de l'ennemi[1]. »

---

1. 21 *octobre*. — Du Ministre de la guerre au général Cambriels.

« Veuillez me faire connaître en détails et avec précision les mesures que vous avez prises ou comptez prendre pour couvrir Dijon, ainsi que le plan général de campagne que vous avez le dessein de suivre. Vous compléterez cette dépêche par un rapport écrit que vous m'enverrez par un de vos officiers en état de me fournir des explications verbales . . . .
. . . .
« Vous ne perdrez pas de vue la grande importance de couvrir Dijon. »

21 *octobre*. — Du Ministre de la guerre au général Cambriels.

« Veuillez répondre d'urgence à ma dépêche d'hier concernant les mesures que vous avez prises pour Dijon et le plan stratégique que vous avez conçu. »

21 *octobre*. — Du Ministre de la guerre au général Cambriels.

« Je n'ai point reçu de réponse à mes dépêches d'hier matin et ce matin touchant vos mesures de défense à Dijon et votre plan stratégique d'ensemble. Si je n'ai pas une réponse *satisfaisante* demain avant 4 heures du matin à

Le plan conçu par le général Garibaldi, l'opinion qu'il avait formée de ses troupes (levées plus récemment encore cependant), de ce qu'il pouvait leur demander enfin, différaient entièrement. Il estimait qu'il fallait retenir le plus longtemps possible l'ennemi entre l'Ognon et la Saône et retarder, en la harcelant, sa marche sur Dijon, afin de permettre au général Cambriels de protéger ce centre important. Le général Garibaldi se concertait en conséquence avec l'armée de la Côte-d'Or et celle-ci devait tenir Pontailler, pendant qu'il porterait ses

---

Tours, j'ai le regret de vous informer que le Ministre vous relèvera de votre commandement. »

21 o.tobre. — Le général Cambriels au Ministre de la guerre à Tours.
(Copie de la dépêche adressée à M. Lavalle, président du comité de la Côte-d'Or à Dijon) [Voir plus haut, page 101]. . . . .
. . . .
« voilà ce que j'écris à la Côte-d'Or. J'espérais que le général Sencier pourrait prendre le commandement des troupes. Le Comité pense que non. Il faudrait donc d'urgence un colonel énergique pour y commander la troupe comme général de brigade.

« Vous me demandez en outre ce que je compte faire pour couvrir Dijon. Vous me brisez le cœur, Monsieur le Ministre, mais mon devoir est d'y répondre. J'ai trouvé, en arrivant, des bataillons de mobiles mal armés, sans munitions de réserve, sans campement, sans organisation, sans chefs, sans instruction, sans discipline. C'était le chaos.

« Entreprendre avec ces bandes une opération sérieuse, considérable, c'est s'exposer à un vrai désastre.

« Si vous comptez sur cette armée de l'Est qui en ce moment est à l'état naissant, laissez-la s'organiser, s'habiller, se chausser, se discipliner surtout, et alors, quand le moment sera venu, et j'use toute mon énergie à faire vite, je me mettrai en mouvement et tomberai sur la ligne d'opérations de l'ennemi. Pendant que je m'organise, je lance une colonne mobile sous les ordres de Perrin. »

22 octobre. — Du général Cambriels au Ministre.

« Envoyez-vous, comme je vous l'ai demandé, quelqu'un d'énergique à Dijon ? J'ai laissé la direction des opérations au président du Comité. Il accepte la tâche parce que c'est un bon patriote, mais il la trouve dure, faites donc venir d'urgence quelqu'un pour commander ce groupe de troupes très important. »

troupes en avant. En même temps, le commandant de l'armée des Vosges communiquait au général Cambriels le plan qu'il avait formé et il lui demandait sa coopération.

Mais le commandant supérieur, jugeant sainement l'état réel des choses, ne se départait pas des sages intentions qu'il avait révélées au Gouvernement. Les combats livrés sous Châtillon-le-Duc avaient fatigué ses jeunes troupes et, s'ils les avaient aguerries, ils avaient aussi retardé leur organisation; il refusait donc d'effectuer aucun mouvement offensif qui l'aurait éloigné de Besançon.

D'ailleurs, des renseignements dont il n'avait pas été possible de vérifier l'exactitude, lui faisaient craindre, précisément en ce moment, qu'une attaque ne se produisît sur son extrême gauche, ou, tout au moins, que les Allemands ne tentassent une pointe entre Besançon et Dôle.

Le commandant supérieur s'empressait donc de faire part de ces appréhensions au général Garibaldi; il l'informait du combat heureux que ses troupes avaient soutenu; enfin, profitant de ce que le commandant de l'armée des Vosges estimait déjà ses hommes en état de tenir la campagne, il lui demandait de couvrir son flanc gauche en amenant, au moyen de trains réquisitionnés, « quelques bataillons » sur le flanc droit de l'ennemi.

En ce moment, les détachements envoyés par le général Garibaldi dans la direction de Gray se repliaient en arrière. Comprenant, dès leurs premiers mouvements, qu'en l'état de leur organisation à peine ébauchée, ils tentaient une résistance inutile et, d'ailleurs, avertis par l'échec de 400 des leurs à Pesmes[1], le 22 octobre, ils ne s'étaient pas engagés et s'étaient retirés quand l'ennemi atteignait la ville de Gray. Le général Garibaldi les concentrait alors à peu de distance de Dôle, sur les positions de Mont-Rolland, avec l'intention d'y attendre l'ennemi.

Toutefois la demande du général Cambriels l'autorisait à ne pas exposer à un engagement sérieux des forces aussi inférieures et aussi peu préparées. Aussi s'empressait-il de mettre « toutes ses troupes » en mouvement dans la direction de Besançon. Elles ne rencontraient pas l'ennemi et rentraient à Dôle le même jour.

---

1. *Engagements de Pesmes.* — « Le 22 octobre, la brigade de cavalerie
« badoise (général-major de la Roche) avait occupé Pesmes dans l'après-midi
« après en avoir délogé une bande de 400 francs-tireurs (*Grand État-major,*
« vol. 3, p. 320). »

« Le 23 octobre, les Allemands exécutent des reconnaissances, partant de l'Ognon, dans la direction du Sud et du Sud-Est.

« Quelques détachements, envoyés en avant de Pesmes, pour couper le chemin
« de fer, se heurtaient, de même, à une grande distance de Dôle et d'Auxonne, à
« des forces ennemies supérieures, qui, d'après des lettres saisies, formaient
« l'avant-garde d'une seconde « armée des Vosges » en voie de formation sous
« le commandement de Garibaldi. » (G. E. M., idem.)

Le 22 octobre, en effet, la cavalerie badoise avait eu affaire à des détachements de l'armée de Garibaldi.

Le 23 octobre, d'après le bureau français des reconnaissances (service du 24 octobre), les troupes en présence auraient été les suivantes :

(De Lyon, 23 octobre, 10^h 40). — Le général a fait partir pour Auxonne et de là sur Pesmes :

4 compagnies	du 90°	. . . .	800
1	— du 6° chasseurs.	. . . .	180
4	— du 70°	. . . .	800
3	— du 69°	. . . .	600
3	— du 71°	. . . .	600
			2,980

D'un autre côté, un télégramme d'Auxonne, 27 octobre, nous apprend que 2,980 hommes, venus de Lyon (69°, 70°, 71°, 90° et 6° bataillon de chasseurs), campés sur les glacis, exécutent des reconnaissances sans personne pour les commander en chef.

Marche des Allemands sur Gray et escarmouche de la forêt de Belle-Vaivre. — L'ennemi, en effet, après avoir poussé vers le Nord jusqu'à Seveux et Savoyeux, s'était concentré à Gray et aux environs. Nos corps francs et nos paysans avaient inquiété sa marche, particulièrement au passage de la forêt de Belle-Vaivre; partout cette fière population avait donné aux Allemands des preuves de son patriotisme, sans réussir, toutefois, à entraver leurs progrès. Ils observaient maintenant les directions de Langres, Châtillon-sur-Seine et Dijon.

Rassemblements de Pontailler. — Le comité de défense de la Côte-d'Or augmentait en conséquence la petite armée réunie à Pontailler et aux environs, sous les ordres du docteur Lavalle. Elle comprenait, le 24 octobre :

> Le régiment de garde mobile de l'Isère (3 bataillons).
> Le régiment de garde mobile de l'Yonne [1] (3 bataillons).
> 1er bataillon de garde mobile des Hautes-Pyrénées.
> 1er bataillon de garde mobile du Var.
> La légion des mobilisés de la Côte-d'Or.
> Les francs-tireurs Bombonnel.
> Les francs-tireurs Coëtlogon.

Ces troupes gardaient solidement l'angle formé par la Vingeanne et la Saône, en occupant les hauteurs, les bois et les villages de Saint-Sauveur, Talmay, Maxilly et Pontailler. Elles envoyaient, en avant de leur front, de forts postes détachés dans les bois qui s'étendent entre Talmay et Essertenne. La voie ferrée qui conduit à Gray et domine au loin la rive gauche de la Saône, était utilisée également par le président du comité de la Côte-d'Or qui y effectuait des reconnaissances en locomotive.

---

1. Gardes mobiles de l'Yonne des arrondissements d'Auxerre, Joigny, Avallon, Tonnerre, sous le lieutenant-colonel Bramas (14e régiment provisoire).

Dès le 25, cette petite armée éprouvait le besoin d'obtenir des renseignements plus complets sur la force réelle de l'ennemi en présence, en l'amenant à déployer ses troupes. Le 1ᵉʳ bataillon des gardes mobilisés du département était en conséquence envoyé sur Nantilly[1]. Il s'y heurtait à l'ennemi et, après avoir échangé quelques coups de fusil avec les Allemands, se retirait sur Poyans et Essertenne.

Rassemblements de Bèze sous le colonel Deflandre. — Le comité de défense faisait encore constituer un autre rassemblement de troupes à Bèze[2], sous les ordres du colonel de gendarmerie Deflandre; on y réunissait des gardes mobiles de la Loire, de la Lozère, de la Drôme, de la Haute-Garonne et quelques compagnies franches; à Auxonne, enfin, on groupait environ 3,000 hommes venus de Lyon (des 69ᵉ, 70ᵉ, 71ᵉ, 90ᵉ de ligne et du 6ᵉ bataillon de chasseurs) sans commandement (voir la note page 105).

Premiers engagements avec l'ennemi. — Le 27, l'ennemi, décidé à marcher sur Dijon, lançait des reconnaissances dans la direction de cette ville afin de déterminer les emplacements occupés par les rassemblements de la Côte-d'Or. Elles allaient rencontrer les détachements réunis aux environs de Pontailler et de Bèze.

En effet, le commandant de ce dernier groupe avait eu connaissance du mouvement offensif projeté par les Allemands. Il venait de faire occuper, dès la veille au soir, Pouilly, Saint-Seine et Fontaine-Française pour défendre la ligne de la Vingeanne.

---

1. A 5 kilomètres ouest de Gray.
2. Sur la Bèze à 25 kilomètres nord-est de Dijon, intersection des routes de Gray à Dijon et de Pontailler à Is-sur-Tille.

L'ennemi dirigeait 2 compagnies d'infanterie badoise et 4 pièces lourdes sur les villages d'Autrey et d'Auvet; le bataillon de la Loire les attaquait aussitôt, mais les renforts qui leur arrivaient, nous refoulaient sur la lisière du bois de Pouilly. Nous y soutenions la lutte pendant deux heures et nous nous retirions en assez bon ordre vers Cusey et Aubigny[1].

Pendant ce temps, 3 compagnies du bataillon de la Loire, détachées sur Saint-Seine, étaient également aux prises avec l'ennemi et, après une résistance honorable, gagnaient Pouilly, puis Bèze, par la forêt de Velours. Le même jour, un bataillon d'infanterie badoise entrait dans Essertenne, au moment où les avant-postes du groupe de Pontailler, constitués par les gardes mobiles de l'Isère et les mobilisés de la Côte-d'Or, évacuaient ce premier village et se repliaient vers Talmay.

L'ennemi ne tardait pas à aborder ce point; la disposition du terrain en rendait la défense difficile; toutefois, nous y luttions jusqu'à midi, puis nous prenions position sur les hauteurs de Maxilly-sur-Saône et le long de la voie ferrée. Mais le bataillon des mobilisés de la Côte-d'Or n'avait pas effectué sa retraite dans cette direction; il avait voulu, au contraire, gagner Jancigny en restant sur la rive gauche de la Vingeanne. En contact avec l'ennemi, il négligeait complètement de se couvrir de son côté; celui-ci ne tardait pas à l'attaquer, à l'improviste, dans sa marche, et il lui faisait 430 prisonniers.

En ce moment, le Dr Lavalle arrivait et faisait reprendre l'offensive; toutefois les gardes mobiles de l'Yonne et les mobilisés de la Côte-d'Or étaient seuls à se reporter en

---

1. En amont sur la Vingeanne.

avant. Ils entraient dans Talmay et en chassaient le détachement de 300 ou 400 hommes que les Allemands y avaient laissé.

A 4 heures, le feu avait cessé ; les Allemands occupaient fortement Essertenne et resserraient les cantonnements de leurs forces autour de Gray en prévision d'une attaque de notre part.

Le même jour, un chef militaire venait enfin prendre le commandement des troupes et la direction des opérations à Dijon.

Commandement du colonel Fauconnet à l'armée de la Côte-d'Or (27 octobre). — Arrivé le 27, à 4 heures du matin, dans cette ville, le colonel de gendarmerie Fauconnet réunissait aussitôt le comité de défense et acceptait résolument la situation qui lui était faite. Le pays doit un souvenir reconnaissant à cet homme de cœur, car jamais dévouement ne pouvait être plus complet ; jamais patriotisme ne fut plus simple et plus désintéressé. L'ennemi à deux jours de marche, la désorganisation dans les troupes et dans le commandement, un armement insuffisant, pas d'artillerie, la discorde au sein du conseil, l'élément civil enfin imposant ses avis, souvent même ses ordres, dans les questions militaires ; telles étaient les graves circonstances où se trouvait la Côte-d'Or.

Le Dr Lavalle, à la tête des troupes réunies à Pontailler, demandait qu'on lui conservât son commandement « au point de vue moral » et Fauconnet, sans hésitation, soutenu par cette haute idée de tout sacrifier pour servir son pays, appuyait cette demande auprès du commandant supérieur : « Il servirait sous Lavalle afin de diriger les « opérations. » Il apporterait le concours de son expérience à un patriote de bonne volonté, dont le nom semblait un drapeau à ces populations ignorantes des choses de la guerre.

Cependant, l'ordre venait d'être donné aux troupes de la Côte-d'Or de se replier sur Auxonne[1] et sur Dijon. Mais avant d'évacuer Pontailler, le Dr Lavalle commettait la faute de faire sauter le pont de cette ville sur la Saône. Le colonel Fauconnet, aussitôt après avoir pris connaissance, à Dijon, de la situation des forces mises sous son commandement, s'empressait d'accourir à Auxonne pour y prendre la direction effective des opérations militaires. Il y conférait avec le Dr Lavalle et celui-ci regagnait son poste à la présidence du comité de défense.

Le colonel se rendait immédiatement aux points importants de la Marche et de Pontailler, abandonnés si légèrement la veille et que les ordres du général Cambriels, commandant supérieur de la région, lui recommandaient d'occuper de nouveau. Mais l'abandon de la ligne de la Vingeanne et la retraite des troupes de Bèze sur Dijon avaient déjà permis à l'ennemi d'atteindre Mirebeau avec sa brigade de 1re ligne, tout en poussant beaucoup plus loin ses pointes de cavalerie. Les autres brigades du XIVe corps s'échelonnaient encore le long de la Vingeanne et à Gray.

L'ennemi menaçait Dijon; il était même à ses portes. Le colonel pensa que, dans ces circonstances, c'était dans cette ville qu'il devait effectuer le rassemblement de ses

---

1. 29 *octobre*. — Dijon et Auxonne à Guerre et à général Garibaldi.

« Les bataillons de gardes mobiles du Var, de l'Isère, du Tarn-et-Garonne, de l'Yonne. . . . . (document déchiré, des noms manquent) se sont rejetés, le 28, sur Auxonne, venant de Pontailler, mouillés depuis plusieurs jours, sans souliers, sans campement, sans vivres, démoralisés. Ils dévorent tout dans la place. On les dirige sur Dôle et derrière la Loue. »

troupes; il y concentra donc toutes celles qui n'avaient pas été déjà dirigées sur Chagny et sur Lyon.

Le conseil de guerre était immédiatement convoqué. Il comprenait :

Les membres du comité de défense ; le préfet ; le maire ; les commandants de troupes présents.

Après une longue délibération, tous les membres du conseil, sauf le préfet (M. Dazincourt) et le capitaine commandant le détachement du 71ᵉ de ligne [1], tombaient d'accord sur ce point : « La défense de Dijon n'était pas possible sans donner lieu à un effroyable désastre. » — Les travaux de défense prescrits en avant de la ville et en particulier à Saint-Apollinaire, n'avaient pas été exécutés. Les troupes étaient harassées de fatigue, par suite des marches et contre-marches que le commandement incompétent et versatile des jours précédents avait ordonnées. Quant aux effectifs, c'est à peine si on aurait pu mettre en ligne un homme contre six soldats instruits et bien pourvus.

Abandon de Dijon. Examen et discussion de cette décision. — Résister dans de telles conditions, n'était-ce pas une folie coupable? Tout concourait à le prouver et, dans la nuit du 28 au 29, Dijon était complètement évacué; la garde nationale déposait et versait ses armes [2].

Les résolutions les plus sages se trouvent souvent, à la guerre, condamnées par leurs résultats, et l'histoire est là pour nous démontrer les fréquentes erreurs des prévisions humaines les mieux calculées.

L'ennemi venait en effet d'assigner un nouveau rôle aux

---

1. M. Mortier.
2. Administrateur Dijon à Guerre.
« Les officiers supérieurs réunis viennent de décider l'évacuation de Dijon
« par toutes les troupes. »

forces qui marchaient sur Dijon. Le général de Werder recevait mission de couvrir l'Alsace, de flanquer la gauche du mouvement de la 2º armée et d'investir Schlestadt, Neuf-Brisach et Belfort; les 1ʳᵉ et 4ᵉ divisions de réserve passaient, dans ce but, sous son commandement. Il avait, en conséquence, l'*ordre de prendre position autour de Vesoul.* Il se disposait déjà à diriger ses forces sur ce point, quand un rapport, reçu dans l'après-midi du 29, venait lui annoncer que nous avions évacué Dijon. Il ne pouvait évidemment, dans ces circonstances, laisser échapper l'occasion, qui s'offrait ainsi d'elle-même, d'occuper, sans combat et sans pertes, un centre de ravitaillement précieux. Deux brigades badoises recevaient donc l'ordre de prendre possession de la ville le 30. La prise de Dijon allait résulter de ces dispositions, mais il est permis de penser que, sans l'évacuation complète de la ville, l'ennemi eût persisté dans sa croyance que toute l'armée de la Côte-d'Or s'y trouvait réunie. Il n'aurait sans doute pas voulu, en venant l'attaquer, s'aventurer dans une entreprise dont le succès était douteux. La marche sur Vesoul ne lui permettait pas, en effet, d'engager ainsi une action sérieuse sur ses derrières. En faisant marcher 2 brigades sur Dijon, il venait donc simplement prendre possession d'une grande ville qu'il croyait abandonnée par nous. Il n'aurait pas agi de la sorte si nous avions laissé dans la ville un détachement suffisant pour lui donner à penser que nous l'occupions encore effectivement. Eût-il même dans ce cas prononcé son attaque, il ne l'aurait pas poussée plus à fond qu'il ne l'avait osé le 22 ou le 23, sous Besançon.

L'analogie des situations suffit à montrer, d'une part, ce que peuvent faire des levées encore bien nouvelles, encadrées même légèrement, mais dirigées par l'élément militaire; d'autre part, les désastres auxquels on expose ces contingents en les confiant à la direction d'hommes à qui les connaissances et l'expérience militaires font entièrement défaut.

Progrès dans l'organisation de l'armée de l'Est et projets d'offensive. — Pendant que les événements qui allaient nous faire perdre Dijon, se préparaient ainsi, la situation continuait à s'améliorer sous les murs de Besançon et aux environs mêmes de cette ville. L'organisation des troupes du camp retranché était poussée activement ; le résultat heureux des journées de Châtillon-le-Duc, la pensée que, sous peu, l'ennemi pouvait revenir en force, le désir de faire plus encore si l'occasion d'un nouvel engagement s'offrait une troisième fois, tout concourait à accroître l'ardeur des chefs et des soldats, de l'élément militaire et de l'élément civil.

Dès le 25, le commandant supérieur pensait même à prendre prochainement l'offensive; il prenait ses dispositions en conséquence. Il communiquait ses intentions aux commandants des places de Langres et de Belfort, afin de combiner, avec eux, le plan de plusieurs sorties, destinées à faire des diversions sur les flancs et sur les derrières de l'ennemi[1].

La situation de ces places ne leur permettait pas, toutefois, de concourir aux opérations projetées.

---

1. *25 octobre.* — Général Cambriels à colonel commandant à Belfort et à général commandant à Langres :

« Tenez-vous prêts à faire d'ici trois ou quatre jours une sortie qui s'avancerait à 2 ou 3 journées de marche. Dites-moi le nombre de troupes qui pourraient prendre part à cette opération. »

Le 27 octobre, le général Cambriels demande à Lons-le-Saulnier, Langres, Dijon, Belfort et au lieutenant-colonel Bousquet, à Pontailler, une situation numérique de leurs troupes indiquant leurs emplacements et leur armement.

Belfort, sous le coup d'un complet investissement à court délai, déployait toute son activité à parfaire les éléments de défense qui allaient lui permettre une glorieuse résistance [1].

Quant à Langres, sa garnison, sans cesse modifiée par de continuels rappels de troupes, n'était nullement en état de fournir un détachement capable de marcher à l'ennemi. Jusqu'à cette date, la ville n'avait constitué en quelque sorte qu'un lieu de passage, où les hommes venaient s'armer, s'équiper et se ravitailler ; 8,000 hommes avaient ainsi successivement traversé la place, dont ils avaient, en grande partie, épuisé les ressources. Langres comptait, il est vrai, à cette date, un effectif rationnaire d'environ 15,000 hommes. Mais sur ce chiffre 12,000 hommes environ, dont 3,000 mobilisés, pouvaient seuls être considérés comme à peu près en état de porter les armes. La défense de la place et de ses abords, la surveillance du point important de Chalindrey, absorbaient environ 9,000 hommes. C'était donc seulement 2,500 hommes qu'on pouvait employer à une sortie. Encore était-il nécessaire de considérer que leur équipement défectueux, leur habillement insuffisant, leur dénuement, pour tout dire, s'opposait entièrement à ce qu'on les détachât au dehors d'une façon sérieuse. On ne disposait d'ailleurs d'aucune batterie de campagne. Seules les bouches à feu destinées à garnir les remparts étaient en quantité suffisante. L'armement portatif était également défectueux; plus du tiers des fusils étaient des armes à piston; le tout était en très mauvais état et, faute de ressources, les réparations n'avançaient que lentement. C'é-

---

[1]. Belfort compte, au 28 octobre, 14,360 hommes, et 1,235 francs-tireurs détachés. La place fut investie le 4 novembre.

taient là des conditions qui rendaient bien difficile de marcher à l'ennemi. Aussi croyait-on devoir y renoncer[1].

Besançon, ainsi réduit à ses propres ressources, élar-

---

1. Rapport du général commandant la place de Langres au commandant supérieur de la région de l'Est. — 29 octobre. — (Extraits.)

« La garnison s'est sans cesse modifiée jusqu'à cette date. Langres n'a été qu'un lieu de passage, où les troupes sont venues s'armer et se ravitailler. C'est ainsi que le 50⁰ a tout envoyé à ses bataillons de guerre. Le bataillon de la Meurthe, ceux des Vosges, les dépôts des 10⁰ et 13⁰ de ligne s'y sont organisés et sont partis. Il y a en ce moment 15,000 hommes à Langres. Il en a en outre passé 8,000 qui ont quitté la place. Ils ont anéanti toutes les ressources qu'on pouvait trouver dans le pays. La place est dans le dénuement et sa situation est très fâcheuse.

« 35 cartouches par fusil ont été distribuées à plus de 20,000 gardes nationaux sédentaires.

« Les cartouches pour fusils se chargeant par la culasse sont en quantité absolument insuffisante ; il en est de même pour les munitions d'artillerie et nous n'avons pas de fusées.

« Les 3 bataillons de la Savoie et celui du Gard ont des armes en très mauvais état, qu'on répare lentement, faute de ressources, plus du tiers est à piston. Ce sont de mauvaises conditions pour marcher à l'ennemi.

« *Artillerie.* — Les pièces sur les remparts sont en quantité suffisante, mais nous n'avons aucune pièce mobile. On a réussi à former 306 artilleurs.

« *Infanterie.* — Le 50⁰, le 10⁰, le 13⁰ de ligne ont des cadres passables, mais des soldats non formés, cependant on ne peut guère compter que sur ces troupes, soit environ 2,000 jeunes soldats sans campements et sans havresacs.

« Les régiments de mobiles ont des cadres insuffisants. Ils manquent de tout, n'ont que des blouses et pas de rechange.

« Les 3 légions de mobilisés s'exercent à peine depuis 8 jours et 1,000 hommes à peine sont armés. Ils ne seront bons à rien avant un mois.

« La Haute-Marne touche de trois côtés aux départements envahis et l'ennemi parcourt le nord du département. Trois routes conduisent sur Chaumont, de Bar-sur-Seine, Saint-Dizier, Neufchâteau. La 2ᵉ légion mobilisée les garde et le Comité militaire entreprend des travaux. 1 bataillon de mobiles à Montigny garde la route de Bourbonne à Chaumont.

« Tout le reste est à Langres ou aux environs, soit environ 12,000 hommes dont 3,000 mobilisés. Le bataillon du Gard et les dépôts de la Haute-Marne, des Vosges, de la Meurthe, ne peuvent compter comme disponibles, ils ne sont pas instruits. Il reste donc 9,000 hommes pour Langres et ses abords. L'extérieur de la place (forts et ouvrages) exige 5,600 hommes. Il faut encore surveiller Chalindrey. La place et la citadelle exigent 3,000 hommes. *Il reste 2,500 hommes pour une sortie* et encore ne pourraient-ils rester que 2 jours à cause de leur dénuement. »

gissait néanmoins sa zone d'action par de fréquentes expéditions. Ses avant-postes garnissaient de nouveau les bords de l'Ognon et sa cavalerie poussait quelques pointes plus au Nord. Le corps franc des Vosges, qui gardait les ponts d'Emagny et de Marnay, lançait en avant des reconnaissances. Le 31, elles allaient escarmoucher avec l'ennemi à Gy et à Velesmes et arrivaient même en vue de Gray.

La colonne mobile des Vosges, destinée à opérer dans le massif du Thillot, sous le commandement du colonel Perrin[1], partait pour Baume-les-Dames.

Une autre colonne mobile[2], sous les ordres du colonel Varaigne, se dirigeait vers Ougney, afin de couvrir la droite du général Garibaldi[3] qui, craignant d'être tourné de ce côté, avait demandé qu'on l'appuyât par un détachement[4] (27 octobre).

---

1. . . . . 2 bataillons de garde mobile de la Corse.
                3°   —   — des Vosges.
                1   —   — de la Meurthe.
                1 batterie d'obusiers de montagne.

2. . . . . 1 bataillon du 85°.
                2   — de zouaves (3° de marche).
                1   — de Saône-et-Loire.
                1 peloton du 7° chasseurs à cheval.
                1 batterie d'artillerie.

3. En réalité, par ordre du ministre, afin de soutenir les troupes en position dans la forêt de Serre.
La colonne recevait ordre d'appuyer Garibaldi s'il était attaqué.

4. 27 *octobre*. — Garibaldi à commandant place d'Auxonne et à général Cambriels :
« Ennemi se concentre à Bomboillon, etc., voyez ce que devez faire. Tiendrons jusqu'à dernière extrémité forêt de Serre. »

27 *octobre*. — Commandant supérieur à général Garibaldi :
« Mon chef d'état-major part demain avec une colonne mobile dans la direction d'Ougney pour observer et vous appuyer. »

29 *octobre*. — Idem.

« Reconnaissances et renseignements m'ont démontré que pas un ennemi ne menace la droite de la forêt de Serre. Les ponts de Marnay et de Pin sont gardés par nous. J'ai fait rentrer la colonne qui devait vous appuyer, sa mission devenant sans objet. »

En résumé, l'armée de l'Est comptait alors (28 octobre) deux divisions complètes et organisées, présentant un effectif de 20,000 hommes environ, une réserve de 1,500 hommes et enfin la colonne mobile des Vosges, à laquelle 5,000 hommes et une batterie de montagne avaient été affectés. Les éléments d'une 3e division commençaient à se grouper, sur la rive gauche du Doubs, sous les ordres du capitaine de vaisseau Rolland.

Le général Cambriels affirmait en ce moment au ministre que les troupes cantonnées sous Besançon étaient assez bien formées pour faire campagne et concourir à la défense générale du pays ; elles devaient céder leur place sous Besançon à d'autres troupes non encore organisées ; on pouvait les mener à l'ennemi.

« *Tout avantage remporté sur le flanc de l'ennemi par* « *l'armée de Besançon*, ajoutait le commandant supérieur, « *aura une influence capitale sur les opérations des autres* « *armées, parce qu'un succès dans l'Est peut compromettre* « *la retraite de l'ennemi et mettre dans l'embarras les* « *troupes mêmes qui n'ont pas pris part à l'action ; tandis* « *qu'une victoire, même aux environs de Paris, ne peut* « *désorganiser que les corps d'armée ennemis ayant pris* « *part au combat.* »

Retraite personnelle du général Cambriels. — Il ne devait point être donné au général Cambriels de recueillir le fruit de ses laborieux efforts en conduisant à l'ennemi les troupes qu'il avait formées. Les travaux pénibles et ingrats de leur organisation, les fatigues physiques et morales venaient d'avoir enfin raison de sa ténacité à lutter contre les souffrances, de sa volonté patriotique de les oublier. La blessure qu'il avait reçue à la bataille de Sedan, s'était rouverte ; sa vie était en danger ; force lui était de céder et de demander à être remplacé dans son commandement.

Le Gouvernement voyait à regret cette détermination ; mais les déclarations des médecins ne pouvaient laisser aucun doute sur la gravité du mal ; il y avait urgence à permettre au commandant supérieur de consacrer quelques semaines aux soins que nécessitait son état.

On annonçait donc au général Cambriels que le général Michel était désigné pour lui succéder à la tête du commandement supérieur de la région de l'Est.

Intérim du général Crouzat. — Le 28 octobre, avant de quitter Besançon, le général Cambriels assurait encore l'organisation des colonnes qui allaient se mettre en route pour les Vosges et la forêt de Serre ; puis, il confiait ses pouvoirs au général Crouzat, désigné pour commander, par intérim, en attendant l'arrivée du général Michel.

Dès le lendemain, 29, le général Crouzat, convaincu comme l'avait été le général Cambriels de la possibilité de reprendre l'offensive, proposait au Gouvernement de marcher sur Gray pour arrêter le XIV⁰ corps dans son mouvement. Le ministre de la guerre approuvait ce projet ; il s'empressait de le communiquer au commandant de l'armée des Vosges en lui prescrivant de s'entendre avec le général Crouzat ; enfin il combinait cette opération avec une marche offensive de troupes de Lyon sur Chalon [1].

---

1. 1ᵉʳ *novembre*. — Le Ministre de la guerre au général commandant à Lyon :

« Garibaldi demande que Besançon fasse un mouvement sur Gray et que Lyon fasse un mouvement sur Chalon. L'idée me semble juste et je télégraphie

Les événements, toutefois, allaient se précipiter, ils ne devaient pas permettre l'exécution de ce plan.

Metz venait de capituler et le commandant par intérim de l'armée de l'Est, aussitôt informé de cette grave

---

en conséquence au général commandant à Besançon, avec lequel je vous prie de vous entendre. »

Question des ponts sur le Doubs.

31 *octobre*. — Le général Crouzat au directeur des fortifications :

« J'apprends que vous avez pris des dispositions pour faire sauter tous les ponts du Doubs. On peut croire en effet que cette mesure deviendra nécessaire un jour ou l'autre et je vous approuve d'avoir pris vos dispositions pour l'exécuter le cas échéant.

« Toutefois *ne détruisez aucun pont sans que j'aie été auparavant informé* ».

1er *novembre*. — Le directeur du génie au commandant supérieur par intérim :

« J'ai reçu samedi du général de division (de Prémonville) l'ordre de prendre dans le plus bref délai toutes les mesures nécessaires pour couper ou faire sauter tous les ponts existants sur le Doubs, à l'exception du pont de Dôle qui sera miné et prêt à sauter au premier ordre.

« J'ai obéi, bien que cette mesure me paraisse valoir la peine d'être discutée en Conseil de défense . . . .

« Je pense qu'il est encore temps d'en suspendre les effets. J'en réfère au général de division. Veuillez, mon général, insister de votre côté. . . . . . J'envoie à mes officiers l'ordre de ne pas mettre immédiatement le feu aux fourneaux.

(*Et en note :* — Au colonel Varaigne. — « Écrivez immédiatement au général de Prémonville que je m'oppose d'une manière absolue à ce qu'on fasse sauter sans mon ordre formel aucun pont sur le Doubs. » — *Signé :* Crouzat.)

Observations du général Thoyot, directeur du génie.

« La mesure est détestable ; cela n'empêchera pas l'ennemi de passer. Il est très important de ne pas ruiner ainsi les communications utiles et surtout les communications entre les places fortes.

Réponse du général de Prémonville.

« Ce n'est pas seulement pour barrer le passage à l'ennemi, chose très importante, mais aussi pour empêcher les ravitaillements des Allemands. Quantité de pourvoyeurs. Bétail très abondant. Donc détruire *tous* les ponts et non quelques-uns seulement.

Même date. — Ordre du Ministre. « Ne pas multiplier les ruines sans une absolue nécessité. Attendre au dernier moment. »

nouvelle, prenait la résolution d'attendre l'arrivée du général Michel avant de tenter aucun mouvement offensif [1].

---

1. « Les débuts de cette offensive n'étaient plus qu'une question de jours, au moment où la gauche du prince Frédéric-Charles, *devenue disponible par suite de la capitulation de Metz,* fut dirigée vers le plateau de Langres en se faisant précéder du bruit que cette armée venait pour appuyer Werder et marcher sur Lyon. Ce fut en réalité la capitulation de Metz qui paralysa l'armée de l'Est au moment où elle se préparait à marcher sur Gray et à s'engager contre Werder de concert avec les forces venant de Langres et de Chagny. Elle avait, nous en ressentions tous l'intime conviction, des chances sérieuses de succès.

« Nous voyions alors se reproduire la situation que nous avait faite la capitulation de Strasbourg, lorsque les premiers éléments de cette armée de l'Est, sur le point de marcher avec des forces respectables vers leur premier objectif, le viaduc de Lützelbourg, se trouvèrent aux prises avec l'avant-garde de Degenfeld. *On était devancé par les événements.* Ce fut pendant six semaines une lutte désespérée, pour organiser, *sans cadres* et avec des moyens insuffisants, de braves gens qui ne demandaient pas mieux que de marcher et de se battre, mais qui souhaitaient savoir comment ils devaient s'y prendre pour que leur dévouement servît à quelque chose. Les événements nous devancèrent deux fois, de quelques jours seulement, par suite de *capitulations de places fortes* et ceux qui méconnaissent *ce principe qu'un retard d'un jour dans une capitulation* peut avoir une influence prépondérante sur les événements d'une campagne, ne se rendent pas compte des angoisses avec lesquelles nous soutenions la lutte.

« Nous faisions — la comparaison m'en est bien souvent venue à l'esprit pendant ce rigoureux hiver — des efforts désespérés pour durcir une boule de neige en la comprimant dans nos mains avant de la jeter au visage de notre adversaire, mais nous n'en avions jamais le temps ; le dégel nous devançait.

« Ah ! que ceux qui nous accusèrent plus tard d'avoir fait commander des divisions et des brigades par des chefs insuffisants ne venaient-ils se joindre à nous !

« Nous aurions été trop heureux d'utiliser leur concours ou de leur prêter le nôtre ; car nous ne cessions de demander des cadres par tous les moyens possibles.

« Le général Cambriels, blessé lui-même, luttait avec une mâle énergie pour donner à toutes les bonnes volontés qui l'entouraient une direction sage, utile au bien et à l'honneur du pays. Je crois qu'il aurait réussi si sa santé avait pu résister à un écrasant labeur et si on avait pu lui donner les 8 ou 10 officiers généraux ou supérieurs qu'il n'a cessé de demander. »

(Correspondance particulière. — *Archives de l'auteur.*)

Marche de deux brigades badoises sur Dijon.
— Le général de Beyer conduisait en effet, le 30 octobre, les 1re et 3e brigades badoises sur Dijon, pendant que les autres fractions du XIVe corps prenaient la direction de Vesoul, en laissant un fort détachement à Gray.

Contrairement à son attente, il allait trouver la ville occupée par nous, bien que très faiblement, il est vrai. En effet, après la délibération du conseil de guerre concluant à l'abandon de Dijon, le colonel Fauconnet avait fait replier sur Beaune toutes les forces qui occupaient la ville. Mais Beaune ne possédait pas les ressources nécessaires pour loger et alimenter un tel effectif. Aussi avait-on déjà évacué sur Lyon la plus grande partie des troupes, quand le préfet de la Côte-d'Or, M. Dazincourt, venait déclarer au colonel Fauconnet qu'aussitôt après leur départ une réaction s'était produite. La population de Dijon, honteuse de voir une ville de 40,000 âmes se livrer ainsi sans combat, avait pris les armes et repoussé les premiers éclaireurs de l'ennemi; la ville entière enfin était prête à se défendre pour empêcher les Allemands d'y pénétrer.

Combat de Dijon, 30 octobre. — En présence de cette déclaration, formulée par le premier magistrat du département, le colonel Fauconnet ordonnait de ramener à Dijon les détachements qui se trouvaient encore à Beaune[1]. La réunion des diverses fractions, éparses dans cette der-

---

1. Beaune, 29 octobre. — Colonel Fauconnet à Guerre.
« Bonne nouvelle. Dijon proteste contre municipalité et veut se défendre. Je
« pars avec 1,600 hommes de ligne sûrs; j'aurai 4,000 gardes nationaux. Je
« défendrai énergiquement. »

nière ville, s'effectuait à la hâte; des trains les emmenaient successivement à Dijon, dès que la formation d'un premier noyau était terminée et sans même attendre la réunion complète de chaque élément.

170 hommes environ de la 2ᵉ compagnie de marche[1] du 6ᵉ bataillon de chasseurs à pied débarquaient à Dijon les premiers, vers 3 heures du matin. Le colonel Fauconnet, forcé de retarder de quelques heures son départ de Beaune, pour veiller à l'organisation première des embarquements, n'était point encore arrivé. Le comité de défense de la Côte-d'Or le remplaçait donc momentanément dans la conduite des opérations militaires; il dirigeait cette compagnie sur Saint-Apollinaire.

Vers 8 heures et demie, son chef recevait avis que l'ennemi attaquait, vers Varois, des francs-tireurs du Rhône et de la Côte-d'Or et des gardes mobiles qui, au nombre de 300 environ, défendaient les approches de Dijon et attendaient des renforts.

Établis d'abord à Orgeux, Arc-sur-Tille, Couternon, et répartis le long de la Tille, ils avaient en vain tenté de tenir tête à l'avant-garde de la 1ʳᵉ brigade badoise qui marchait sur Dijon.

5 compagnies de grenadiers du corps, 2 escadrons, une batterie, s'étaient déployés devant Arc-sur-Tille, pendant qu'un bataillon et 2 pièces tournaient la gauche française vers Arcelot.

La compagnie du 6ᵉ chasseurs à pied se portait aussitôt à Varois; mais, reconnaissant bientôt l'impossibilité de soutenir la lutte dans de telles conditions, nos faibles dé-

---

1. La compagnie comptait 186 hommes au 1ᵉʳ octobre et 180 au 23 octobre. Nous ignorons son effectif exact au combat du 30.

tachements ne tardaient pas à se replier vers Saint-Apollinaire. Avant d'arriver à la ferme Sully, ils rencontraient les premiers renforts. Le colonel Fauconnet venait de prendre la direction des troupes et du combat; 3 compagnies du 71ᵉ de ligne, parties en hâte de Beaune, arrivaient sur cette position avec la moitié à peine de leur effectif[1] (300 à 350 hommes); mais ce secours ne permettait pas davantage de résister à un adversaire dont la supériorité numérique était écrasante et qui disposait de 36 bouches à feu.

Refoulés sur Saint-Apollinaire, nous nous reportions, après avoir défendu quelque temps ce village contre le bataillon des grenadiers, sur les hauteurs qui s'élèvent à l'ouest.

L'ennemi établissait aussitôt une batterie au sud de la route. Nos troupes, dépourvues d'artillerie, mais couvertes par les vignes, donnaient à leur feu toute l'intensité dont elles étaient capables. L'ennemi était tenu en échec jusqu'à midi; à ce moment, la 1ʳᵉ brigade tout entière se concentrait autour de Saint-Apollinaire; 3 batteries venaient la soutenir. Cette offensive puissante nous rejetait sur les faubourgs Saint-Nicolas et Saint-Pierre. Un renfort de 3 compagnies du 90ᵉ de ligne nous arrivait alors; toutefois le feu de l'ennemi les empêchait de déboucher; une compagnie (5ᵉ) s'établissait donc à la porte Saint-Pierre, les deux autres prenaient position derrière une barricade, élevée sur la route de Mirande, et garnissaient les maisons du faubourg d'Auxonne.

L'ennemi avançait alors sur le faubourg Saint-Nicolas

---

1. Le reste était resté dispersé dans Beaune et n'avait pu être rallié à temps.

et étendait sa gauche jusqu'au faubourg Saint-Pierre. Vers midi, le bataillon des gardes mobiles de la Lozère venait se joindre aux fractions engagées des 90ᵉ et 71ᵉ de ligne et, peu après, la garde nationale de Dijon, rassemblée et réarmée à la hâte, entrait en ligne dans un grand désordre. Grâce à sa forte supériorité numérique, grâce à son artillerie puissante, l'ennemi continuait à gagner du terrain. Il s'emparait des premières maisons des faubourgs et lançait un détachement vers la route de Langres, avec mission de tourner Dijon par le nord.

En ce moment, le 1ᵉʳ bataillon de l'Yonne venait de débarquer. Il avait d'abord pris position sur la promenade plantée de grands arbres du faubourg Saint-Nicolas et avait aussitôt tiraillé avec l'ennemi, établi à 400 ou 500 mètres de là. Mais le mouvement, qui menaçait notre gauche, rendait sa présence plus utile dans cette direction; il y était aussitôt porté.

Le bataillon de la Lozère s'y rendait également et prenait position vers Talant, aux abords du cimetière, sur les hauteurs qui dominent le terrain du combat.

Vers 3 heures, l'ennemi mettait en action 3 nouvelles batteries, auprès de Saint-Apollinaire et au sud du parc de Montmusard. Protégées par ce feu et flanquées à droite et à gauche par leur cavalerie, les brigades badoises pénétraient dans le faubourg nord; elles gagnaient du terrain dans le faubourg est et repoussaient dans la ville nos derniers combattants.

Le colonel Fauconnet tentait un retour offensif sur la route de Gray, son cheval était tué sous lui; atteint lui-même de trois blessures graves, il était porté à l'ambulance. Il faisait aussitôt prévenir les autorités qu'il jugeait impossible de soutenir la lutte plus longtemps[1].

Le commandant Regad, chef de la gendarmerie de la Côte-d'Or, prenait alors le commandement.

Cependant, les Allemands rencontraient dans la ville une résistance acharnée ; redoutant de s'exposer ainsi à des pertes considérables et peu soucieux de continuer plus longtemps un combat de rues que leur artillerie rendait d'ailleurs inutile, ils évacuaient le terrain conquis. Ils donnaient à leur feu une intensité plus considérable et incendiaient une partie des faubourgs. En même temps, et dans le but de couper toute retraite rapide aux défen-

---

1. Combat de Dijon (30 octobre 70). Mort du colonel Fauconnet. Récit du Dr Laguerre, chirurgien de l'ambulance des Capucins et aide-major du 2e bataillon de la garde nationale sédentaire de Dijon.
Arrivée à l'ambulance du colonel Fauconnet.
« A 3 heures environ, par l'une des fenêtres de l'aile de l'ouest, je vis ap-
« porter le colonel sur un brancard improvisé fait avec des fusils de munition.
« Un officier des francs-tireurs de Saône-et-Loire accompagnait les soldats de
« la ligne qui nous apportaient le colonel. Il a dû être frappé non loin de la
« barrière de Pouilly, où je l'avais vu quelques instants auparavant.
« Pâle et couvert d'une sueur froide, le colonel parlait péniblement. J'ai les
« reins cassés, me disait-il. Je coupai son uniforme avec les ciseaux et j'aidai
« à le coucher. Une balle était entrée au niveau de la région sacro-lombaire du
« côté droit et non loin de l'ombilic. Je constatai le trou de sortie. — « Je
« suis mort », dit-il, en voyant cette blessure ; couvrez-moi, j'ai froid, laissez-
« moi dormir..... La blessure était mortelle, en effet. Je fis un pansement ra-
« pide, essayai de le rassurer et, sur ses insistances, lui fis donner quelques
« gouttes de laudanum. Quelques instants plus tard, ne pouvant trouver le
« repos qu'il cherchait, il fit écrire à sa famille par l'abbé Drouhin : « Ma
« chère femme, mes chers enfants, je vous embrasse de tout mon cœur, je
« vais bientôt mourir, j'ai fait mon devoir. » Puis, il dit à l'abbé : « La résis-
« tance est inutile, on n'empêchera pas l'ennemi d'entrer ; faites-le dire aux
« autorités de la ville . . . .
. . . .
« A 4 heures 1/2, le commandant de gendarmerie, en tenue civile, vint voir
« le colonel ; je lui remis ses bijoux et son argent. « Votre rôle militaire est
« terminé, me dit-il, j'en ai averti les autorités. »
Le colonel expirait à 10 heures.

seurs de la ville, ils lançaient un bataillon vers le sud ; sous sa protection, les pionniers coupaient le pont du chemin de fer sur le canal, dans la direction de Lyon ; ils enlevaient aussi des rails sur la voie ferrée qui se dirige vers Besançon et ils détruisaient les fils du télégraphe.

Le commandant Regad renouvelait alors au conseil municipal et au préfet la précédente déclaration du colonel Fauconnet. Les autorités civiles faisaient aussitôt arborer le drapeau parlementaire, non sans rencontrer une grande opposition, et envoyaient aux troupes l'ordre *écrit* de cesser le feu. Les munitions commençaient d'ailleurs à faire défaut et force était de mettre fin au combat.

Nos détachements se repliaient donc sur Beaune, sans être aucunement inquiétés, pendant que les Allemands, de leur côté, se retiraient et s'établissaient à Saint-Apollinaire, Varois, Quétigny et Couternon. Peu après six heures, le feu de leur artillerie s'éteignait. Leurs pertes s'élevaient à 260 hommes tués ou blessés ; les nôtres pouvaient atteindre environ 350 hommes.

Conclusion. — Depuis 8 heures du matin, quelques faibles détachements, dont l'effectif, se renforçant peu à peu mais lentement, n'avait pas dépassé, à la fin de la journée, 3,600 hommes, luttaient contre plus de 12,000 soldats exercés, soutenus par 36 pièces[1].

Ces 12,000 soldats, dirigés par le général de Beyer, avaient fait preuve dans cette longue journée d'une grande

---

1. 1ʳᵉ brigade . . . . 6,000 hommes.
    3ᵉ — (moins 1 bataillon) . . 4,000 —
    2 régiments de dragons . . . . . 1,200 —
    3 batteries lourdes . . . . 450 —
    3 — légères . . . . 450 —
                                        12,000 hommes et 36 pièces.

prudence à ne pas s'engager à fond contre des troupes dont ils ignoraient l'effectif. Marchant sur Dijon, *qu'ils croyaient abandonné,* ils étaient venus se heurter à l'improviste contre nos avant-postes et avaient été chaudement accueillis.

Bien que leur effectif élevé leur eût aussitôt procuré un succès facile, la résistance même qu'ils rencontraient les avait probablement amenés à cette conclusion que la ville était occupée par toute l'armée de la Côte-d'Or. Cette appréhension de leur part avait seule permis sans doute à nos faibles troupes de lutter aussi longtemps, mais il est intéressant de relever encore ici quelle est la *force de l'opinion* dans les choses de la guerre. Un événement inattendu surgit, qui dérange les premiers calculs et les combinaisons établies ; l'adversaire s'étonne et notre défense, inexpliquée si nous ne sommes puissamment soutenus, le trouble et l'inquiète. Il en conclut à la présence en face de lui d'une force que ses renseignements antérieurs lui font estimer à 20,000 hommes environ. Il agit alors *comme si cette armée se trouvait réellement à Dijon.* La conclusion philosophique de cette opinion se transforme aussitôt en résultat d'ordre absolu et se traduit par un fait : la résistance, prolongée pendant toute une journée, de quelques faibles contingents levés à peine depuis quelques semaines et mal armés, à 12,000 soldats, d'autre race, il est vrai, et d'esprit différent, mais affermis par de nombreux succès et puissamment soutenus[1].

Convention avec l'ennemi. — Pendant la nuit, une députation, envoyée par la municipalité et formée des trois

---

1. Constamment, dans cette guerre, nous voyons nos bandes, à peine armées, mal nourries, sans instruction, sans discipline, tenir et résister de longues journées, quelle que soit la faiblesse de leurs lignes étendues,

adjoints au maire [1], se rendait au quartier général badois, à Varois, et entamait les négociations. Une convention était conclue avec l'ennemi qui réglait les clauses de l'occupation de la ville. Dijon s'engageait à pourvoir aux besoins d'un corps de 20,000 hommes et à garder une attitude pacifique. Un cautionnement de 500,000 francs devait être versé dans les 48 heures en garantie de ces conditions. En échange, l'ennemi promettait de respecter les habitants et leurs propriétés.

Occupation de Dijon (31 octobre). — Le 31 octobre, en vertu de cette convention, la division badoise entrait à Dijon et s'y établissait militairement.

---

malgré le défaut de réserves, malgré l'espacement exagéré de leurs points d'appui.
L'opinion de l'adversaire, voilà leur bouclier.
L'adversaire ignore. — Qu'a-t-il devant lui?
Il est prudent, il est méthodique, il ne veut rien risquer.
Il semble qu'il soit aussi long d'arriver à savoir ce qu'on a en présence, quelles que soient les troupes, conscrits ou vétérans.
L'ennemi tâtonne toute la journée avant de savoir; hanté par les souvenirs du premier Empire, il craint nos surprises et nos remises de main !
En un mot, un rideau, un masque quel qu'il soit, du bruit, de la fumée, un rien suffit à l'arrêter. Qu'en conclure ?
Qu'il faut en profiter. Il y a là mieux et plus qu'une observation locale ou particulière ; il y a la marque d'une race et la caractéristique d'un *état d'esprit*.
Le jeu de l'adversaire, le champ de bataille, c'est la nuit noire pendant de longues heures. La Pythie ne consent à parler qu'après qu'on l'a longtemps harcelée.
Faisons donc notre champ démonstratif, notre champ défensif aussi faible, aussi grêle, aussi étendu que nous le voudrons, en tant toutefois que nous lui laisserons la capacité de *fixer* la force adverse, en l'inquiétant, pour empêcher l'ennemi d'en disposer ailleurs. Employons-y un minimum de monde — il sera toujours assez fort pour durer quelques heures, puisque en 1870, un front analogue tenait toute une journée avec des troupes très inférieures.
« Massons nôs forces du champ offensif en y consacrant tout notre monde, et « baissons la main quand nous verrons le moment de gagner la belle. » (Maréchal de Saxe.) L'offensive, dans ces conditions, doit nous réussir.

1. Le maire de Dijon était M. Dubois.

CHAPITRE IV

COMMANDEMENT DU GÉNÉRAL MICHEL

Nouvelle situation morale. — Le 2 novembre, le général Michel, qui s'était déjà fait connaître au début de la guerre par la conduite héroïque de sa brigade à Morsbronn, prenait, à Besançon, le commandement supérieur de la région et de l'armée de l'Est.

Il s'empressait aussitôt d'examiner la situation matérielle et morale du pays qui lui était confié. Toutefois, inaccoutumé encore aux conditions si nouvelles de cette guerre, poursuivie à l'aide d'éléments improvisés, la charge de ce commandement considérable lui semblait difficile à supporter. Il n'avait pas, en effet, suivi pas à pas les progrès réalisés par les unités, encore bien novices au métier des armes, qui composaient son armée. Il ne saisissait pas encore quelle avait été l'influence heureuse et puissante d'un entraînement militaire de quelques jours. L'esprit *particulier*[1] de ces troupes, certains désordres, inévitables

---

1. « Le premier aspect d'un bataillon français n'est pas en sa faveur. Point
« de vêtement uniforme, rien d'élégant, de coquet, aucun éclat. L'un porte un
« sarrau déchiré, l'autre un surtout bigarré; l'un, une camisole bleue, l'autre,
« une camisole blanche. Jugés d'après les principes étroits d'un pédantisme
« militaire sans doute déplacé, ces citoyens ne soutiennent pas la critique. Il
« n'existe pour eux que deux choses essentielles : il faut que le soldat sache
« charger et faire feu, marcher, s'orienter, tourner et faire une conversion; il

aux périodes de crise et au début d'une instruction entreprise en face de l'ennemi, avaient plutôt frappé le nouveau commandant supérieur, habitué à la rectitude et aux formes militaires de l'ancienne armée.

Les forces réunies sous Besançon ne lui inspirèrent *aucune confiance* et la situation générale lui parut malheureusement plus grave que les circonstances ne la faisaient[1]. Dès le 2, le général, dans un rapport au ministre, chargeait des couleurs les plus sombres le tableau qu'il faisait de son commandement.

Dijon envahi, le colonel Fauconnet grièvement blessé, ses troupes en pleine retraite, *la plupart sans avoir combattu* et non encore ralliées complètement; telle était la situation de la Côte-d'Or.

Quant à Besançon, la place était incapable avec son artillerie de soutenir un siège sans l'appui d'une armée de 40,000 hommes au moins. La garnison n'était que de 10,000 hommes de qualité très inférieure; 22,000 hommes, il est vrai, occupaient le camp retranché, mais ils n'étaient pas éprouvés et n'avaient qu'un commencement d'organisation. La défense était bien conçue, cependant les lignes imposées par le terrain s'étendaient beaucoup trop. En résumé, 20,000 hommes de plus étaient nécessaires.

L'ennemi, ajoutait le général, dispose de 30,000 hommes dans la vallée de la Saône; 50,000 hommes, en Alsace,

---

« n'est pas besoin d'autre exercice. Rien n'est plus digne d'estime cependant que « le sentiment d'honneur qui domine chez le soldat français. Ce sont toujours « encore les anciens Français, ceux dont Voltaire a dit : « *Ces fous sont pleins* « *d'honneur.* » (*Histoire du* 1er *régiment des gardes à pied*, par C. DE REINHARD. Potsdam, 1858. A. Stein.)

1. Voir à l'appendice la situation numérique de toutes les forces de la région et de l'armée de l'Est au 1er novembre.

marchent sur Belfort. Mais l'investissement de cette dernière place n'exige point cet effectif, aussi l'ennemi peut-il disposer de la plus grande partie de ces forces, la joindre aux troupes de la vallée de la Saône et les porter contre Besançon. Rester sous Besançon, c'était donc s'exposer à une bataille dans des conditions défavorables. Bien loin de vouloir prendre l'offensive comme le général Cambriels, il affirmait qu'en cas de défaite, les forces de l'Est seraient entièrement désorganisées. « La position est critique », écrivait-il[1].

Le commandant supérieur n'avait pas une confiance plus grande dans les troupes du général Garibaldi et dans les opérations qu'elles pouvaient tenter. « Je vous serai re-
« connaissant, disait-il au ministre, en terminant, de ne
« point trop écouter les demandes de troupes du général
« Garibaldi, car sa situation ne comporte pas l'emploi de
« forces considérables. Il ne peut attaquer sérieusement
« personne et s'il avait quelque chose à craindre, il serait
« obligé ou de se replier très loin ou de s'appuyer sur
« moi. »

Projet d'abandon du théâtre d'opérations de l'Est. — En présence du manque absolu de confiance du commandant supérieur dans les éléments mis à sa disposition, en présence de ses affirmations, le Ministre et le délégué à la guerre formaient le projet de retirer graduellement l'armée sur Lyon[2]. On allait donc, à bref délai, abandon-

---

1. ..... « Je veux des raisons et non des assertions — ces sortes de dé-
« cisions sentencieuses ne me conviennent pas. » (Louvois.)

2. *Rapport du général Michel au Ministre de la guerre* (2 novembre 1870). [Extraits.]

« Voici la situation du pays que je commande :

« 1° *Dijon* est envahi; le colonel Fauconnet, grièvement blessé; ses troupes, en pleine déroute ; mon télégramme de Chagny est erroné, les bataillons n'ont

ner Besançon, où l'on ne devait laisser qu'une simple garnison de 15,000 hommes environ, s'éloigner de Belfort et des Vosges, cesser enfin d'inquiéter les communications de l'ennemi, en un mot, lui donner confiance

---

pas retraité en bon ordre ; la plupart ont pris la fuite sans combattre et ne sont pas encore ralliés complètement.

« 2° *Besançon*. La place est incapable avec l'artillerie actuelle de soutenir un siège en règle sans l'appui d'une armée de 40,000 hommes au moins occupant le camp retranché. La place a une garnison de 10,000 hommes de qualité très inférieure. Le camp retranché est occupé par 22,000 hommes non éprouvés et qui n'ont qu'un commencement d'organisation. La défense est bien conçue ; mais les lignes imposées par le terrain sont trop étendues. Il faudrait 20,000 hommes de plus.

« On signale dans la vallée de la Saône 30,000 Allemands environ ; en Alsace, 50,000 hommes sont annoncés avec Belfort, comme objectif ; mais l'investissement de Belfort peut très bien se faire avec moins, ce qui leur permettrait de diriger une grande partie de ce nombre sur moi.

« Il faut donc éviter tout mouvement en avant ou sur la gauche. Si on reste sous Besançon, on s'expose à une bataille dans des conditions peu favorables ; en cas de défaite, les forces de l'Est seraient entièrement désorganisées ; ou bien laisser la ville se défendre avec sa garnison et prendre position soit entre le Doubs et la Loue, soit derrière la Loue. Alors si l'ennemi descend sur Lyon, il faut le suivre forcément pour éviter d'être immobilisé en hiver sur les plateaux du Jura.

« En somme, la position est critique : si on ne peut augmenter notre petite armée, il y a peu à faire et *il est fâcheux que des troupes aient été séparées de nous et envoyées à Auxonne, Pontailler, Pesmes.*

« *En voulant garder les vallées riches, en négligeant les positions stratégiques, on sera bientôt hors d'état de défendre quoi que ce soit.*

« On ne peut actuellement se jeter sur les colonnes ennemies ; on peut les harceler avec des francs-tireurs, leur tuer quelques hommes et c'est tout.

« J'ai vu le général Garibaldi, mais je vous serai bien reconnaissant de ne pas trop écouter ses demandes de troupes, car sa situation ne comporte pas l'emploi de forces considérables. Il ne peut attaquer sérieusement personne et s'il avait quelque chose à craindre, il serait forcé ou de se replier très loin ou de s'appuyer sur moi. »

Et en note : — « M. de Freycinet est invité à prendre connaissance du rapport du général Michel.

« Je le trouve fort lucide et je vous engage à lui répondre dans l'ordre d'idées que nous avons examiné ensemble et *qui aboutit à se retirer graduellement sur Lyon.* »   *Signé* : L. G. (Léon GAMBETTA).

pour toutes ses entreprises¹. C'était condamner d'avance la prochaine expédition de l'Est à devenir une aventure tragique, un désastre.

Le 4 novembre, le commandant supérieur devenait plus pressant encore. « Une armée nombreuse s'avance sur Lyon, « écrivait-il, et elle détache des forces puissantes sur Be- « sançon. Il est très probable que nous serons immobilisés « devant Besançon, ou acculés au Jura et à la Suisse. J'ai « donné des ordres pour que dès demain la direction de « Lyon soit prise par mes colonnes, car je puis loyalement « donner une certitude sur le tort qu'amènerait, pour l'ar- « mée de l'Est, mon immobilité ou ma résistance. Si vous « voulez suspendre mon mouvement, donnez-moi des ordres « immédiats; si je n'ai pas reçu de nouveaux ordres avant « 5 heures du matin demain, j'effectuerai mon mouvement. »

Il était évident que le général Michel n'entendait pas supporter la responsabilité d'un séjour plus prolongé de son armée à Besançon². Le délégué à la guerre s'empres-

---

1. Par la position que je vais prendre, je veux leur donner un « cul »; vous m'entendez? (Napoléon à Gouvion Saint-Cyr. 1813.)

2. Si sauvage que soit la nature de la guerre, elle se rattache à la chaîne des faiblesses humaines et, par suite, la contradiction, qui se montre ici, qu'à la guerre, l'homme cherche et crée le danger et le redoute en même temps, n'étonnera personne.

Alors que l'on étudie l'histoire des guerres, la grande généralité des cas semble tout d'abord prouver que *l'action est l'état d'exception* et *l'inaction l'état foncier des armées en campagne;*...

La première des causes en est la paralysie morale, qui naît de la timidité et de l'indécision dans lesquelles la *crainte de la responsabilité* jette habituellement l'esprit humain dans les situations graves et les grands dangers Les natures ordinaires ne se mouvant que difficilement dans l'ardent milieu de la guerre, *plus la campagne se prolonge et plus s'accentue la tendance aux temps d'arrêt*. Il est rare que l'incitation du but à atteindre suffise à vaincre cette cause d'inertie, si bien qu'à moins qu'une grande autorité ne pousse à l'action ou que le commandement ne soit aux mains d'un général entreprenant et résolu qui se sente à la guerre dans son véritable élément, *rester immobile devient la règle* et *agir est l'exception*. (CLAUSEWITZ. *Du Temps d'arrêt.*)

sait de convenir qu'il était certainement seul juge de ce qui pouvait et devait être fait, mais qu'il ne fallait pas toutefois prendre le change sur la force réelle de l'ennemi et se replier à l'apparition de la première colonne.

En tous cas, si Lyon devait être considéré comme objectif final de la retraite, il ne fallait point perdre de vue que la position de Chagny avait une importance extrême, qu'elle permettait de protéger toute la région du midi et de couvrir le centre ; on trouverait d'ailleurs rassemblés sur ce point 10,000 hommes et 18 pièces, venant de Dijon et de Lyon et destinés à l'armée de la Loire (dépêche du 5 novembre [1]).

Le commandant supérieur suspendait de lui-même son mouvement de retraite ; malheureusement, celui-ci devait être simplement différé. En même temps, il demandait au général Crouzat de lui soumettre ses appréciations personnelles sur la situation [2]. Cet officier général envisageait les circonstances tout à fait différemment ; il proposait de terminer rapidement les batteries et les ouvrages du camp retranché en y employant tous les attelages. Pendant ce

---

1. Tours, 5 novembre. — Guerre au général Michel.

« Vous vous exagérez l'insuffisance de Besançon. En y maintenant 15,000 à 16,000 hommes, la défense peut y persister avec avantage pour la place (mais non pour le camp retranché bien entendu).

« Si donc, vous laissez 5,000 à 6,000 hommes pour renforcer la garnison de 10,000 hommes qui s'y trouve, vous pourrez conserver avec vous 25,000 hommes, puisque votre effectif dépasse 30,000 hommes.

« En vous retirant, combinez vos mouvements de façon à défendre *Chagny* qui est pour nous d'une extrême importance. Garibaldi, à Dôle, pourrait vous prêter un utile concours.

« Si vous ne pouvez tenir à Chagny, retirez-vous graduellement *sur Lyon*, objectif final. Les troupes déjà à Chagny, 10,000 hommes environ avec 18 pièces, *appartiennent à l'armée de la Loire;* elles doivent, si elles sont forcées, se replier sur *Nevers* et non sur Lyon. »

2. Rapport du général Crouzat au général Michel en date du 5 novembre.

temps, les deux divisions et la réserve continueraient à s'exercer et perfectionneraient leur instruction.

On disposerait alors d'une base d'opérations certaine. Quant à la ligne de retraite, elle était *assurée* par Pontarlier, Saint-Claude et le Bugey.

Le général Crouzat n'hésitait donc pas à se déclarer partisan d'un mouvement offensif sur Gray; une pointe du général Garibaldi sur Pesmes appuierait, à gauche, ce mouvement ; en même temps, le général de la Serre marcherait de Chagny sur Beaune et Dijon ; enfin Langres tenterait une diversion.

Tout au moins, si une pareille offensive semblait trop précipitée et trop hasardée, conseillait-il de gagner Dôle en se couvrant du Doubs ; puis, se réunissant à Chagny aux forces du général de la Serre, de marcher sur Dijon avec 40,000 hommes et 46 pièces, pendant que Garibaldi se porterait sur Auxonne et que Langres inquiéterait l'ennemi dans la direction de Gray.

Le 5 novembre, le général Michel continuait à faire part au ministre des difficultés de toutes sortes qu'il ne cessait de rencontrer dans l'exercice de son nouveau commandement :

« Plusieurs chefs de détachements autorisés par vous à
« agir isolément, écrivait-il, se répandent dans la région
« avec leurs troupes ; quelquefois ils s'engagent impru-
« demment ou en des moments inopportuns et ils obligent
« le corps principal à les secourir, quand il serait plus
« utilement employé ailleurs.

« Pour la moindre des opérations, faut-il déranger une
« armée en organisation et la mettre à la discrétion du
« premier venu qui aura le caprice de l'entraîner ? D'un
« autre côté, faut-il laisser croire que le commandant en

« chef laisse écraser, par timidité, des Français, placés en
« avant et compromis dans leur sûreté ?

« J'ajouterai que jamais ces petites fractions n'ont fait
« une opération sérieuse, en dehors de l'action du com-
« mandement. Leurs réquisitions constituent une lourde
« charge pour les populations....

« Rien n'est difficile ici comme le maintien de la disci-
« pline ; tout ce qui augmentera cette difficulté retardera
« le moment où l'on pourra tenter une action vigoureuse
« et sérieuse. On ne pourra compter sur nous que lorsque
« l'ordre régnera dans l'armée. Les autorités civiles et
« mêmes militaires, terminait-il, me font arrêter comme
« espions prussiens tous mes envoyés, même munis de
« pouvoirs signés par moi. »

Ces remarques, fort sages en temps ordinaire, ne tenaient peut-être pas assez compte des moyens de répression
dont l'autorité du commandant supérieur était revêtu, de
l'époque où l'on se trouvait et surtout du but à atteindre.
La simplicité des faits est là pour nous prouver qu'en face de
l'ennemi et de l'ennemi en France, la meilleure organisation est celle que l'on a, *pourvu qu'on s'en serve*. On doit
admettre enfin que tous les éléments de puissance ne sont
rien, quand une volonté individuelle n'intervient pas pour
en régler l'emploi [1].

---

1. Relire la lettre de Napoléon 1er au maréchal Augereau, 21 février 1814.

Les gardes nationales, dites-vous, sont pitoyables ; j'en ai ici 4,000 venant d'Angers et de Bretagne en chapeaux ronds, sans gibernes, avec des sabots, mais ayant des fusils ; j'en ai tiré un bon parti.....

La patrie est menacée et en danger ; elle ne peut être sauvée que par l'au-dace et la bonne volonté non par de vaines temporisations. . . . .
Soyez le premier aux balles. Il n'est plus question d'agir comme dans les derniers temps, mais *il faut reprendre ses bottes et sa résolution de* 93. . . . .

(Napoléon.)

— La guerre, par son essence même, empêche de demander et de recevoir

PREMIÈRE CAMPAGNE DE L'EST.

Le même jour, le commandant supérieur témoignait encore, de la manière suivante, des difficultés qu'il éprouvait à quitter Besançon afin d'effectuer sa retraite.

« La proximité de l'ennemi, écrivait-il, ne me permet
« pas de sortir du camp retranché, sans m'exposer à avoir
« la moitié de ma colonne entièrement séparée de l'autre.
« Il faut 5 heures pour traverser la ville. Les Allemands
« ne sont qu'à 10 kilomètres. Je ne puis me résigner à en-
« tendre le canon tirer sur Besançon pendant mon défilé. »

Le lendemain, cependant, il affirmait de nouveau l'absolue nécessité, à son sens, de quitter d'urgence le camp retranché [1].

à tout instant des conseils; et *mieux vaut adopter parfois un parti qui n'est pas exempt d'inconvénients que de n'en pas prendre du tout*.....
Discuter avec minutie si, çà et là, on aurait pu mieux faire *ne mène à rien*. La guerre est, avant tout, *l'affaire du moment* et le hasard y a sa part.
(Von Gneisenau — 1813.)

La crainte de la responsabilité l'empêche de prendre une résolution et de faire ce qui ne lui a pas été prescrit. Il s'en tient donc au plus sûr et demande *des ordres*; pendant ce temps, l'occasion échappe ou un malheur irréparable est accompli.
A la guerre, ce qui est le plus punissable presque toujours, ce n'est pas d'avoir agi; c'est au contraire de *n'avoir rien fait*.
(Feld-maréchal Radetzky.)

Contre-partie :
Je sens qu'il y aurait moins de responsabilité à ne donner ni ordres ni instructions, à laisser enfin ceux qui sont sous vos ordres *s'en tirer comme ils peuvent*; mais il n'est jamais entré dans ma pensée de servir l'Empereur de cette manière, ni de laisser ceux qui se trouvent sous mes ordres dans l'embarras en ne leur donnant ni nouvelles ni instructions.
(Général Lauriston, 26 mars 1813.)

« *Et l'armée perdit toute confiance en elle-même parce qu'on ne lui en accorda aucune.* » (Von der Goltz.)

1. « L'homme découragé reste indécis parce qu'il ne voit devant lui que de
« mauvais partis; et ce qu'il y a de pire, dans les affaires, c'est l'indécision. »
(Napoléon.)

« On se fait une idée peu juste de la force d'âme nécessaire pour livrer,
« avec une pleine méditation de ses conséquences, une de ces grandes batailles
« d'où vont dépendre le sort d'une armée, d'un pays. Aussi observe-t-on qu'on

« L'ennemi peut être sur nous en deux marches avec
« de grandes forces. Nous pouvons être coupés de Lyon.
« Donnez-moi l'ordre de partir demain ; sinon je ne ré-
« ponds pas que la retraite puisse être faite [1]. »

Le Gouvernement s'empressait aussitôt de renouveler au général l'assurance que lui seul restait juge du moment précis où il faudrait se replier sur Lyon ; mais, devant les hésitations, les tergiversations, *la défiance en ses propres forces* du commandant supérieur, il se décidait le 7 novembre à lui donner l'ordre de remettre le commandement au général Crouzat [2] et de venir s'expliquer à Tours.

« trouve rarement des généraux empressés à donner bataille. Ils prennent bien
« leur position, s'établissent, méditent leurs combinaisons : mais là commence
« leur indécision et rien de plus difficile et pourtant de plus précieux que de
« savoir se décider. »   (Napoléon.)

Napoléon au roi Joseph, lieutenant-général de l'Empereur à Paris. — Châtre,
23 février 1814, 2 h. 5.

« Il y a remède à tout avec du courage, de la patience, du sang-froid, et il
n'y en a pas *quand on réunit tous les faits pour en former des tableaux
et qu'on se bouleverse l'imagination.* Cette manière de voir n'est propre qu'à
faire naître le découragement et le désespoir..... »

1. Général Michel à Guerre, 6 novembre.

« 40,000 Allemands à Vesoul vont se diriger sur Lyon sous Werder. Autre
corps prussien venu de Dijon s'est battu à Saint-Jean-de-Losne avec francs-
tireurs. L'ennemi peut être sur nous en deux marches avec de grandes forces.
Nous pouvons être coupés de Lyon. Donnez-moi l'ordre de partir demain,
sinon, je ne réponds pas que la retraite puisse se faire. »

2. Ministre au général Michel. — 7 novembre.

« Je vous réitère l'ordre de venir immédiatement vous expliquer à Tours et
« de remettre le commandement au général Crouzat. »

« Ce n'est pas ordinairement la perte réelle que l'on fait dans une bataille
qui est funeste à un État, mais la *perte imaginaire* et le *découragement* qui
le privent des *forces* mêmes que la fortune lui avait laissées. »

(Montesquieu.)

CHAPITRE V

COMMANDEMENT DU GÉNÉRAL CROUZAT

Le général Crouzat, par suite des situations qu'il avait occupées, était exactement renseigné sur l'état et la valeur d'une armée dont il commandait une partie depuis longtemps. Il savait qu'on pouvait obtenir beaucoup de ces troupes; leur discipline laissait sans doute à désirer et leur instruction était encore peu avancée; sa confiance toutefois n'était pas ébranlée. Aussi était-ce avec regret qu'il préparait l'exécution du mouvement sur Chagny, indiqué par son prédécesseur et ordonné par le ministre de la guerre.

« Selon moi, écrivait-il au ministre, l'armée de l'Est
« devrait manœuvrer autour de Besançon et *être tou-*
« *jours à même de se jeter sur Belfort, sur les commu-*
« *nications de l'ennemi,* par la vallée de la Saône, avec
« ligne de retraite sur Lyon, par Lons-le-Saulnier et au
« besoin par Pontarlier. Pour cela, il suffirait d'envoyer
« à Pontarlier et à Besançon de grands approvisionne-
« ments d'armes, de cartouches, de munitions, de chaus-
« sures, etc.[1] »

Le délégué à la guerre se refusait cependant à modifier

---

1. Voir la Dépêche du 8 novembre. 3 h. 15, page 143.

ses premiers ordres[1]. Il considérait comme d'une importance extrême de couvrir Nevers, menacé par l'ennemi, aussi bien que Lyon, et il prescrivait en conséquence au commandant supérieur d'effectuer le mouvement ordonné sur Chagny et de s'entendre avec le général Garibaldi et le colonel Bonnet, chargés de la défense du Morvan. Une fois arrivé à Chagny, il devait prendre le commandement en chef des troupes du colonel Bonnet[2]. Celles-ci comprenaient en ce moment 22,000 hommes, dont 12,000 armés de chassepots, 3 batteries de 4 et 4 pièces de montagne.

En même temps, le ministre de la guerre informait le général Garibaldi de la décision prise d'abandonner la ligne du Jura en laissant des garnisons à Besançon et à Auxonne. L'ennemi paraissait vouloir se porter sur le Morvan et tâcherait peut-être de gagner Nevers en évitant Chagny. « Or, écrivait le délégué à la guerre, nous avons
« un immense intérêt à ce que l'ennemi ne dépasse le Mor-

---

1. Guerre à général Crouzat (Réponse à sa dépêche de 3 h. 15).

« On ne peut perpétuellement changer les mouvements. Je crois très utile de protéger à la fois Lyon et Nevers et il me semble que vous pouvez y arriver en vous concertant avec Bonnet et Garibaldi. »

2. Guerre à général Crouzat (*suite*).

« Une fois arrivé à Chagny, vous prendrez le commandement en chef des troupes de Bonnet qui passera sous vos ordres, en gardant la division nombreuse qu'il a si bien dirigée jusqu'ici. »

7 novembre. — Guerre à général commandant à Besançon.

« Garibaldi et colonel Bonnet à Chagny sont en train de se concerter pour défendre le Morvan et retarder le plus longtemps possible la marche de l'ennemi sur Nevers.

« Vous devez, sans jamais découvrir Lyon, appuyer Garibaldi et Bonnet. Nous avons un immense intérêt à ce que l'ennemi arrive le plus tard possible à Nevers.

« Or il menace d'y venir de plusieurs côtés : 1° de Dijon par Chagny, de Dijon par Bligny et de Dijon par Arnay-le-Duc ; 2° d'Avallon et Clamecy, de Chaumont ou Troyes. Réglez vos mouvements là-dessus en tâchant de retarder le plus possible le mouvement de l'ennemi sur Nevers sans jamais découvrir cependant la route de Lyon. »

« van que le plus tard possible. » Les troupes du général Garibaldi recevaient donc mission de défendre les défilés du Morvan et de couvrir la direction de Nevers en donnant la main au colonel Bonnet à Chagny. Le commandant de l'armée des Vosges était en outre invité à se concerter avec le général Crouzat, qui avait ordre « de tenir « grand compte de ses précieuses indications ».

Ici encore l'absolue nécessité d'un commandement supérieur *indiscuté* était impérieusement démontrée. Ce n'était pas par simple concert de bonne volonté entre les nombreux commandants de toute cette région qu'on pouvait obtenir des opérations bien conçues, rapides et énergiques. Une autorité plus haute que la leur était indispensable pour coordonner leurs efforts et les diriger. Mais le Gouvernement, loin de remédier à cette situation, laissait toujours indécise la question du commandement hiérarchique. Il ne pouvait, en effet, subordonner à personne le général Garibaldi et il ne voulait point tenter de mettre sous ses ordres aucun général français.

A chaque instant, les difficultés suscitées par ce commandement étranger s'accusaient donc de plus en plus. Les crises allaient se multiplier et cette situation devait demeurer sans autre issue possible que la retraite de la personnalité qui l'avait fait naître.

Escarmouches entre l'armée des Vosges et le XIVe corps. — Pendant que ces différents mouvements se concertaient et se préparaient de notre côté, le commandant du XIVe corps allemand recevait avis du grand quartier général, dès le 3 novembre[1], que la IIe armée alle-

---

1. Voir à l'appendice ces instructions très importantes comme méthode de garde-flancs pour les communications.

mande atteindrait Troyes et Châtillon-sur-Seine vers le 8. Le général de Werder était invité en même temps, tout en surveillant Besançon, à pousser des détachements jusqu'à Dôle, Arc-et-Senans et Chalon-sur-Saône[1]. Ils allaient se heurter aux avant-postes de l'armée des Vosges qui, gardant le cours de l'Ognon et celui de la Saône, formaient un vaste demi-cercle autour de Dijon.

Le 5, un petit engagement avait lieu devant Saint-Jean-de-Losne[2], au pont de Saint-Usage. Les corps francs, commandés par le général Bossak-Haucke (Égalité de Marseille, Éclaireurs du Rhône, Vaucluse), se portaient contre 2 compagnies badoises qui s'étaient avancées sur ce point, soutenues par 2 pièces. Ils les repoussaient. En même temps, un corps de francs-tireurs surprenait le poste allemand établi à la gare de Genlis, puis se repliait. Enfin, un petit combat heureux également était livré, à Germigney, aux reconnaissances allemandes, qui suivaient la route de Gray à Dôle.

L'ennemi, trompé par ces démonstrations, croyait à un mouvement offensif de l'armée des Vosges sur Dijon et Gray; il renforçait en conséquence ses avant-postes à Dijon et il y resserrait ses cantonnements; en même temps, il amenait de nouvelles troupes à Gray.

Mouvement de l'armée de l'Est sur Chagny. — Le 8 au matin, l'armée de l'Est abandonnait Besan-

---

1. Chalon-sur-Saône, nœud de routes qui permet l'offensive dans toutes les directions.
2. Voir le télégramme du général Michel en date du 6 novembre, page 138.

çon[1] et commençait son mouvement vers Chagny[2]. Le corps franc des Vosges flanquait sa droite en suivant la lisière nord de la forêt de Chaux. Dans la soirée, elle cantonnait aux environs de Mont-sous-Vaudrey et le commandant supérieur conférait avec le comité de défense du Jura. On convenait de faire occuper, le jour même, les ponts du

---

1. Après le départ de l'armée de l'Est, Besançon n'a plus comme garnison que :
   - 2 bataillons du 63e de marche à 2 compagnies de 400 hommes (cadres incomplets).
   - 1 bataillon du 15e de chasseurs à 2 compagnies.
   - 3 bataillons de garde mobile du Doubs (bien organisés).
   - 1 bataillon de la Haute-Garonne.
   - 1 bataillon de Tarn-et-Garonne.
   - 1 bataillon du Haut-Rhin.
   - 1 bataillon des Hautes-Alpes.
   - 1 bataillon des Vosges.

En tout, 11 bataillons d'infanterie et 1 batterie de 4 sans attelages (sauf pour 2 pièces), 1 section du génie de 70 hommes et le bataillon des mineurs de la Loire, sous les ordres du général de Prémonville, puis du général Rolland (marine).

2. Byans, 8 novembre 3h 15. Général Crouzat à Guerre.

« Le mouvement indiqué par mon prédécesseur pour se porter sur Chagny a commencé ce matin. L'armée est à Quingey. Elle doit être demain au delà de Mouchard. Je fais ce mouvement avec répugnance parce que je ne crois pas arriver à temps à Chagny et à Nevers. Lors même que j'arriverais à temps à Chagny, je ne pourrais probablement pas y rester et je me verrais obligé de me replier sur Lyon en défendant le terrain pied à pied pour retarder l'ennemi sans pouvoir l'arrêter. Selon moi, l'armée de l'Est *devrait manœuvrer autour de Besançon et être toujours à même de se jeter sur Belfort sur les communications de l'ennemi* par la vallée de la Saône avec ligne de retraite sur Lyon par Lons-le-Saulnier et au besoin par Pontarlier. Peut-être aurions-nous fini par être coupés de Lyon, mais au moins, nous aurions conservé jusqu'à la fin le drapeau français dans des contrées si éminemment françaises. Pour cela, il suffirait d'envoyer à Pontarlier et à Besançon de grands approvisionnements d'armes, de cartouches, de munitions, de chaussures, etc.

« Il ne me reste plus qu'à continuer mon mouvement commencé et à attendre vos ordres. »

Général Crouzat à général Garibaldi et à colonel Bonnet.

« Je compte arriver dans 4 jours à Chagny avec 30,000 hommes et 40 pièces prêt à combattre. »

Doubs, depuis Ranchot jusqu'à Neublans, par 2,000 gardes nationaux mobilisés, cantonnés à Dôle.

2,000 gardes nationaux venant d'Arbois défendaient en même temps les ponts sur la Loue, de Senans à Parcey.

Transport de l'armée des Vosges sur Autun. — Le 8 également, l'armée des Vosges entamait son mouvement sur Autun. Chaque détachement se dirigeait isolément vers ce point. Le gros de l'armée était transporté par chemin de fer [1]. Une faible arrière-garde restait à Dôle, sous le commandement du colonel Ricciotti Garibaldi; elle devait former le noyau d'une 4ᵉ brigade. Le 9 et le 10, le général Garibaldi réunissait à Autun environ 6,000 hommes [2]. L'organisation de la 2ᵉ brigade se complétait aussitôt et le commandement en était confié au général Delpech, secondé par M. Jolivalt, ancien officier du corps d'état-major. (Contingent des Bouches-du-Rhône.)

Marche de l'ennemi sur Dôle. Tentative contre Auxonne. — Sans percevoir exactement toute l'importance de ces mouvements, l'ennemi se rendait cependant compte des communications qui s'établissaient entre Besançon, Dôle, et le sud-ouest. Il se décidait donc à tenter une opération contre notre flanc et le général de Werder prescrivait, pour le 10, une marche en avant du XIVᵉ corps sur Dôle. Vesoul, toutefois, restait fortement occupé et, le 12, la

---

1. Le transport exigea neuf trains (8-10 novembre).

Il fut exécuté par les lignes Dôle, Mouchard, Lons-le-Saulnier, Bourg, Mâcon, Chalon. Le mauvais état de la voie directe de Dôle à Chalon motivait ce long détour.

2. Général Garibaldi à Guerre, 9 novembre. Autun.

« Je suis ici avec 1,000 hommes. Le reste des 6,000 suit le mouvement. »

moitié du corps d'armée était groupée autour de Pesmes, avec mission de marcher sur Dôle. Les deux brigades réunies à Dijon recevaient le même ordre.

L'ennemi apprenait alors l'évacuation presque complète de la ville contre laquelle il marchait ; mais, désireux de se procurer un solide point d'appui sur la Saône et d'utiliser la masse des troupes déplacées, il lançait, le 13 au matin, 4 brigades contre Auxonne. La place était en état et bien préparée à recevoir l'ennemi ; aussi celui-ci renonçait-il à tenter un coup de main.

Projet d'opérations combinées pour reprendre Dijon. — De nouveaux renseignements modifiaient d'ailleurs entièrement ses projets. En effet, le colonel Bonnet, commandant la division réunie à Chagny[1], venait de proposer au ministre de la guerre un plan d'opérations offensives dirigées contre Dijon. Toutes les forces françaises de l'Est devaient concourir à son exécution.

Le général Crouzat marcherait sur la ville, par Saint-Jean-de-Losne, avec 30,000 hommes et 40 pièces.

Le colonel Bonnet, avec sa division, gagnerait Dijon par Beaune.

Les francs-tireurs s'y dirigeraient par la Côte-d'Or, et l'armée des Vosges, par la vallée de l'Ouche.

Ce projet avait séduit le Délégué à la guerre, qui l'avait soumis au commandant de l'armée de l'Est, en lui rappelant que lui seul pouvait décider de ce qui devait être fait.

---

[1]. 11 novembre, Chagny. — Rapport du colonel Bonnet au général *commandant le 17ᵉ corps* (sic) *à Pierre.*

« Ma division, en voie d'organisation, est forte de 22,000 hommes à peu près, 3 batteries de 4 et 4 pièces de montagne (12,000 hommes armés de chassepots). On m'annonce pour aujourd'hui 3 bataillons de garde nationale mobile de Lyon. Grandes difficultés pour camper autour de Chagny, pas de terrain propice. »

Les résultats qu'on se promettait de cette opération parurent, toutefois, douteux au général Crouzat : « J'aime « mieux, répondit-il, avoir à Chagny, dans trois ou quatre « jours, une armée de 55,000 hommes avec laquelle il « pourra être fait quelque chose de sérieux que de com- « promettre son existence par une opération dont le succès « n'est pas certain. »

L'ennemi était en effet prévenu le même jour de nos intentions par une lettre d'un sous-préfet de la région [1],

---

1. Intérieur à Préfet de Chalon-sur-Saône, 27 novembre.

« Une dépêche que vous avez recommandée de tenir secrète m'est livrée par un *agent de Gênes*.

« Cette dépêche indique à votre correspondant d'Ajaccio de prétendus mouvements de troupes qui, suivant vous, doivent avoir lieu par Dôle et par Dijon, par mouvement tournant.

« Vous ajoutez qu'on prendra ainsi les Prussiens.

« Le caractère de cette communication adressée à Ajaccio quand vous saviez qu'elle pouvait séjourner dans plusieurs bureaux italiens m'oblige à vous demander votre démission immédiate. »   *Signé* : Léon GAMBETTA.

Ce sous-préfet pouvait être M. C... En effet, la dépêche ci-après était signée de ce nom :

Sous-Préfet Chalon-sur-Saône à général Crémer à Chagny. 23 novembre.

« Je viens de recevoir à l'instant la dépêche suivante de M. le Général commandant la 8ᵉ division militaire. « Faites dire au général Crevisier de s'entendre avec Garibaldi. Il y aurait un bon coup à faire par Dôle et au-dessus de Dijon ; par mouvement tournant, on pourrait prendre les Prussiens de la Côte-d'Or. C'est facile, je crois, avec de l'entente. (*Signé* : C...) »

Cependant on retrouve M. C... en fonctions le 17 décembre (voir à cette date).

Le Grand État-major prussien relate ainsi l'incident (13 novembre) :

« On avait intercepté une lettre du Préfet de *Beaune* (*sic*) qui faisait sup-« poser que l'armée française de l'Est remontait par Chagny sur Dijon. »

Et en note : « Selon toute apparence, cette lettre était destinée à donner « le change aux Allemands et c'était à dessein qu'on l'avait fait tomber entre « leurs mains. »

Le 13 et le 23 (voir plus loin la campagne de Bourgogne, page 177), des opérations de marche contre Dijon ont été combinées par nous. Il se peut que, dans ces deux circonstances, les imprudences du préfet de la Côte-d'Or à Beaune, le 13, et du sous-préfet de Chalon-sur-Saône, le 23, aient révélé nos projets à l'ennemi ; *si toutefois les documents précités ne s'appliquent pas à un seul et même*

qui tombait entre ses mains et le général de Werder s'empressait de couvrir Dijon en concentrant son corps d'armée entre la Saône et la Côte-d'Or. Le 14, la concentration autour de la ville était complète. Il couvrait les routes de Nuits, Seurre, Saint-Jean-de-Losne et ses avant-postes formaient un vaste cercle jusqu'à Citeaux. Le commandant du XIV⁰ corps se décidait à attendre ainsi, en faisant face au sud et en se reliant à Vesoul, l'entrée en ligne de la 4⁰ division de réserve.

---

incident. Mais les différences de dates, la communication par lettre le 13, par dépêche le 23, les origines signalées comme n'étant pas les mêmes, Beaune, Chalon-sur-Saône, tout fait bien craindre qu'on ne soit en présence de deux indiscrétions, de temps et de lieux vraiment trop rapprochés, d'autant plus que nous devons encore examiner les télégrammes suivants, en date du 15 novembre :

Délégué à la Guerre au Préfet Côte-d'Or à Beaune.

« Entendez-vous avec général Crouzat pour concentration des mobilisés, dont parle votre dépêche d'hier 4 h. 30 soir. Suis d'avis de les réunir vers les points qui peuvent défendre soit la route de Lyon, soit le passage de la Saône, soit les routes du Morvan. »

Guerre au Général en chef de l'Armée de l'Est (*sic*).

« Occupez Dijon, comme le demande le Préfet, pourvu que cette occupation ne vous paraisse pas de nature à affaiblir votre action stratégique. Vous pourriez y employer les mobiles qu'offre le Préfet et les renforcer par quelques troupes. Mais je ne serais pas d'avis de vous affaiblir en présence de l'ennemi que vous avez intérêt à contenir de Chagny et de Chalon. Vous seul, au surplus, pouvez apprécier l'opportunité et l'utilité de l'occupation de Dijon. »

On remarquera combien tout le monde à cette époque paraît fasciné par les « vertus mystiques des localités ». Dijon, Lyon, Amiens, Orléans, etc., semblent constituer de véritables aimants, doués de propriétés spéciales, qu'ils communiqueront mystérieusement aux forces qui les occuperont. On n'oublie qu'une chose : *détruire d'abord l'armée ennemie*, afin de pouvoir aller ensuite *où l'on voudra*. Werder lui-même avait été loin d'échapper à cette faute et il avait mérité cette remarquable leçon du général de Moltke en date du 16 octobre :

« La direction de votre marche ultérieure n'est pas Vesoul; mais bien *le*
« *quartier général de l'ennemi.* »

« Il y a, en Europe, beaucoup de bons généraux, mais ils voient trop de
« choses à la fois — moi, je n'en vois qu'une : *ce sont les masses ;* je tâche
« *de les détruire, bien sûr que les accessoires tomberont ensuite d'eux-*
« *mêmes.* » (BONAPARTE. 1797.)

Pendant ce temps, l'armée de l'Est continuait, par Verdun-sur-le-Doubs, son mouvement sur Chagny où elle se réunissait tout entière, le 13, à la forte divison du colonel Bonnet. Elle était en mesure, à cette heure, d'arriver à Nevers avant l'ennemi, puisque tel était le projet qu'on avait supposé au général de Werder. Elle couvrait la route de Lyon par la rive droite de la Saône, au cas où l'adversaire aurait menacé ce grand centre, comme on l'avait cru. Toutefois, celui-ci restait libre de s'y porter par la rive gauche de la Saône et le commandant de l'armée de l'Est s'empressait de faire ressortir auprès du Gouvernement ce défaut capital de la nouvelle position qu'il occupait. Il signalait Chalon comme un point stratégique d'une extrême importance pour couvrir Lyon ou se porter à volonté sur Chagny, Lons-le-Saulnier ou Bourg[1].

En attendant les instructions définitives du Gouvernement, le commandant de l'armée de l'Est mettait à profit les instants dont il disposait, pour organiser solidement les effectifs importants placés sous ses ordres. La

---

1. 13 novembre. — Général Crouzat à Guerre.

« L'armée de l'Est est aujourd'hui tout entière à Chagny, Demigny, Nolay. Dans cette position je suis en mesure d'arriver à Nevers avant l'ennemi s'il voulait y aller par Dijon et de couvrir Lyon s'il voulait y descendre en suivant la rive droite de la Saône. Mais je ne puis rencontrer l'ennemi qui voudrait aller à Lyon en suivant la rive gauche de la Saône. Si donc mon objectif principal est de couvrir Lyon, je dois aller à Chalon.

« Si, au contraire, vous voulez que je couvre Nevers et la rive droite de la Saône, je m'arrêterai ici. »

Chagny, 13 novembre. — Général Crouzat à Guerre.

« Renseignements qui me paraissent certains me signalent grandes masses d'ennemis entre Saône et Doubs vers Gy, Moisseu, Chevigney, Pesmes, en marche vers le Sud. Si l'ennemi passe le Doubs vers l'Est, j'irai à Chalon et j'observerai sa marche. Dans l'un et l'autre cas, je considère Chalon-sur-Saône comme un point stratégique qui me permet de me porter à volonté et très rapidement, soit sur Chagny, soit sur Lons-le-Saulnier et Bourg et qui enfin me donne toute facilité pour couvrir Lyon. »

marche par étapes, bien ordonnée et sagement conduite, avait produit les meilleurs résultats, en contribuant à discipliner les diverses unités, à former et endurcir les hommes [1]. L'annonce du succès de Coulmiers avait relevé le moral de l'armée. Les conditions nouvelles dans lesquelles on se trouvait, étaient donc excellentes; dès le 15 novembre, l'armée était endivisionnée de la manière suivante:

Composition de l'armée de l'Est à la date du 15 novembre[2].

Commandant supérieur	Général CROUZAT (gén. de brig.).
Chef d'état-major	Colonel VARAIGNE (chef de bat.).
Commandant l'artillerie. . . .	Colonel CHATILLON.
Commandant le génie.	Colonel PICOLET.
Intendant en chef	Intendant CROIZET.
Grand Prévôt	Capitaine ROLLIN.
Directeur du service télégraphique	M. JOULIN.

1re Division : Général DE POLIGNAC
(272 officiers, 12,897 hommes).

Chef d'état-major	Commandant DE TRUCHY DE LAYS.
Commandant l'artillerie. . .	Commandant PARIS.
Commandant le génie. . . .	Capitaine NICOLAS.
Intendant.	M. PERRET.
Service de santé	Dr OLLIER [3].
Prévôt	Capitaine COLTON.
Éclaireurs (Haut-Rhin) . . .	Colonel KELLER.

---

1. Elle avait « *débourré* » les hommes et les chevaux suivant la pittoresque expression du général Crouzat.
2. Voir le détail à l'appendice. (Situation numérique au 16 novembre signée du général CROUZAT.)
3. Chirurgien en chef de l'Hôtel-Dieu de Lyon. S'est illustré par ses recherches scientifiques et particulièrement par ses découvertes, relatives à la régénération des os par le périoste.

1re brigade : Colonel Boisson	Gardes mobiles de la Loire (11° rég.).	2 bat.
	85° rég. de ligne (4° et 5° bat.)...	2 —
	Gardes mobiles du Jura (55° rég.) .	2 —
2e brigade : Colonel Brissac	— de la Haute-Loire (67° rég.)........	3 —
	Gardes mobiles de la Haute-Garonne (24° rég.)..........	2 —
Cavalerie	2° régiment de lanciers de marche (3 escadrons).	
Artillerie	3 batteries de 4 (13° et 14° du 3°, 14° du 10°).	
Génie.	1 compagnie (2° du 3° bataillon de la Loire).	
Gendarmerie.		

2° Division : Général THORNTON
(274 officiers, 13,485 hommes).

Chef d'état-major	Commandant DE VERDIÈRE.
Commandant l'artillerie. . .	N.
Commandant le génie. . . .	Commandant REVEL DE BRETTEVILLE.
Intendant.	M. TASTAVI.
Service de santé	Ambulance de Saône-et-Loire.
Prévôt	Lieutenant DE LA THIBAUDIÈRE.

Éclaireurs Bourras (Corps franc des Vosges).

1re brigade: Cap. de vaiss. AUBE.	Gardes mobiles des Deux-Sèvres (34°)........	3 bataillons.
	32° régiment de marche . . . 3	—
	Gardes mobiles de la Savoie . 1	—
2e brigade : Colonel VIVENOT	— du Haut-Rhin (68°).......... 2	—
	3° rég. de zouaves de marche. 3	—
	Francs-tireurs de Bordeaux.	
Cavalerie	7° régiment de chasseurs (4 escadrons).	
Artillerie	2 batteries (9° du 12°, 14° du 8°). 1 compagnie du train d'artillerie.	
Génie.	1 compagnie (gardes mobiles de la Loire).	
Gendarmerie.		

3ᵉ Division : Général SEGARD
(219 officiers, 9,381 hommes).

Chef d'état-major	Capitaine MALLET.
Commandant l'artillerie. . .	Commandant FAINE.
Commandant le génie. . . .	Commandant CORD.
Intendant.	M. GAUTHIER.
Service de santé	Dʳ SABATIER (ambul. du Midi).
Prévôt	Lieutenant SCHMIDT.

Éclaireurs du commandant Delorme.
Francs-tireurs du Doubs (Clésinger[1] et Sage-Vaudrey).
Francs-tireurs de Nice.

1ʳᵉ brigade : Colonel DUROCHAT .	47ᵉ de marche.	2	bataillons.
	Gardes mobiles de la Corse .	2	—
	— de Saône-et-Loire (4ᵉ bat.)	1	—
2ᵉ brigade : Colonel GIRARD. . .	78ᵉ régiment de ligne. . . .	1	—
	Gardes mobiles des Pyrénées-Orientales	2	—
	Gardes mobiles des Vosges (58ᵉ).	2	—
	Gardes mobiles de la Meurthe.	1	—
Cavalerie	2ᵉ régiment de lanciers de marche[2] (1 esc.).		
Artillerie	3 batteries (8ᵉ du 14ᵉ, 14ᵉ du 13ᵉ et 1 de Mtg.). Parc de réserve.		
Génie.	1 compagnie du génie auxiliaire de Chalon.		
Gendarmerie.			

4ᵉ Division : Général BONNET
(92 officiers, 11,748 hommes).

Éclaireurs du commandant Tainturier.

1ʳᵉ brigade. . . .	42ᵉ rég. de garde mobile . .	3	bataillons.
	27ᵉ régiment de ligne . . .	1	—
	Garde nationale de l'Yonne .	1	—

---

1. Le sculpteur.
2. Cuirassiers de marche, d'après une autre situation.

2ᵉ brigade....	9ᵉ bat. de chass. de marche .	1 bataillon.	
	19ᵉ rég. de garde mobile du Cher	3	—
	Gardes mobilisés de Chalon .	1	—
Artillerie....	13ᵉ batterie du 13ᵉ régiment.		
	20ᵉ batterie du 9ᵉ régiment.		
Génie.......	Compagnie du génie de Mâcon.		
Gendarmerie...	Gendarmerie de Chagny.		
Brigade territoriale de Chagny (9,212 hommes).	Gardes mobiles de Saône-et-Loire	2	bataillons.
	Gardes mob. des Basses-Pyr.	2	—
	— de la Lozère..	1	—
	— de la Drôme..	1	—
	— du Tarn-et-Gar.	1	—
	4 obusiers de montagne.		

Réserve d'artillerie :
Lᵗ-col. D'AUVERGNE

1 batterie de mitrailleuses (21ᵉ du 7ᵉ rég.).
2 batteries d'obusiers de montagne.

Parc d'artillerie :
Comᵗ DELAHAYE.

1 compagnie du 1ᵉʳ régiment du train.

Génie.......

1 compagnie du génie (gardes mobiles de Tours).

Au total 857 officiers et 56,723 hommes environ.

Le général Crouzat faisait aussitôt organiser solidement la ligne de la Dheune, de Verdun à Chagny. Il s'occupait des dispositions à prendre pour défendre les routes qui conduisent à Lyon.

La légion des Gardes mobilisés du Rhône, commandée par le colonel Celler, arrivait de Lyon ; elle était immédiatement répartie entre Verdun et Besançon pour tenir les passages du Doubs. Les Gardes mobilisés du Jura lui étaient adjoints dans ce but. On s'occupait, en outre, d'organiser, en arrière, la ligne de la Loue, afin de couvrir Lyon. Enfin, des mesures étaient prises pour relier l'armée aux troupes du général Garibaldi, qui gardaient la vallée de l'Ouche. Des corps francs étaient lancés en avant dans le massif de la Côte-d'Or et la forêt de Citeaux.

Abandon du théâtre d'opérations de l'Est. — Mais, le 15 novembre, de nouvelles instructions, adressées par le Gouvernement au général Crouzat, modifiaient profondément la situation. Le mouvement offensif de la IIe armée allemande, si bien couvert et protégé pendant toute sa durée par le XIVe corps, rendait nécessaire la présence des forces de Chagny[1] sur le théâtre d'opérations de la Loire[2]. En conséquence, Nevers était assigné comme objectif définitif (*sic*) à l'armée de l'Est. Le général Crouzat recevait l'ordre de détacher 15,000 hommes environ (5,000 hommes de troupes régulières et 10,000 hommes de garde mobile) sur Lyon pour en renforcer la garnison. Quant aux 40,000 hommes qui formaient le reste de l'armée, l'ordre était donné de les embarquer en chemin de fer et de les diriger sur Gien le plus rapidement possible.

Ces divers mouvements s'exécutaient en conséquence. L'armée de l'Est utilisait les deux voies ferrées d'Autun et

---

1. Voir la situation à l'appendice.
2. « Des considérations supérieures ne permirent pas de l'y laisser (le général Crouzat à Chagny). Ses troupes étaient devenues nécessaires pour renforcer l'armée de la Loire. C'est le 16 novembre, non sans avoir pesé les conséquences d'une telle résolution, que l'administration de la guerre fit procéder à l'évacuation de Chagny.....

« Toutefois l'abandon de Chagny n'eut pas les conséquences fâcheuses qu'ils redoutaient. L'ennemi, trompé par la hardiesse même du mouvement et aussi par la rapidité de l'exécution, n'en soupçonna pas le véritable objectif. Plus tard quand il en eut connaissance, la concentration, opérée autour d'Orléans, lui parut assez menaçante pour qu'au lieu de descendre vers le midi, il jugeât plus prudent de remonter sur Tonnerre et Joigny. »
(De Freycinet, *la Guerre en province*, p. 107.)

de Digoin[1]. Quatre jours après, ses 4 divisons étaient réunies à Gien, où elles entraient dans la composition des 18ᵉ et 20ᵉ corps d'armée.

Il ne restait plus dans la région de l'Est que les corps irréguliers du général Garibaldi, quelques groupes de partisans et des légions de gardes nationaux mobilisés en voie de formation.

---

[1]. Chagny, gare de bifurcation, dont le trafic était à peu près nul, se prêtait très mal à des embarquements aussi considérables. Les quais étaient restreints et peu commodément situés. En outre, il devenait nécessaire de réunir très rapidement un matériel des plus importants. On forma et on expédia 88 trains. A la fin du 4ᵉ jour, depuis la réception de l'ordre venu de Tours, le mouvement était terminé. On avait lancé une moyenne de 22 trains par jour. En réalité, le rendement avait été moins considérable le 1ᵉʳ jour, mais pendant les trois derniers, on avait formé au delà de 25 trains par 24 heures.

CHAPITRE VI

CONCLUSIONS DE LA PREMIÈRE CAMPAGNE DE L'EST

Si, reprenant ces événements par la pensée, on se reporte aux débuts de cette **première armée de l'Est** et aux origines de son organisation, on la voit d'abord, à l'état de corps francs, inquiéter sérieusement l'ennemi; puis, constituant à grand'peine une brigade, lutter courageusement **à la Bourgonce**.

De nombreux engagements marquent cette première étape de son évolution, qui a les Vosges pour théâtre.

La lutte en rase campagne, même en pays de montagnes, ne permet pas de continuer une instruction indispensable à des troupes d'aussi récente levée. L'ennemi, puissamment organisé, avance en forces. Après un premier ralliement sur la forte position marquée par **la Vologne**, les combattants de la Bourgonce et les éléments encore épars de l'armée sont concentrés à l'abri d'une place forte, **Besançon**, qui va leur permettre de reprendre haleine et de se réorganiser.

Les combats heureux de **Châtillon-le-Duc** relèvent leur moral et leur rendent la confiance. Un entraînement intensif de quelques semaines transforme ces troupes.

Sous l'énergique commandement du général Cambriels elles vont reprendre l'offensive. Elles en sont désormais capables.

Mais le partage du commandement supérieur de la région de l'Est avec un général étranger a modifié profondément les conditions de la lutte *en divisant la direction des opérations.*

En outre, on n'improvise pas les cadres supérieurs et ceux-ci font défaut.

Enfin, la maladie a raison de l'énergique volonté du commandant supérieur et le contraint à céder la place à un successeur. Ce changement marque le commencement d'une crise.

L'abandon de **Dijon,** par suite des tergiversations de l'autorité civile et municipale, force le commandement militaire à engager la lutte dans des conditions qui la rendent téméraire et inutile.

La ville tombe au pouvoir de l'ennemi.

Le moral de l'armée, qui s'était élevé au plus haut degré à la pensée de prendre en flanc l'ennemi ainsi engagé, ne cède pas à ce coup ; mais celui du nouveau commandant supérieur n'y résiste point.

Le général Michel fait décider la retraite.

On abandonne Besançon, Belfort, toute cette grande place d'armes de la Franche-Comté et les débouchés qu'elle assure.

A la défensive latérale, si puissante quand elle est active, on va substituer la défensive normale et, pas à pas, reculer devant l'ennemi : on cesse de menacer les communications de l'adversaire pour engager les campagnes de la Loire.

Chagny marque le premier recueil ; mais **Gien** ne tarde pas à prouver qu'on renonce, pour le moment, à toute action dans l'Est.

Des efforts énergiques, de louables dévouements, une

patriotique abnégation avaient permis d'obtenir de sérieux résultats.

55,000 hommes environ avaient été réunis, groupés et organisés.[1]

On avait forcé l'ennemi à protéger puissamment sa gauche ; on l'avait contraint à distraire des autres régions un effectif considérable[2], à diviser ses forces ; enfin le théâtre d'opérations choisi, qu'une longue imprévoyance avait laissé sans défense, inquiétait les communications de l'ennemi ; il permettait de reprendre une offensive féconde en grands résultats.

L'abandon prématuré du théâtre de l'Est, pour soutenir des opérations moins productives, mettait à néant toutes ces espérances.

Il doit être regretté.

Mais, s'il faut en chercher les causes réelles, nous les trouverons caractérisées dans ces paroles du général Chanzy :

« La France était atterrée de ses défaites. *On n'avait plus confiance dans l'issue de la lutte :* voilà quelle a été la plus grande cause de nos désastres. Je ne dis pas que l'on doive avoir une confiance illimitée dans les résultats avant d'entreprendre une guerre ; mais, *une fois qu'elle est engagée, il faut croire au succès,* et c'est cette confiance qui nous a manqué[3]. »

---

1. 125,000 hommes environ en comprenant les garnisons des places fortes.
2. 63,000 hommes.
3. (Général Chanzy, *Dépositions*, v. 3, p. 21.)

CAMPAGNE DE BOURGOGNE

DU 15 NOVEMBRE[1] AU 25 DÉCEMBRE[2]

CHAPITRE Iᵉʳ

SITUATION GÉNÉRALE DE LA RÉGION DE L'EST PAR SUITE DU DÉPART DE LA PREMIÈRE ARMÉE

Le mouvement de la première armée de l'Est de Chagny sur Gien et son passage à l'armée de la Loire venaient de modifier profondément notre situation militaire sur le théâtre d'opérations de l'Est.

Un certain nombre de corps francs et de partisans indépendants continuaient à battre l'estrade sans direction générale.

Deux centres principaux, le commandement de Lyon et l'armée des Vosges, à Autun, réunissaient toutefois des forces plus importantes. Elles y affectaient tout au moins l'apparence d'une organisation hiérarchique supérieure à

---

1. 15 *novembre* : Départ de la 1ʳᵉ Armée de l'Est.
2. 25 *décembre* : Arrivée de la 2ᵉ Armée de l'Est.

celle de ces premiers éléments. Elles allaient engager et soutenir *la campagne de Bourgogne*.

Comme par le passé cependant, l'autorité nécessaire d'un commandement suprême faisait entièrement défaut. La situation à ce point de vue s'était même aggravée. Le morcellement de la direction, des forces et des responsabilités s'accentuait d'une façon critique. Le commandement supérieur de la région venait d'être supprimé. Les opérations allaient encore aboutir à des résultats trop stériles. D'énergiques tentatives particulières devaient toutefois marquer honorablement cette période de transition qui s'étend entre les deux campagnes entreprises dans l'Est. Mais aucune conception d'ensemble n'y devait présider. On n'allait par suite recueillir que peu de fruits de ces nombreux efforts.

I. — Premiers éléments opposés à l'ennemi.

L'abandon de Besançon et de Chagny par l'armée de l'Est mettait brusquement en présence de l'ennemi les premières gardes nationales mobilisées dont l'organisation fut assez complète pour tenir la campagne.

L'activité patriotique déployée par trois départements allait leur procurer l'honneur d'engager leurs contingents longtemps avant tous les autres[1] et de couvrir la large voie ouverte à l'ennemi sur Lyon.

Gardes mobilisés du Jura. — C'était, en premier lieu, le Jura. Au 25 octobre, il restait dans ce département,

---

1. Ce ne fut qu'en janvier que les départements de l'Ain, de l'Isère, de la Loire, de la Haute-Savoie commencèrent à envoyer leurs nouveaux contingents organisés.

outre le dépôt du 84ᵉ de ligne, fort de 2,000 jeunes soldats, et le bataillon mobile du Jura, répartis entre les forts de Salins et des Rousses, 10,000 gardes nationaux mobilisés ou mobilisables, en voie d'organisation, et 3,059 gardes nationaux sédentaires [1].

Lors du passage de la première armée de l'Est à Mont-sous-Vaudrey, le général Crouzat avait arrêté, dans une conférence avec le comité de défense du département : que les ponts du Doubs depuis Ranchot jusqu'à Neublans seraient occupés par 2,000 gardes mobilisés alors à Dôle; et que les 2,000 gardes nationaux d'Arbois défendraient les ponts de la Loue de Senans à Parcey [2].

Au 17 novembre, le lieutenant-colonel Fischer, commandant supérieur des quatre légions du Jura, établissait son quartier général à Dôle. La 2ᵉ légion des gardes mobilisés de ce département, sous le lieutenant-colonel Faivre, occupait, avec trois [3] bataillons, la ligne du Doubs, de Dôle à Navilly [4].

Gardes mobilisés du Rhône. — A la même date, le commandement de Lyon et le préfet du Rhône envoyaient un corps formé de gardes mobilisés de ce département s'établir à la droite de la légion du Jura, de Dôle à Besançon.

---

1. Télégrammes de Lons-le-Saulnier.
2. *Ranchot* près de Dampierre, à égale distance de Besançon et de Dôle. — *Neublans*, à égale distance de Dôle et de Verdun. — *Senans*, Arc et Senans. — *Parcey*, au nord de la Loue près de son confluent avec le Doubs.
3. Son 4ᵉ bataillon la rejoignait en détachements successifs. La légion occupait cette ligne jusqu'au 27 décembre. Elle avait quitté Lons-le-Saulnier le 16 novembre. Son armement consistait en fusils à piston.
4. Au sud de Seurre.

C'était la première légion du Rhône commandée par le colonel Celler[1].

Corps francs des Vosges. — Enfin, une troupe de partisans, le corps franc des Vosges, battait l'estrade en avant du front de ces légions. Il comprenait environ 2,000 hommes et formait 18 compagnies, soutenues par

---

1. La 1re légion du Rhône, créée par un décret de la délégation du Gouvernement de la Défense nationale en date du 1er octobre 1870, comprenait en principe :
3 bataillons d'infanterie à 6 compagnies de 150 hommes.
1 compagnie du génie.
4 cavaliers éclaireurs.
(Pour mémoire) une batterie de 6 pièces Armstrong de 9.
L'infanterie et le génie étaient armés de fusils mod. 1866 de fabrication anglaise.
La légion était recrutée parmi les gardes nationaux du département du Rhône, âgés de 25 à 35 ans. Elle comprenait un certain nombre de volontaires de tous les départements, mais surtout des Alsaciens.
Elle fut commandée, du 5 octobre au 18 décembre, par le colonel auxiliaire Celler, capitaine d'état-major.
Les 3 chefs de bataillon, les adjudants-majors et les officiers comptables étaient également des officiers en activité de service, détachés de l'armée régulière, par ordre du général Bressolles.
Les deux capitaines de la batterie, la plupart des officiers de compagnies, étaient d'anciens sous-officiers de l'armée. Parmi les hommes, très peu avaient servi.
L'organisation s'était poursuivie à Lyon, sous la direction du préfet du Rhône, commissaire extraordinaire de la République, M. Challemel-Lacour, et sous le commandement du colonel Celler.
La formation avait demandé un mois (5 octobre-10 novembre). Au 10 novembre, la légion était portée en 1re ligne.
Au 14 novembre, elle passait sous les ordres du général Crouzat.
Le 16, elle recevait mission de surveiller, concurremment avec les gardes mobilisés du Jura, les passages du Doubs et de la Loue, de Verdun à Besançon.
Le 19, elle passait sous les ordres du général Crévisier.
Le 23, elle recevait ordre de se concentrer à Verdun-sur-Doubs.
Le 26, sa batterie restée à Lyon la rejoignait.
Le 27, elle était tout entière concentrée à Verdun. Elle avait eu deux petits engagements avec l'ennemi, le 19 à Saint-Jean-de-Losne, et le 20 à Laperrière près Dôle.

30 cavaliers et 2 pièces de montagne (Commandant du génie Bourras)[1].

Gardes mobilisés de la Haute-Saône. — Grâce à l'activité de son comité de défense, le département de la Haute-Saône allait sous peu de jours faire entrer ses gardes mobilisés en ligne. Lors du départ de l'armée de l'Est, la garde mobile de ce département avait été appelée à Lyon ; mais la garde nationale permettait encore l'organisation de forces importantes.

Le travail de mobilisation de ces légions commençait dès le 20 octobre[2]. Autun, Chalon, Charolles, Mâcon, devenaient les centres de formation de 4 légions. Au 20 novembre, le général auxiliaire Pellissier était nommé commandant supérieur de ces troupes. Au 28 novembre, le département mettait déjà 5 bataillons en présence de l'ennemi à Autun, Chagny et Beaune[3].

---

1. En même temps les francs-tireurs volontaires du Rhône (commandant Tainturier), établis aux environs de Nuits, quittaient ce point pour gagner Chagny et Autun.

2. Le 18 novembre, le comité de défense décidait qu'un camp serait créé à Vernisse, près de Paray-le-Monial, et que les gardes mobilisés iraient y perfectionner leur instruction. Le camp de Sathonay était cependant libre et complètement prêt : mais le département ne voulait point se dessaisir des forces qu'il formait et qu'il croyait nécessaires à sa défense.

Cette solution devait retarder beaucoup l'organisation définitive des gardes mobilisés. Un camp est toujours long à établir de toutes pièces et, dans ces circonstances, bien des causes interviennent pour distraire à l'instruction la majeure partie du temps qui doit lui être consacré.

Là encore nous voyons subordonner l'intérêt général du pays à la défense locale.

3. Autun . . . . . 2 bataillons de la 1re légion.
Beaune . . . . . 2 — 4e —
Chagny . . . . 3e bataillon de la 1re —

II. — Commandement de Lyon.

Situation morale et militaire. — Plusieurs légions étaient encore en voie d'organisation à Lyon même avec les contingents du Rhône et de l'Alsace[1].

Une 2ᵉ légion du Rhône allait entrer en ligne dès le 27.

Mais la ville et la région environnante n'étaient pas encore en état de fournir à la défense nationale l'appoint considérable qu'on était en droit d'attendre de leurs efforts et de leurs grandes ressources. La situation politique y était en effet des plus graves. Au général Espivent de la Villesboisnet qui commandait la division le 4 septembre, avait succédé, au 14 septembre, le général Mazure. Les rapports, toutefois, étaient demeurés tendus entre les autorités civiles et militaires.

Nommé commissaire extraordinaire de la République, le préfet entendait centraliser entre ses mains les pouvoirs civil et militaire. Il signalait le formalisme administratif de l'autorité militaire qui semblait, disait-il, « prendre à cœur de tout entraver ! » Il réclamait les pouvoirs néces-

---

1. Lorsque le décret qui mobilisait la garde nationale parut, M. Challemel-Lacour avait déjà organisé une légion du Rhône. Ce décret lui permit d'étendre les levées et d'organiser 5 légions à 3,000 hommes chacune. En outre, quand l'émigration alsacienne commença à se produire du côté de Lyon, il organisa 3 légions alsaciennes qui ne furent prêtes qu'au moment de l'armistice.

Par suite de contestations ultérieures entre l'administration civile et l'administration militaire, l'important matériel de transport de ces troupes, qui consistait en un grand nombre de fourgons, voitures, cuisines roulantes, forges, etc., pourrissait encore en plein air en 1879 dans la cour intérieure de la Lunette des Charpennes, à Lyon. Une vente par adjudication débarrassa le terrain militaire de ces débris devenus inutiles. Elle rapporta à peine 1/100ᵉ de ce que le matériel avait coûté. Il n'avait jamais servi.

saires pour surmonter les mauvais vouloirs et l'inertie de cette administration. « Le général Mazure, écrivait le « préfet, comme son prédécesseur Espivent, paraît ne « rien comprendre à la situation. Il ne veut entendre par- « ler que de l'armée, quand il n'y a plus d'armée et que la « nation seule reste. Il s'isole dans sa caserne; faites qu'il « m'écoute, je serai bientôt maître ici. »

Loin de se douter de cette situation, le général Mazure rendait compte au ministre, le 16 septembre, qu'il était dans de meilleurs rapports avec les autorités civiles du département du Rhône. Grâce à leurs efforts communs, il espérait encore parvenir à calmer l'effervescence populaire qui entretenait, depuis plusieurs semaines, l'anarchie et le désordre dans la ville de Lyon.

Mais les occasions de conflit ne cessaient de se multiplier. Le peuple de Lyon entendait exercer un contrôle direct sur l'état des ressources militaires existantes. Le commandant militaire s'y refusait. Il réclamait l'état de siège. Le préfet exigeait, au contraire, la subordination de l'autorité militaire à l'autorité civile. Les pouvoirs divisés s'émoussaient chaque jour davantage et l'anarchie s'accusait de plus en plus.

En présence de ces dissensions, le Gouvernement de la Défense nationale estimait avec sagesse qu'il fallait, à tout prix, éviter un conflit armé et la guerre civile. Toutes les forces militaires devaient, sans exception, être employées à combattre l'envahisseur. Il ne fallait point s'exposer à la nécessité d'en distraire aucune pour pacifier Lyon. Une répression par la force était intempestive. Le Gouvernement donnait donc au préfet pleins pouvoirs de prendre, sous sa responsabilité, toutes les mesures nécessaires pour assurer l'ordre et la paix publique (30 septembre). M. Challemel-Lacour s'empressait aussitôt de demander au commandant militaire une démission qu'il considérait comme nécessaire dans les circonstances critiques où se trouvait l'autorité centrale.

Mais la situation se compliquait encore. Par suite d'une regrettable erreur, aucune communication officielle n'avait mis le commandant militaire au courant de ses nouvelles obligations et des pouvoirs extraordinaires conférés au préfet. Il refusait donc de céder et déclarait qu'il allait s'en référer à son chef hiérarchique, le ministre de la guerre.

Une émeute éclatait en même temps dans les quartiers populeux de la ville. Le préfet, dans son impuissance à réprimer ce mouvement, croyait bien faire en s'en emparant pour le diriger[1]. La garde nationale marchait contre le commandant militaire. On s'emparait de sa personne. Il était emprisonné. Le préfet du Rhône demandait aussitôt au Gouvernement, « un général *ingambe* qui se mêlât à la « population et qui se rendît populaire ».

La responsabilité était lourde. Elle était peu définie et difficile à accepter. Enfin, le général Bressolles, proposé par M. Challemel-Lacour, cédait aux instances du Gouvernement et prenait provisoirement le commandement (9 octobre).

Le 3 novembre, le nouveau commandant militaire signalait au Gouvernement l'effectif restreint de la garnison : Lyon ne disposait effectivement que de 6 bataillons de gardes mobiles peu solides; il réclamait l'envoi de troupes du Midi. L'abandon de Besançon et de la région de l'Est, l'annonce

---

1. « En révolution, on ne va jamais aussi loin que lorsqu'on ne sait où l'on va. » (ROBESPIERRE.)

du mouvement de la première armée de Chagny sur Gien, soulevaient à Lyon une émotion considérable. Le général Bressolles demandait aussitôt que l'autorité militaire fût concentrée entre ses mains. Il faisait remarquer que les éléments dont il disposait n'étaient pas sérieux, sauf quelques bataillons de Gardes mobiles, qui commençaient à s'organiser. De leur côté, les rapports du préfet aboutissaient à des conclusions semblables. La population était vivement émue de sentir la voie de Lyon ouverte toute grande à l'ennemi. La ville n'avait ni approvisionnements, ni munitions. Un envoi de 18,000 hommes était nécessaire, ajoutait M. Challemel-Lacour.

Le délégué à la guerre donnait aussitôt l'ordre au commandant de la première armée de l'Est, encore à Chagny, de détacher 15,000 hommes sur Lyon pour renforcer sa garnison et en porter l'effectif à 30,000 hommes [1].

---

1. 15 *novembre*. — Guerre à général en chef de l'armée de l'Est.

« L'objectif définitif de votre armée doit être Nevers. En conséquence, opérez de la manière suivante. Détachez de votre armée une quinzaine de mille hommes, dont 5,000 de troupes régulières et 10,000 mobiles, parmi lesquels vous mettrez tous ceux qui ont des fusils à percussion et vous enverrez ces 15,000 hommes dans Lyon pour grossir la garnison. Dans ce détachement ne devront figurer aucunes troupes du 18e corps. Veillez-y attentivement.

« Quant aux 40,000 hommes formant le reste de votre armée, vous les embarquerez dès demain, aussitôt que possible, dans le chemin de fer et vous viendrez avec toutes ces troupes à Gien, sur la Loire, où vous recevrez de nouveaux ordres. Votre transport s'effectuera jour et nuit afin d'être terminé le 17 au soir. »

15 *novembre*. — Préfet du Rhône à Ministre de la guerre.

« Êtes-vous pour quelque chose dans dépêche, signée Freycinet, qui annonce qu'on retire les troupes de Chagny et qu'on va compléter notre garnison en la portant à 30,000 hommes. C'est impossible. Vous ouvrez la voie de Lyon toute grande à l'ennemi. Lyon n'est ni approvisionné, ni munitionné. Nous sommes sans troupes sérieuses. Nous avons 12,000 baïonnettes : rien de plus. C'est donc 18,000 hommes, voire même 25,000 hommes qu'il nous faut. La garde nationale n'a que de mauvais fusils. Votre dépêche la terrifie. Si vous ne m'envoyez les 25,000 hommes demandés, impossible de nous défendre. »

Le 17 novembre, le commandant militaire renouvelait ses demandes avec insistance. Il voulait qu'en prévision de l'investissement probable de Lyon, l'autorité militaire fût concentrée entre ses mains.

« Comment, faisait-il remarquer, puis-je instruire, or-
« ganiser, habituer au feu une garde nationale que je ne
« commande pas ? Comment puis-je me faire obéir de tous
« ces corps isolés qui s'en vont courant chez le préfet,
« chez le maire, aux comités de toutes natures. Je demande
« que les pouvoirs militaires donnés au préfet dans un
« moment de dissension intérieure reviennent entre mes
« mains. Je ne puis sans cela accepter la responsabilité
« de la situation. »

L'indiscipline des corps, en présence de ces conflits d'autorité, devenait encore plus marquée. La garde nationale et son commandant supérieur franchissaient l'intermédiaire du préfet et s'adressaient directement au ministre de la guerre. Le préfet réclamait aussitôt contre ces demandes directes « contraires à toute bonne admi-
« nistration et qui le blessaient profondément ».

Malgré ces graves difficultés, la situation semblait, au 24 novembre, s'améliorer un peu. Le commandant militaire écrivait, à cette date, au ministre de la guerre :
« Quand il sera bien évident que Lyon n'est plus me-
« nacé, et ce moment semble venir rapidement, on
« pourra faire marcher en avant tout ce qu'il y a de
« forces ici. Elles constitueront un petit corps d'armée
« assez sérieux si on lui adjoint 3 ou 4 batteries et des
« ambulances. »

Projet d'offensive vers Belfort. — Le Gouvernement, en effet, ne perdait pas de vue la haute importance de la région du Doubs et de la Saône. Bien qu'il en eût distrait momentanément un effectif imposant, afin de renforcer les armées de la Loire et de soutenir des opérations dont il espérait un résultat plus important, il conservait cependant la volonté de reprendre, à bref délai, l'offensive dans la direction de Belfort.

A la date du 26, le ministre de la guerre écrivait en effet au gouvernement central : ...... « Je suis
« occupé à constituer avec les contingents du Midi, à
« Lyon même, une armée, capable de se jeter vigou-
« reusement dans l'Est, qui donnerait la main à Bel-
« fort pour prendre les Vosges à revers. Mais c'est
« une question qui demande au moins six grandes se-
« maines.

« Les populations de l'Alsace sont animées du plus ar-
« dent patriotisme. Elles s'échappent par la Suisse et, à
« l'aide de crédits ouverts, nous les rapatrions sur Lyon
« pour les encadrer dans cette armée encore embryon-
« naire[1]. »

III. — Armée des Vosges.

Mission. Situation. Positions occupées. — Un second commandement était établi parallèlement à celui de Lyon. C'était l'*armée des Vosges*. Elle était récemment arrivée à Autun et le général Garibaldi venait de la former définitivement en 4 brigades. Son effectif, qui atteignait

---

[1]. Lyon, au 1er décembre, renfermait 32,684 hommes de troupes organisées et endivisionnées. (Divisions La Serre et Bousquet.)

environ 6,000 hommes au 9 novembre, augmentait alors assez rapidement[1].

Le Gouvernement lui avait confié la mission de défendre le Morvan et de retarder le plus possible la marche pro-

---

1. Nous manquons de situations détaillées et sérieuses pour calculer exactement les effectifs de l'armée des Vosges, entre le 9 novembre et le 27 du même mois.

Le 9 novembre, un télégramme du général Garibaldi prouve que le commandant de l'armée des Vosges estimait avoir 6,000 hommes sous ses ordres.

Une situation des troupes, présentes à Autun le 22 novembre, porte à 6,838 le chiffre des présents dans cette ville, mais à cette date la majeure partie de l'armée se concentrait sur Pont-de-Pany.

Au 30 novembre, une minute de l'écriture du colonel Bordone décompose l'effectif de la manière suivante :

Situation du 29.	2,200
— du 30.	7,568
Garde nationale d'Autun	1,700
Total	11,468

Une situation détaillée en date du 1ᵉʳ décembre porte l'effectif de l'armée des Vosges au chiffre de 14,064
2 bataillons mobilisés de Saône-et-Loire 1,750
                                                    15,814

Soit environ 16,000 hommes en comprenant différents corps omis sur cette situation (pontonniers, francs-tireurs républicains d'Alger, etc.).

L'effectif de l'armée des Vosges a d'ailleurs varié dans des limites extrêmement étendues :

Au 9 novembre	6,000
Au 30 —	11,468
Au 1ᵉʳ décembre	15,814
Au 12 —	15,486
Au 12 — (autre situation)	14,973
Au 26 —	18,213
Au 31 —	19,197
Au 6 janvier	19,462
Au 25 —	48,889
Au 5 février	29,072 ou 28,031

Se reporter aux pages 98, 144, 178, 189, 213, 229, et à l'essai de détermination des effectifs de l'armée des Vosges, pages 217 et suivantes, pour plus de détails.

bable de l'ennemi sur Nevers[1]. Le commandant de l'armée des Vosges s'occupait, en conséquence, d'organiser défensivement Autun et ses environs.

Les première et deuxième brigades (Bossak-Haucke et Delpech) gardaient le pays qui s'étend d'Arnay-le-Duc à Nolay en passant par Épinac. Elles lançaient des détachements jusqu'à Sombernon et Bligny-sur-Ouche.

En deuxième ligne, la troisième brigade (Menotti Garibaldi) et d'autres troupes, en voie d'organisation, étaient établies à Autun.

Quant à la quatrième brigade (forte de 700 hommes environ[2]), elle était destinée à attirer l'attention de l'adver-

---

1. 6 *novembre*. — Guerre à général Garibaldi à Dôle.

« Nous nous décidons à abandonner la ligne du Jura en laissant des garnisons à Besançon et Auxonne. L'ennemi paraît vouloir se porter par diverses routes sur le Morvan et tâchera peut-être de gagner Nevers en évitant Chagny. Je pense que ce qui serait le plus avantageux, c'est qu'avec vos vaillantes troupes vous alliez défendre les défilés du Morvan, si propices pour vos mouvements et vos hardis coups de main. Tâchez de couvrir la direction de Nevers. Le colonel Bonnet est à Chagny avec forces et artillerie, prêt à vous donner la main. »

7 *novembre*. — Guerre à général Garibaldi, à Dôle.

« Notre objectif est de couvrir à la fois la route de Lyon et celle de Nevers. Les troupes de Michel, de Bonnet à Chagny et les vôtres doivent se concentrer dans un but commun. Le rôle qui incombe plus particulièrement à des troupes lestes et habiles comme les vôtres est, à mon avis, d'opérer dans le Morvan, où vous pourrez faire des prodiges dans les défilés. »

7 *novembre*. — Guerre à général commandant en chef à Besançon.

« Garibaldi et colonel Bonnet à Chagny sont en train de se concerter pour défendre le Morvan et retarder le plus longtemps possible la marche de l'ennemi sur Nevers. Vous devez, sans jamais découvrir Lyon, appuyer Garibaldi et Bonnet. Nous avons un immense intérêt à ce que l'ennemi arrive le plus tard possible à Nevers. Or il menace d'y venir de plusieurs côtés à la fois : 1° de Dijon par Chagny, de Dijon par Bligny, de Dijon par Arnay-le-Duc ; 2° d'Avallon et Clamecy, de Chaumont ou Troyes. Réglez vos mouvements là-dessus en tâchant de retarder le plus possible le mouvement de l'ennemi sur Nevers, sans jamais découvrir cependant la route de Lyon. »

2. Chasseurs des Alpes, de l'Isère ; francs-tireurs dauphinois, des Vosges, de Dôle ; éclaireurs du Doubs ; chasseurs du Havre ; bataillon Nicolaï ; cavaliers-éclaireurs.

saire vers le nord. Elle devait renseigner le commandant de l'armée des Vosges sur les forces effectives et les mouvements de l'ennemi dans cette région. Conduite par le colonel Ricciotti Garibaldi, elle se dirigeait sur Château-Chinon, d'où elle avait mission de pousser des pointes sur Saulieu, Montbard, Châtillon-sur-Seine et Auxon.

CHAPITRE II

CAMPAGNE DE BOURGOGNE

I. — Offensive de l'armée des Vosges sur Dijon et retraite sur Autun.

La démonstration effectuée par la 4ᵉ brigade, dans la direction de Châtillon-sur-Seine, devait, dans la pensée du général Garibaldi, tromper l'ennemi sur les projets réels de l'armée des Vosges. Il voulait en profiter pour se porter rapidement sur Dijon avec le gros de ses forces. Il espérait enlever ainsi la ville par surprise[1].

La première brigade se dirigeait, dès le 14, à marches

---

1. C'était la mise à exécution, après le départ de l'armée de l'Est et dans des circonstances bien moins favorables, d'un plan proposé au colonel Bonnet par le commandant Tainturier, chef des francs-tireurs volontaires du Rhône, après une reconnaissance effectuée par lui dans Dijon même.

Lorsqu'il avait appris que le général Crouzat suivait la rive gauche du Doubs avec 30,000 hommes et 40 pièces, le colonel Bonnet s'était empressé de soumettre ce projet au Gouvernement. Il avait déclaré, en ce moment, que, si le général Crouzat s'avançait sur Dijon par Saint-Jean-de-Losne pendant que lui-même marcherait sur cette ville par Beaune, les francs-tireurs, par la Côte-d'Or et Garibaldi, par la vallée d'Ouche, le succès était presque certain. Le délégué à la guerre avait approuvé ce projet et l'avait signalé au général Crouzat en le laissant absolument libre de l'adopter ou de le rejeter.

Le général Crouzat, après avoir mûrement pesé le pour et le contre, avait préféré effectuer sa concentration à Chagny avec les troupes du colonel Bonnet et grouper ainsi 55,000 hommes en vue d'un mouvement plus important et moins chanceux.

forcées, sur Précy-sous-Thil, Semur et Montbard afin de soutenir le mouvement de la 4ᵉ brigade. Son avant-garde était transportée en charrettes.

Deux audacieux coups de main marquaient le début des opérations confiées à la 4ᵉ brigade.

Raid d'infanterie du colonel Ricciotti Garibaldi sur Châtillon-sur-Seine (19 novembre). — Le 19 novembre au matin, la 4ᵉ brigade surprenait à Châtillon-sur-Seine, à plus de 120 kilomètres d'Autun, un bataillon de landwehr prussienne et un escadron de cavalerie qui faisaient partie des troupes d'étapes de la IIᵉ armée allemande [1].

Deux colonnes d'attaque [2], fortes de 400 hommes environ, entraient à l'improviste dans Châtillon par les routes de Montbard et de Tonnerre. Elles en chassaient l'ennemi après un violent combat de rues. Nous lui faisions 167 prisonniers. Ses pertes s'élevaient à 10 officiers ou fonctionnaires, 186 hommes, 82 chevaux; 4 voitures et 1 char de poste. Nos pertes montaient à 6 morts et 10 blessés.

La 4ᵉ brigade se dirigeait alors vers Montbard, pen-

---

1. Bataillon d'Unna du régiment combiné de landwehr, n° 16/55 (moins la 3ᵉ compagnie), et 2ᵉ escadron du 5ᵉ régiment de hussards de réserve sous le commandement du colonel Lettgau.

Le récit du *Grand État-major* (vol. IV, p. 600, 619, et vol. V, p. 1271 et 1272) affirme que ce bataillon (3 compagnies présentes) ne comptait que 400 hommes et l'escadron, 94 chevaux. Les renseignements locaux, recueillis sur place, donnent un chiffre voisin de 500 hommes et 250 chevaux (selle et trait).

2. C'étaient les chasseurs du Havre, éclaireurs du Doubs, chasseurs de l'Isère, francs-tireurs des Vosges, chasseurs des Alpes et Savoie, les francs-tireurs dôlois flanquaient la droite. (Rapport du comte d'Houdetot, chef du quartier général de la 4ᵉ brigade).

dant que l'ennemi, qui s'était d'abord replié sur Châteauvillain, revenait en forces occuper Châtillon-sur-Seine.

Des représailles cruelles étaient aussitôt exercées contre la ville. L'ennemi frappait une contribution d'un million. Trois maisons étaient incendiées et, pendant deux jours, plusieurs maisons et magasins étaient pillés. Enfin, 150 citoyens, et parmi ceux-ci des vieillards de 80 ans, étaient arrêtés comme otages pour répondre des prisonniers emmenés par la 4ᵉ brigade [1].

Escarmouche d'Auxon (25 novembre). — Quelques jours après, le 25 novembre, à 4 heures du matin, 270[2] tirailleurs franc-comtois de Garibaldi, sous les ordres du commandant Ollivier Ordinaire, attaquaient et mettaient en fuite à Auxon un autre détachement de troupes d'étapes [3]. Ils lui faisaient 9 prisonniers [4].

Les corps francs indépendants répandus dans la forêt d'Othe et aux environs de Châtillon-sur-Seine s'enhardissaient en présence du succès de ces surprises.

Les communications de la IIᵉ armée étaient menacées. Le gouverneur général de Reims et celui de Lorraine s'empressaient aussitôt d'envoyer des renforts pour les protéger. Le commandant du XIVᵉ corps agissait de

---

1. Rapport du sous-préfet.
2. Et non 170, comme l'écrit le colonel Bordone.
3. Garnison composée de 100 convalescents de la 18ᵉ division. (*Grand État-major*, vol. V, p. 1274.)
4. Télégramme du commandant Ollivier Ordinaire, en date d'Auxerre, 27 novembre, et adressé au ministre. Les tirailleurs franc-comtois prennent à l'ennemi 1 fanion (?) et 5 voitures. Leurs pertes s'élèvent à 5 morts, 4 disparus, 3 officiers blessés.

même. Enfin le grand quartier général, de son côté, faisait avancer sur Châtillon-sur-Seine tous les éléments du VII⁰ corps qui étaient devant Metz. Mission leur était donnée de maintenir la liaison entre la II⁰ armée et le XIV⁰ corps.

Cependant ces entreprises hardies demeuraient isolées. Leur utilité considérable ne saurait être niée en présence des moyens mis en œuvre et des résultats obtenus. Elles étaient dans l'esprit même du rôle que devaient alors remplir ces bandes indépendantes. Hors d'état de résister efficacement à aucun détachement régulièrement organisé, elles pouvaient, au contraire, obtenir beaucoup d'une tactique de coups de main imprévus, de surprises et de déplacements rapides [1].

Il est donc regrettable qu'une impulsion plus active n'ait point été donnée à la conception et à l'exécution de ces mouvements par le commandant en chef de l'armée des Vosges.

Escarmouches du corps franc des Vosges au sud de Dijon. — A la même époque, les corps francs soumis à l'autorité supérieure du commandement de Lyon, escarmouchaient aussi avec l'ennemi dans les environs de Nuits.

Le 20 novembre, 3 compagnies du corps franc des

---

[1]. Les milices et les populations armées ou autres troupes de même espèce, dans lesquelles, à défaut d'habileté et de valeur militaires proprement dites, on rencontre du moins toujours un haut degré d'*esprit individuel*, acquièrent de la supériorité *en terrain très coupé, par le grand éparpillement de leurs forces*. Elles sont incapables par contre de se maintenir dans un autre milieu par la raison qu'elles manquent absolument des qualités et des vertus indispensables à l'action que doivent produire des troupes réunies en masses tant soit peu considérables. (CLAUSEWITZ.)

Vosges rejetaient sur Vosne et Vougeot une compagnie de grenadiers badois en reconnaissance au sud de Dijon. Celle-ci se renforçait aussitôt de 4 compagnies de grenadiers et d'une section de batterie légère en détachement à Vougeot et Gilly-lès-Citeaux. En présence de ces forces supérieures, nos francs-tireurs évacuaient Nuits et se repliaient sur les hauteurs de Chaux[1].

Le 22, un autre engagement avait lieu à Vougeot; 7 compagnies du corps franc des Vosges, soutenues par 2 pièces de montagne, attaquaient un bataillon de grenadiers badois qu'elles refoulaient sur Gilly-lès-Citeaux et Flagey. 2 compagnies de fusiliers et une batterie légère accouraient alors de Gevrey et arrêtaient notre poursuite[2].

Tentatives de l'armée des Vosges sur Dijon. — Cependant, le commandant de l'armée des Vosges jugeait que l'occasion était favorable pour exécuter la surprise projetée contre Dijon. La voie ferrée d'Autun à Épinac servait à exécuter les premiers transports d'artillerie et de troupes[3].

Concentration à Pont-de-Pany. — Les différentes brigades, les corps échelonnés en avant du front et sur la gauche, recevaient l'ordre de se concentrer à Pont-de-Pany.

1-2. Dépêches du commandant Bourras, chef du corps franc des Vosges (officier du génie de l'armée régulière).
20 *novembre*. — Le corps franc compte 1 tué et 4 blessés.
22 *novembre*. — Le corps franc compte 1 officier et 6 hommes blessés.
Voir aussi *Grand État-major*, vol. IV, p. 600.
3. Rapport de M. de la Taille, inspecteur de la Compagnie P.-L.-M.

Les troupes d'Autun[1] se dirigeaient sur ce point par Arnay-le-Duc, Bligny et la vallée de l'Ouche.

---

1. Colonne d'Autun, d'après l'ouvrage du colonel Bordone.

	HOMMES.
1° Carabiniers génois.	150
2° Cavalerie	43
3° Légion Tanara	700
4° 2 batteries.	270
5° Mobiles de la 3° brigade	1,500
6° Génie auxiliaire.	120
7° Guides italiens.	100
Total	2,883

L'examen de cette situation soulève de nombreuses observations :

Cavalerie. — L'effectif concorde à peu près avec celui du détachement du 7° chasseurs à cette date.

La *Légion Tanara* comptait, au 14 novembre, 3 bataillons :

	HOMMES.
2 bataillons Tanara.	900
1 — Massa	160
Total	1,060 au lieu de 700.

2 batteries. — Nous croyons pouvoir affirmer que ces 2 batteries furent expédiées le 25 novembre par chemin de fer sur Epinac.

Mobiles de la 3° brigade. — C'étaient les gardes mobiles des

	HOMMES.
Alpes-Maritimes.	750
Basses-Alpes.	1,000
Basses-Pyrénées.	900
Total	2,650 au lieu de 1,500.

Guides italiens. — Leur situation particulière à la date du 20 porte leur effectif à 67 seulement au lieu de 100.

L'effectif de la colonne d'Autun aurait donc été de 4.300 environ.

La chose présente sans doute peu d'importance par elle-même ; mais il est indispensable dans une étude d'organisation et d'opérations, de se rendre bien compte du degré d'exactitude des sources consultées. On ne peut exiger, il est vrai, d'un écrivain non militaire la clarté et la compétence d'un chef d'état-major régulier. Toutefois l'examen attentif des renseignements, possibles à contrôler, nous fait comprendre la manière dont il faut lire le colonel Bordone. Son imagination l'entraîne souvent ; il est, souvent aussi, incomplètement renseigné sur les opérations mêmes de l'armée qu'il dirigeait en réalité. Enfin il ne possède vraisemblablement pas l'ensemble des connaissances nécessaires pour présenter, d'une façon précise, les diverses phases de tout mouvement militaire.

Une seconde colonne suivait la route de Vandenesse, Commarin et Sombernon.

Enfin la 4ᵉ brigade, destinée à former la réserve, revenait de Châtillon par Montbard, Semur et Arnay-le-Duc, où elle prenait la direction de Pont-de-Pany à la suite de la seconde colonne.

Le mouvement général, commencé le 21, était terminé pour les deux premières colonnes, malgré beaucoup de désordre dans les marches, le 24 au soir. Deux bataillons de gardes mobilisés de la Haute-Saône, sous le commandement du lieutenant-colonel Pelletier[1], un certain nombre de troupes nouvellement arrivées et les dépôts des différents corps continuaient à occuper Autun, sous les ordres du colonel Lobbia[2].

Concours prêté par le commandement de Lyon. — En outre, le général Bressolles, investi du commandement de Lyon, adressait à Chagny au général Peilissier, qui commandait les gardes mobilisés de Saône-et-Loire, l'ordre de prêter son concours à l'armée des Vosges[3]. Il recommandait également au général Crévisier, alors à Mâcon, de s'entendre avec le commandant de l'armée des Vosges et

---

1. Guerre à général Garibaldi à Malain, 26 *novembre*.

« J'adresse à général à Lyon la dépêche ci-après : général Garibaldi demande que mobilisés d'Autun, commandés par colonel Pelletier, assurent sa base d'opérations.

« Bien que le général, opérant d'une manière indépendante, n'ait pas d'action sur les troupes qui ne font pas partie de son corps, celles-ci, dans l'intérêt de la défense, doivent seconder ses opérations partout où cela est possible. »

2. L'effectif des troupes présentes à Autun au 22 novembre montait à 6,838 hommes, dont 3,080 mobiles de l'Aveyron (42ᵉ) et 1,730 mobilisés de Saône-et-Loire.

L'effectif total de l'armée des Vosges, au 23 novembre, devait s'élever à 13,943 hommes environ. (Voir p. 218.)

3. Le général Pellissier n'était pas à Chagny à cette date et il affirme n'avoir jamais reçu cette dépêche. (Voir sa brochure, p. 58.)

de se joindre à lui. Un plan, élaboré par ce général et par le général Crémer, soumis au ministre de la guerre et accepté par lui, concluait à l'exécution d'une diversion dans l'Est et d'une marche sur Belfort[1].

Un corps de 3 divisions devait être formé au moyen des gardes mobilisés de la région et surtout à l'aide d'éléments fournis par Lyon.

Le 1er bataillon des gardes mobilisés de Saône-et-Loire de la légion de Mâcon devait se rendre à Chagny pour y concourir à la formation d'une division confiée au général Crévisier. Un bataillon de gardes mobilisés du même département (Chalon), actuellement à Lyon, était appelé en Saône-et-Loire dans le même but.

On espérait compléter les formations projetées par les mobilisés de ce dernier département, ceux de l'Ain et de l'Isère, enfin au moyen des corps organisés qui battaient déjà l'estrade au sud de Dijon[2].

---

1. *12 novembre.* — M. Challemel-Lacour à M. Gambetta :

« Deux officiers échappés de Metz, Crévisier et Crémer, vont vous voir à
« Tours. J'ai besoin d'eux pour mes légions de marche qui formeront bientôt
« 13,000 hommes avec 30 pièces et mitrailleuses. »

2. Déposition du colonel Poullet devant la commission parlementaire d'enquête :

« Le commandant Crévisier et le capitaine Crémer s'étaient présentés à M. Gambetta et lui avaient soumis la proposition de former 3 divisions composées surtout de mobilisés. Une fois ces divisions formées on devait tenter de débloquer Belfort.

« Le ministre de la guerre demanda un exposé par écrit de l'ensemble du projet. La rédaction en fut faite par le capitaine Crémer.

« Les contingents devaient être réunis sous le commandement d'un général de division ; les hommes de chaque département sous un brigadier.

« Chaque département devait en outre fournir 2 batteries.

« Le soir même, le projet était adopté. Le commandant Crévisier était nommé général de division à titre auxiliaire et le capitaine Crémer, général de brigade au même titre. Ce dernier était désigné pour prendre le commandement des mobilisés de l'Ain. »

Le général Crémer recevait en même temps l'ordre de se rendre à Chagny pour y prendre le commandement de la première brigade organisée.

Enfin, le général Bressolles demandait au commandant de l'armée des Vosges de s'entendre directement avec le chef de la 1re légion du Rhône, qu'il pensait être alors à Verdun-sur-Doubs. Il envoyait à cette légion une batterie Armstrong de 9. Il faisait également partir de Lyon la 2e légion du Rhône[1] et le bataillon des mobiles de la Gironde, et il les dirigeait sur Beaune[2] (26 novembre).

Plan proposé au général Garibaldi. — En outre, il proposait au général Garibaldi le plan suivant pour s'emparer de Dijon :

L'armée des Vosges attaquerait la ville par l'est, pendant qu'au sud les troupes de Chagny feraient une démonstration. Enfin la 1re légion du Rhône, soutenue par son

---

1. La 2e légion du Rhône commençait à s'organiser le 10 octobre. Elle comprenait 76 officiers et 3,048 hommes répartis entre :
   3 bataillons d'infanterie à 4 compagnies.
   1 compagnie du génie.
   (1 batterie Armstrong de 7, ne rejoignit que le 12 janvier.)
   Il lui fut adjoint 1 section de francs-tireurs d'Alger, lieutenant Hérillier.
                       1 — — des Cévennes (52 hommes), capitaine Thibaud.
   L'effectif par compagnie, cadres compris, était de 235 hommes.
   La légion quittait Lyon le 26 pour Beaune, par ordre du 24 ; elle y arrivait le 27.

2. Le 3e bataillon de garde mobile de la Gironde, commandé par M. J. de Carayon-Latour, commençait sa formation au 15 août à Bordeaux. Au 25 septembre il partait pour Lyon à l'effectif de 1,135 hommes. Le 23 novembre il s'embarquait pour Chagny. Là, une dépêche du général Bressolles annonçait à son commandant le petit engagement de Nuits, livré par le corps franc des Vosges. Il l'engageait à se porter en avant pour en profiter.
Le bataillon partait aussitôt pour Beaune (24 novembre). Le soir même, le général Crémer arrivait dans cette ville. Le 25 et le 26, le bataillon faisait séjour à Beaune. Le 26, il était rejoint par la 1re légion du Rhône. Le 27, il partait pour Nuits.

artillerie, prononcerait l'attaque véritable au nord de la ville.

L'entreprise, vigoureusement conduite, aurait eu de grandes chances de réussite, si tous ces éléments avaient pu prêter leur concours à l'armée des Vosges.

Mais aucun n'était encore en état d'entrer en ligne régulièrement. Aucune formation n'était achevée. Point de chef reconnu pour grouper et diriger toutes ces volontés indépendantes. Point d'entente possible entre les différents commandants par suite de l'éparpillement des diverses unités. Telles étaient les circonstances dans lesquelles allait se produire la tentative contre Dijon.

Seul, le corps franc des Vosges, requis par le général Garibaldi de concourir à l'opération en se portant vers la partie sud-est de la ville, était en état de combattre. Il refusait cependant de marcher, en alléguant les difficultés de l'entreprise [1].

En présence d'une telle situation, était-il sage de persévérer dans cette aventure? Le général Garibaldi pensa qu'il ne fallait point désespérer du succès. Il connaissait par expérience l'effet considérable produit par les surprises. Il savait quelle part puissante le moral et l'imagi-

---

1. Et en faisant valoir qu'on « risquait certainement de rencontrer l'ennemi en effectuant le mouvement indiqué! » Tous les corps francs indépendants agissaient de même à cette époque. Ils n'acceptaient qu'à leur corps défendant de concourir à une opération régulière quelconque ou de combattre au même titre que les troupes embrigadées. Tous réclamaient la liberté sans contrôle, l'indépendance absolue. Dresser des embuscades, agir par surprise, et peut-être aussi sans grands dangers, leur convenait mieux que de s'exposer comme troupes de ligne. On a caractérisé sévèrement cette tactique. Il est de fait qu'ils ont souvent suscité de sérieux embarras aux commandants des troupes régulières et que le plus grand nombre n'a pas rendu les services qu'on en attendait. Leur indépendance même empêchait de contrôler leur action réelle et leurs dires. Ils en ont trop souvent profité pour s'immobiliser.

nation jouent dans les choses de la guerre. Il n'ignorait pas, enfin, qu'en certains cas le génie consiste précisément à agir avec rapidité, et que la victoire accompagne souvent l'énergie de l'exécution.

Il crut pouvoir compter entièrement sur ces facteurs incertains.

Le résultat définitif devait condamner ces prévisions, sans bases certaines, qu'un hasard heureux allait cependant favoriser dans une large mesure. Mais, de nos jours, « la guerre n'est plus une aventure ; la guerre est une « affaire ; le meilleur général est celui qui sait chiffrer son « bilan et établir à son bénéfice la balance, actif et passif, « de l'argent, du temps, du sang et surtout du *moral* dont « il dispose. »

Instructions du général Garibaldi pour une attaque de nuit contre Dijon. — Le 24, le commandant de l'armée des Vosges donnait ses instructions pour l'expédition de nuit qu'il avait résolue.

Le général Bossak-Haucke était désigné pour effectuer l'attaque de droite, dirigée contre le faubourg d'Ouche. Il marcherait sur Dijon par la route de Sombernon.

Une attaque de gauche devait être conduite par le colonel Menotti Garibaldi contre la gare du chemin de fer de Dijon. Ses troupes et celles de la colonne d'Autun devaient s'engager à Malain sur la chaussée du chemin de fer de Paris à Dijon. L'obscurité profonde de la nuit rendait cette prescription nécessaire : c'était en quelque sorte « canaliser » et « endiguer » ces bandes inexpérimentées pour les amener directement et sans encombre sur l'objectif désigné.

Le service de sûreté de l'armée, pendant cette marche, devait être assuré par un détachement des meilleures troupes de la 3ᵉ brigade (Delpech) sur le flanc gauche. La route d'Ancey et de Lantenay lui était assignée. Il avait aussi pour mission de détourner, au besoin, l'attention de l'ennemi de la voie suivie par la colonne principale.

Des reconnaissances préalables avaient appris au chef d'état-major de l'armée qu'aucun poste ennemi ne gardait le chemin de fer jusqu'à Dijon. Aucun détachement n'occupait les nombreux tunnels qu'il traverse.

Mais l'opération projetée ne s'exécutait nullement dans ces conditions[1]. La plupart des corps passaient la nuit, soit en cantonnements dans les villages, soit au bivouac. La 2ᵉ brigade (Delpech) bivouaquait près de Malain. La 4ᵉ (Ricciotti Garibaldi) cantonnait à Pont-de-Pany[2]. Quant à la 3ᵉ (Menotti Garibaldi), elle n'arrivait à Lantenay que le 25 à 2 heures du soir (sans combat).

Démonstration sur Plombières (25 novembre). — Seule, la 1ʳᵉ brigade (Bossak), bivouaquée près de Pont-de-Pany,

---

1. L'ouvrage, publié par le général auxiliaire Bordone, sous le nom de *Récit officiel,* dit que l'opération commençait le 24 à la tombée de la nuit. *Il décrit cette opération :* un combat de nuit *se serait* engagé par la faute de la brigade Bossak, dont les éclaireurs se seraient mal défilés. « La tentative était avortée », ajoute l'auteur. Il décrit ensuite un mouvement tournant prononcé par l'armée sur Lantenay, afin de forcer l'ennemi à abandonner Velars. La configuration du sol s'oppose d'ailleurs à ce qu'un semblable résultat fût ainsi obtenu ; mais, dans ce récit, l'imagination du colonel Bordone l'a entraîné bien plus loin ; car, *tous les historiques des corps contredisent, pièce à pièce, chacune de ses assertions.* Le Grand État-major prussien ne parle *d'aucun coup de feu dans la nuit du 24 au 25.* Tous sont d'accord pour parler du petit engagement, que nous relatons, le 25 *au matin.*

De telles « erreurs » sont bien graves. Elles entraînent à suspecter tous les détails rapportés par le colonel Bordone. Le contrôle reste possible, dans une certaine mesure, pour les faits. Mais pour ce qui concerne les plans, les projets, les ordres, on n'a d'autres ressources que d'adopter la version qui paraît la plus vraisemblable et la plus logique, sans tenir autrement compte du récit soi-disant officiel du chef d'état-major de l'armée des Vosges.

2. Passait à Sombernon le 24 à 3 heures.

recevait, le 25 à 2 heures du matin, l'ordre d'aller occuper la ligne du chemin de fer sur la rive gauche de l'Ouche, entre Velars et Plombières : elle devait se masser sur la voie ferrée elle-même, son arrière-garde s'appuyant à la gare de la première de ces localités.

La colonne, forte de 1,200 hommes environ, se mettait en marche dans l'ordre suivant :

Compagnies franches de Gray, espagnole, égyptienne ;
Bataillon des Alpes-Maritimes ;
Francs-tireurs volontaires du Rhône.

La position assignée était occupée à 5 heures du matin. Vers 7 heures du matin, quelques cavaliers ennemis en reconnaissance donnaient l'alerte à l'adversaire. Les avant-postes de la 2ᵉ brigade badoise s'avançaient aussitôt.

Le bataillon des Alpes-Maritimes, les francs-tireurs volontaires du Rhône, les compagnies égyptienne et espagnole engageaient le combat.

Le général Bossak-Haucke arrivait vers 10 heures et demie. Il faisait replier ses troupes en arrière de la gare. L'ennemi en profitait pour gagner du terrain ; mais, à midi, le général Bossak-Haucke reprenait l'offensive. Les avant-postes badois, forts de 4 compagnies, soutenus par une section d'artillerie, étaient repoussés ; à 3 heures du soir, la démonstration qu'on avait voulu faire dans la direction de Plombières et de la vallée d'Ouche, paraissait suffisamment accentuée. On espérait avoir réussi à détourner l'attention de l'ennemi du point choisi pour tenter prochainement l'attaque véritable.

La 1ʳᵉ brigade regagnait, en conséquence, ses cantonnements de Pont-de-Pany.

Le quartier général de l'armée des Vosges s'établissait

alors à Lantenay. Dans la nuit du 25 au 26, le chef d'état-major du général Crémer venait informer le général Garibaldi des retards que subissait l'organisation de la brigade destinée à concourir aux opérations contre Dijon. Ce corps ne comptait encore qu'un seul bataillon, celui de la Gironde. La concentration de ses divers éléments constitutifs ne pouvait avoir lieu avant le 27 à Beaune et à Verdun-sur-Doubs. Le général Crémer ne pouvait donc promettre son concours sur Dijon que pour le 29 novembre[1].

Offensive indépendante du général Garibaldi. — Cependant, le commandant de l'armée des Vosges ne croyait point qu'il fût possible de différer davantage son attaque sur Dijon.

Des hauteurs boisées, situées au sud du Val-Suzon, on pouvait en effet menacer sérieusement les positions occupées par l'armée des Vosges. En outre, le ravin même du Val-Suzon permettait d'effectuer des démonstrations dangereuses sur ses flancs et sur ses derrières.

Enfin, par contre, le plateau mouvementé, coupé et couvert de Pasques, Prénois, Darois et Hauteville, semblait devoir faciliter l'accès de nos troupes jusqu'à une faible distance du point d'attaque.

Le général Garibaldi se décidait, en conséquence, à exécuter, dès le 26, le coup de main projeté et à diriger ses forces de ce côté. Mais l'engagement allait être plus sérieux que le commandant de l'armée des Vosges ne le voulait.

---

[1] Le Grand État-major prussien parle de la présence de la division Crémer, le 24 novembre, à Gevrey. Il se trompe. C'était le corps franc des Vosges du commandant Bourras. Cette légère erreur est d'ailleurs excusable en présence d'une complication de mouvements et d'une confusion aussi extraordinaires.

L'ennemi, en effet, se gardait avec vigilance. Les forces qu'il mettait en mouvement pour se couvrir lui permettaient de se renseigner exactement, d'éviter toute surprise et de faire face à l'offensive de l'armée des Vosges.

Celle-ci, aventurée à la légère, allait se heurter à des troupes mieux organisées, plus solides et, par suite, supérieures, sans attendre les renforts considérables que le commandant de Lyon mettait à sa disposition. Une véritable déroute allait en résulter. Son influence sur le moral de l'armée devait être considérable et prolongée.

Seconde démonstration contre Plombières. Marche de l'armée sur Pasques et Prénois. — Le 26 novembre, la 1re brigade (Bossak) renouvelait de grand matin sa démonstration dans la direction de Plombières. Elle occupait Velars; 2 bataillons badois et une batterie légère garnissaient, sur la rive opposée du canal de Bourgogne, les hauteurs situées au nord du Mont-Afrique. La 1re brigade, dépourvue d'artillerie et hors de portée de fusil, s'établissait sur le versant nord de la vallée de l'Ouche et gardait le flanc droit de l'armée.

Celle-ci, mise en mouvement, à 8 heures du matin, vers le nord, gravissait les pentes qui conduisent au plateau de Pasques et de Prénois.

Reconnaissance envoyée par l'ennemi sur la route de Saint-Seine. — Mais, le même jour et pendant les mêmes heures du matin, l'ennemi poussait une reconnaissance sur la route de Saint-Seine. Elle était forte de 3 bataillons et de 2 escadrons, soutenus par une batterie lourde. Le général de Degenfeld la commandait. Ces troupes traversaient Darois, puis elles se rabattaient sur la vallée de l'Ouche par Prénois et Pasques.

Vers 10 heures, la 3ᵉ brigade de l'armée des Vosges (Menotti Garibaldi) atteignait la crête du plateau et ne tardait pas à arriver en vue du village de Pasques et de l'ennemi.

Les bataillons des Basses-Pyrénées et des Alpes-Maritimes (celui-ci à la droite) étaient aussitôt déployés en grandes bandes de tirailleurs. Le bataillon des Basses-Alpes marchait en réserve. 6 pièces de montagne (capitaine Senné) étaient mises en batterie. Une réserve était constituée au moyen de 6 pièces de montagne.

La 4ᵉ brigade (Ricciotti Garibaldi) entrait en ligne quelques instants après, à la gauche de la brigade déjà établie.

En même temps, la 2ᵉ brigade (Delpech) marchait d'Ancey sur Pasques et constituait la réserve générale.

Engagements de Pasques et de Prénois. — A midi, le village de Pasques était enlevé avec un entrain remarquable.

La reconnaissance ennemie, couverte par son artillerie, se repliait en bon ordre sur Prénois, où nous entrions à 4 heures. L'adversaire avait obtenu l'information qu'il recherchait. Notre déploiement l'avait exactement renseigné. Il regagnait, en conséquence, Talant, où il s'établissait pour la nuit en cantonnements d'alerte. Deux bataillons, envoyés pour le renforcer, le couvraient en occupant Daix et Hauteville.

Formation d'une colonne d'attaque contre Dijon. — Aussitôt après avoir dépassé Prénois, l'armée des Vosges s'arrêtait. Les bataillons étaient formés en masse par peloton et, vers 6 heures du soir, l'armée s'ébranlait pour rejoindre la route de Dijon et marcher sur la ville.

Arrivés sur la grande route, les éléments de la colonne d'attaque, forte de 5,000 à 6,000 hommes, se formaient dans l'ordre suivant[1] :

Chasseurs des Alpes et Savoie ;

Francs-tireurs dauphinois, des Vosges, du Doubs, du Havre ;

Gardes mobiles des Basses-Pyrénées ;

Gardes mobiles des Alpes-Maritimes ;

Groupe de francs-tireurs divers ;

Gardes mobiles des Basses-Alpes.

Les carabiniers génois et la légion Tanara, suivant un petit chemin sur la droite, ne tardaient pas à rejoindre la tête de la colonne.

A 7 heures, le commandant de l'armée des Vosges faisait arrêter la colonne et décharger les armes. Ordre était donné de mettre la baïonnette au bout du canon. Défense était faite de tirer un seul coup de fusil pendant l'attaque.

Engagement d'Hauteville et échec de la colonne lancée contre Dijon. — A peu de distance de la ferme de Changey, le bataillon ennemi, établi autour d'Hauteville, signalait la colonne et l'accueillait par des coups de feu. Il était rejeté en désordre sur Daix.

Le bataillon badois qui occupait ce dernier point, ral-

---

[1]. Le relevé des effectifs des troupes citées ci-après donnerait un total de 4,000 hommes environ. Mais cette liste doit être incomplète, bien qu'elle ait été dressée en tenant compte des renseignements fournis par les historiens et les rapports, et en éliminant ceux qui semblaient douteux ou *uniques*. D'ailleurs les informations recueillies concordent pour fixer l'effectif total de cette colonne entre 5,000 ou 6,000 hommes. L'effectif total des 3° et 4° brigades montait à 6,800 hommes environ ; or elles fournissaient les éléments de cette colonne complétée, en outre, par des corps indépendants. Le chiffre de 6,000 ne doit donc guère s'éloigner de la vérité.

liait aussitôt les défenseurs d'Hauteville et les 2 bataillons ennemis dirigeaient sur la colonne d'attaque de nombreux feux de salve sur 4 rangs.

Nos jeunes troupes faisaient preuve d'un courage tenace. Elles revenaient plusieurs fois à la charge. Le bataillon des Basses-Pyrénées se distinguait spécialement[1].

Tout à coup une panique s'emparait d'une partie des troupes qui se débandaient dans toutes les directions.

Avant 10 heures, le reste de la colonne battait en retraite[2].

Concentration du XIVe corps autour de Dijon. — L'ennemi, toutefois, n'avait pas été sans inquiétude. Il avait fait sortir ses bagages dans la direction de Gray afin d'être prêt à toute éventualité et il massait, dans Dijon même, les troupes prussiennes ainsi que la 1re brigade badoise. En même temps, il envoyait l'ordre à la 3e brigade badoise, postée à Is-sur-Tille, de se trouver à Vantoux, le 27, à 8 heures du matin.

Reprise de l'offensive par le XIVe corps allemand. — De grand matin, les troupes prussiennes remplaçaient la 2e brigade badoise en première ligne et ces forces se portaient en avant.

Pendant ce temps, les différents corps des 3e et 4e brigades de l'armée des Vosges effectuaient un premier ralliement autour de Lantenay, puis à Arnay-le-Duc et à Bligny-sur-Ouche.

---

[1]. Les pertes s'élevaient sur ce point à 51 tués et 45 blessés, dont 4 officiers.

[2]. 27 *novembre*. — Guerre à général Garibaldi.

« Nous félicitons l'illustre Garibaldi du brillant fait d'armes que ses troupes ont accompli sous les murs de Dijon, etc. »

Tout le terrain des combats de la veille était abandonné. Les bois situés entre Pasques et Lantenay restaient seuls occupés, ainsi que le village de Pasques, par la 2ᵉ brigade (Delpech), qui couvrait la retraite[1]. 2 bataillons du 42ᵉ régiment de Garde mobile de l'Aveyron, arrivés la veille (26) à Lantenay, lui prêtaient leur concours. Enfin la 1ʳᵉ brigade (Bossak) avait ordre de les soutenir en cas de besoin[2].

Deuxième engagement de Pasques (27 novembre). — Vers 10 heures du matin, l'ennemi arrivait à l'improviste en présence de la 2ᵉ brigade qui se gardait mal. Celle-ci, toutefois, se déployait rapidement tout entière en tirailleurs sans soutiens ni réserves ; elle engageait le combat. Le 1ᵉʳ bataillon de Garde mobile de l'Aveyron[3] la soutenait aussitôt. La 1ʳᵉ brigade marchait au canon.

La résistance durait environ 3 heures. Mais l'ennemi engageait de front 7 bataillons, 1 régiment de cavalerie, 2 batteries légères et une lourde ; en même temps il lançait, de Plombières, un fort détachement de 3 bataillons, 1 escadron, une batterie légère sur le flanc droit des troupes chargées de couvrir la retraite de l'armée.

Celles-ci se repliaient, en conséquence, à travers bois sur Sombernon.

Mais les francs-tireurs volontaires du Rhône, dirigés par le commandant Tainturier, tentaient encore un retour of-

---

1. 1ᵉʳ et 2ᵉ bataillons de l'Égalité de Marseille, Guérilla marseillaise, Guérilla d'Orient, 3 compagnies franches.
2. Le général Bossak-Haucke venait d'être appelé en conférence à Tours et le lieutenant-colonel Bruneau, des Alpes-Maritimes, commandait la brigade.
3. 600 combattants (le 2ᵉ bataillon n'entrait pas en ligne). Le 1ᵉʳ bataillon eut 125 tués ou blessés, 49 disparus.

fensif contre l'ennemi qui, après nous avoir repoussés, rassemblait ses troupes sur le plateau. Quelques coups de canon avaient facilement raison de cette faible attaque et nos divers détachements effectuaient leur retraite, suivis par l'ennemi qui n'attaquait pas [1].

Déroute de l'armée des Vosges sur Autun. — La désorganisation de l'armée des Vosges était complète. Le désordre y était absolu. Les bataillons de gardes mobiles conservaient seuls quelque discipline.

A Arnay-le-Duc et à Bligny-sur-Ouche, deux centres de ralliement étaient créés. On y dirigeait les isolés; les fractions éparses y étaient concentrées, réorganisées et envoyées à Autun.

Le quartier général, reporté d'abord à Bligny-sur-Ouche, ne tardait pas à regagner Autun à la hâte. Sans attendre que l'on fît venir un train de cette dernière ville, il s'embarquait précipitamment, le 30, dans un train de wagonnets à charbon, appartenant à la compagnie des mines, et il arrivait le même jour à Autun (10 h. 35 m.). Une faible partie de la 2ᵉ brigade, sous les ordres du lieutenant-colonel auxiliaire Delpech, continuait toutefois à couvrir la

---

1. Le 27 novembre le général Garibaldi adressait aux troupes l'ordre du jour suivant :

« Dans ma vieille expérience de milicien de la République, je déclare que les corps engagés se sont bravement comportés... »

Mais il ajoutait que l'on avait chargé et poursuivi l'ennemi jusqu'à la nuit dans Dijon même. Tous les documents sérieux contredisent cette assertion, répétée d'ailleurs par le colonel Bordone. Nous croyons pouvoir affirmer que la colonne d'attaque n'a pas dû dépasser de beaucoup la ferme de Changey.

Quelques fuyards *en avant* ont pu se réfugier à Dijon, comme quelques fuyards *en arrière* atteignaient de leur côté Arnay-le-Duc ; mais la colonne elle-même était dispersée dans les environs de Changey. D'ailleurs, avoir atteint ce point, c'était déjà s'être avancé fort loin de Pasques et fort près de Dijon. (12 kilomètres de Pasques par Darois. 5 kilomètres de Dijon.)

retraite; le reste de cette brigade (guérilla d'Orient du lieutenant-colonel Chenet, et divers corps) se dérobait à l'autorité du commandant de la brigade et gagnait directement Autun.

Marche de la brigade badoise Keller contre Autun. — L'ennemi, de son côté, poursuivait sa marche vers ce point. Le 28, le général de Werder prescrivait à la 3e brigade badoise (général Keller), éclairée par 1 régiment de dragons et soutenue par 2 batteries légères et une batterie lourde, de pousser sur Autun par Sombernon.

En même temps, une colonne, formée de détachements de la 1re brigade badoise et de la 4e division de réserve, flanquait ce mouvement en suivant la route qui remonte la vallée de l'Ouche par Pont-de-Pany (3 bataillons, 2 escadrons, 2 batteries légères).

Escarmouche d'Arnay-le-Duc (30 novembre). — Quelques coups de fusil accueillaient l'ennemi, le 30 novembre, à Arnay-le-Duc; 350 francs-tireurs, sous le colonel Ricciotti Garibaldi, faisaient tête à l'adversaire. Mais les dernières troupes de l'armée des Vosges gagnaient trop rapidement Autun pour tenter, sur ce point, aucune résistance sérieuse.

L'ennemi continuait donc son mouvement sans être arrêté et, le 1er décembre, le général Keller marchait sur Autun à la tête de la colonne de droite. La colonne de gauche s'établissait à Arnay-le-Duc pour couvrir les communications arrière avec le gros du XIVe corps.

NOTE

Le chef d'état-major de l'armée des Vosges, colonel auxiliaire Bordone, le sous-préfet d'Autun, M. Marais, et, en général, l'état-major du général Garibaldi ou son entourage attribuent dans leurs dépêches, leurs rapports et leurs publications l'échec de la téméraire tentative de Dijon à la lâcheté des *mobiles français*, aux officiers de mobiles *français*, aux chefs de francs-tireurs *français*.

Il est grand temps de faire ici justice de cette erreur pénible qui tend déjà à devenir historique.

Une lettre du colonel Menotti Garibaldi au général Garibaldi, son père, écrite en langue italienne, nous donne à ce sujet tous les éclaircissements nécessaires.

Elle fut adressée au commandant de l'armée des Vosges à l'occasion suivante : M. Ordinaire fils avait écrit, le 29 novembre, dans le journal *les Droits de l'homme,* un long article sur les engagements du 26 et la tentative de nuit prononcée contre Dijon.

L'auteur était officier d'ordonnance du colonel Bordone ; il avait assisté aux combats en question. Son récit avait donc une réelle importance. Mais ses allégations étaient telles que le colonel Menotti Garibaldi crut devoir protester par la lettre en question.

En effet, M. Ordinaire déclarait d'abord que l'état-major du général Garibaldi avait, pour ainsi dire, reçu tous les projectiles ennemis ; c'était lui qui avait livré et gagné la « bataille ».

Il terminait par ces phrases :

« Pas un coup de feu, à la baïonnette ! Tel était le mot d'ordre.

« Le général avait compté sans l'inexpérience et, je le dis hau-
« tement, sans la *lâcheté des mobiles.*

« Les mobiles des Basses-Alpes et des Basses-Pyrénées, affolés
« de terreur malgré les recommandations du général, font feu de
« tous côtés ; on voyait la flamme débouchant des fusils et éclatant
« la nuit en l'air, à droite, à gauche dans toutes les directions, enfin
« sur amis et ennemis. Nous avons essuyé leur décharge comme
« celle des Prussiens. »

Ces allégations reviennent plusieurs fois dans le récit, à savoir que l'état-major et les Garibaldiens, les étrangers, en un mot, ont tout fait, tandis que les mobiles, par leur lâcheté, ont été cause de l'insuccès final.

Voici la protestation du colonel Menotti Garibaldi :

RÉPUBLIQUE FRANÇAISE
Liberté, Égalité, Fraternité
—
ARMÉE DES VOSGES
—
COMMANDEMENT
DE LA 3ᵉ BRIGADE
—
CABINET

Épinac, 14 décembre 1870.

Mon cher Père,

Je t'envoie une colonne d'un journal de Lyon sur lequel j'ai signalé à la plume certains paragraphes ; c'est une correspondance d'Ordinaire, officier d'ordonnance de Bordone.

Avec ce fâcheux système, je ne sais en vérité où l'on en arrivera. *Les mobiles des Basses-Pyrénées et ceux des Alpes-Maritimes qui, dans la nuit de Dijon, ont agi comme les autres et qui, à l'attaque d'Autun, ont agi mieux que beaucoup d'autres*, se trouvent accusés de lâcheté et par qui ? par un officier de l'état-major !

On me dit que les officiers des mobiles tirent au sort pour désigner celui d'entre eux qui ira provoquer Ordinaire. Moi, leur chef, je ne puis le tolérer ; mais, s'il ne retire pas ce qu'il a écrit, je devrai me rendre à Autun pour demander une rétractation à ce monsieur.

Tous nos efforts pour transformer ces jeunes troupes en soldats sont exposés à être rendus inutiles par les racontars d'un officier d'état-major frivole, qui se fait correspondant de journal. Je te demande de me répondre.

Aime ton toujours obéissant :

Signé : Menotti GARIBALDI.

II. — Concours apporté par le commandement de Lyon.

Pendant que l'armée des Vosges tentait ainsi prématurément de s'emparer de Dijon et était rejetée en désordre sur Autun, sa base d'opérations, le commandement de Lyon continuait à prendre activement les mesures nécessaires pour lui venir en aide en vue du mouvement projeté. Il ignorait, en effet, que le général Garibaldi s'était décidé à opérer seul. Il n'avait pas non plus été tenu au courant des résultats fâcheux de l'entreprise. Il préparait donc l'entrée en ligne des éléments qu'il pouvait lever, en vue de l'opération combinée, dont l'exécution avait été décidée.

Formation de la brigade Crémer à Chagny (23 novembre). — Dès le 23, le général auxiliaire Crémer était arrivé à Chagny[1]. Il avait ordre d'y constituer une brigade destinée à rentrer ultérieurement dans la formation de la division Crévisier. Sans attendre d'ailleurs l'organisation complète de cette division, ses instructions lui prescrivaient de prêter son concours à l'armée des Vosges, aussitôt qu'il le pourrait.

Le commandement de Lyon envoyait dans cette région des troupes qu'aucun lien supérieur ne groupait entre elles. Elles étaient destinées à être réunies sous l'autorité du général Crémer.

La *1re légion du Rhône* (colonel auxiliaire Celler), ré-

---

1. Le 23, le général Crémer télégraphie au général Garibaldi pour lui manifester son désir de coopérer à ses mouvements.
Le 25, il lui envoie son chef d'état-major à Lantenay afin de le renseigner sur la date de son entrée en ligne (29).

partie le long du Doubs, comme il a été dit précédemment, recevait, à la date du 23, l'ordre de se concentrer à Verdun-sur-le-Doubs. Elle s'y trouvait le 27 et, dès le 26, sa batterie de 6 pièces Armstrong de 9, venant de Lyon, l'avait rejointe.

Le *3⁰ bataillon de garde mobile de la Gironde* (commandant de Carayon-Latour) quittait Lyon le 23 et arrivait à Beaune le lendemain.

La *2⁰ légion du Rhône* arrivait le 27 dans cette même ville.

Enfin, le *1ᵉʳ bataillon de la 4ᵉ légion des gardes mobilisés de Saône-et-Loire* (commandant Landremont)[1] arrivait à Beaune le 28 et il était mis à la disposition du général Crémer.

Concentration des premiers éléments de la brigade Crémer à Nuits (27 novembre). — Dès le 27, le général Crémer croyait pouvoir porter jusqu'à Nuits les premières troupes arrivées à Beaune.

Il réunissait dans cette première ville :

Le bataillon de la Gironde (27), 1 bataillon ;

La 2ᵉ légion du Rhône (27 et 28 au matin), 3 bataillons et 2 compagnies.

Le 28, il s'apprêtait à s'établir à Gevrey et poussait des reconnaissances sur ce point[2].

---

1. Les 2⁰ et 3⁰ bataillons de cette légion arrivaient à Chagny le 28 novembre et le 1ᵉʳ décembre.
2. Le 1ᵉʳ bataillon de la 2⁰ légion du Rhône fait une reconnaissance sur la route de Nuits à Dijon, rentre à 4 heures 1/2 soir. A 7 heures 30, ordre de faire rentrer les postes et de se replier sur Beaune. (*Historique de la 2⁰ légion*, colonel Ferrer).

Le bataillon de la Gironde pousse une reconnaissance au delà de Gevrey sous les ordres du colonel Poullet, le même jour (*Historique* dudit bataillon).

Le Grand État-major rapporte que les patrouilles allemandes ont trouvé des

Anarchie militaire du commandement de Lyon. — Mais une véritable anarchie militaire régnait en ce moment dans le commandement de Lyon. Les attributions respectives et les rapports hiérarchiques des généraux Bressolles, Crévisier, Crémer et Pellissier n'avaient pas été réglés d'une façon précise (voir les documents ci-joints[1]). Des conflits d'autorité s'élevaient à chaque instant et cette situation entravait gravement les opérations.

Ordre du général Crévisier de retraiter sur Beaune. Son rappel à Lyon (29 novembre). — Le mouvement sur Nuits, ordonné par le général Crémer, en vue d'apporter

---

Français établis en force à Gevrey le 29, que le 30, à l'approche d'une colonne de 10 compagnies, 4 pelotons et 6 pièces, les Français se repliaient sur Nuits, qu'ils évacuaient après une courte résistance. Enfin que, bientôt après, des masses françaises considérables se portaient sur la ville. Ces dernières sont bien les troupes du général Crémer, mais les forces auxquelles les Allemands ont eu affaire le 29 et qu'ils qualifient de considérables ne peuvent être que le corps franc de Bourras et les éclaireurs forestiers du Rhône du commandant Duchêne. Déjà le 24 à Gevrey les Allemands avaient eu affaire au corps Bourras et ils estimaient avoir eu devant eux le général Crémer, ce qui est une erreur.

1. Documents relatifs à l'anarchie militaire qui régnait à cette époque dans le commandement de Lyon.

26 *novembre*. Général Bressolles à Guerre.

« Mais enfin qui commande ici ? Général Crévisier d'un côté, général Crémer de l'autre ? Ils donnent des ordres dans ma division sans me prévenir. L'un veut prendre le commandement de la subdivision à Bourg, l'autre déclare qu'il n'y a plus ni chef ni hiérarchie. — En vérité que veut dire tout ce désordre ? »

26 *novembre*. Tours. Guerre à général Bressolles.

« Les généraux Crévisier et Crémer n'ont d'ordres à donner qu'aux troupes mobilisées placées directement sous leur commandement. Vous seul devez commander dans votre division, faites respecter votre autorité au besoin par la force. » De Loverdo.

27 *novembre*. Guerre à général Bressolles.

« Si général Crévisier ne vous obéit pas d'une manière absolue, menacez-le de la destitution. Vous seul commandez les troupes dans votre division. Brisez sans hésiter toutes les résistances. Nous vous approuverons. » De Freycinet.

28 *novembre*. Général Bressolles à Guerre.

« Avais donné ordre plusieurs fois à général Crévisier d'aller à Chagny ou à Verdun concentrer forces pour attaque sur Dijon. Ce général est resté à Mâcon, où

son concours, le plus rapidement possible, à l'armée des Vosges[1], venait à peine de s'achever que le général Crévisier arrivait à Nuits et ordonnait la retraite sur Beaune. Celle-ci s'effectuait, en conséquence, dans la nuit du 28 au 29. La 1re légion du Rhône, qui s'était déjà portée à Aubigny (nord-ouest de Saint-Jean-de-Losne) en vue du mouvement projeté sur Dijon, recevait contre-ordre et rétrogradait sur Labergement (est de Beaune, près Seurre).

Le général Crémer rendait aussitôt compte au général commandant la 8e division militaire du mouvement effectué. Il lui représentait les conséquences de cette retraite

---

il est encore et le préfet m'écrit une dépêche, où il accuse ce général de se prélasser à Mâcon. Lui ai télégraphié déjà depuis deux jours à Mâcon et ne reçois aucune réponse. »

Le 30, le général Bressolles enlevait provisoirement son commandement au général Crévisier, puis il ordonnait l'arrestation de ce général pour indiscipline grave et donnait le commandement au général Crémer. Le général Crévisier recevait l'ordre de venir à Lyon, mais il n'obéissait pas et se rendait à Tours.

Un décret du 6 décembre le relevait de son commandement.

« Pendant quelques jours (vers le 27), écrit le général Pellissier (*Les Mobilisés de Saône-et-Loire en* 1870, page 58), on ne savait ni qui commandait ni à qui obéir. Au début on nous avait annoncé que tous les mobilisés étaient sous les ordres du général Crévisier. Ce dernier, à son passage à Chagny, le 28 novembre, m'avait donné le commandement supérieur de la place et des troupes de Chagny.

« Le 3 décembre, le général Bressolles m'écrivait de Lyon. — « Je ne reconnais
« à aucun titre l'investiture que le général Crévisier a pu vous donner — moi
« seul donne des ordres. »

« Le 10 décembre, le général Bressolles m'adressait au contraire la circulaire suivante : « Toute armée n'a besoin que d'un chef — je répète pour la cen-
« tième fois que je ne commande pas les opérations dans la vallée de la Saône.
« Le général Crémer a été investi du commandement des forces qui agissent
« dans la vallée. — C'est de lui seul que doivent venir les ordres. »

1. Beaune. 28 *novembre*. 12 heures matin. — Général Crémer à général Garibaldi à Lantenay près Velars.

« Reçu vos deux dépêches. — Suis à Nuits avec 4,500 hommes. — Celler à Verdun en route sera demain à Tart-le-Haut. — Ferai une reconnaissance demain à Gevrey. Les informations sur Dijon sont contradictoires. Attends avec impatience les vôtres. Aussitôt Celler concentré attaquerai. Vous enverrai demain mon chef d'escadron d'état-major pour concerter avec vous. »

précipitée, exécutée de nuit, sur le moral de troupes aussi jeunes. Il refusait enfin d'en accepter la responsabilité et demandait à reprendre un commandement *de son grade effectif*[1] dans l'armée régulière au cas où le général Crévisier conserverait la direction des opérations.

Le colonel, commandant la 2ᵉ légion du Rhône, se joignait au général Crémer pour protester, au nom de sa légion, auprès du général Bressolles et du préfet du Rhône, commissaire extraordinaire de la République[2].

Le 29, au soir, le commandement en chef des légions du Rhône et du bataillon de la Gironde était définitivement conféré au général Crémer par le général commandant la 8ᵉ division militaire.

Le général Crévisier était rappelé à Lyon. Les troupes venaient d'être réparties par lui entre Beaune et Seurre, sur un front de 22 kilomètres ! la 2ᵉ légion du Rhône à Beaune ; le bataillon de la Gironde à Corberon ; la 1ʳᵉ légion du Rhône à Labergement et Chivres.

Engagement du 30 novembre à Nuits. — Dès le 30, le général Crémer reportait ces forces dans la direction de Nuits.

---

1. Capitaine.
2. *Historique de la 2ᵉ légion du Rhône* (colonel Ferrer) :
« Ce mouvement de retraite s'exécute avec répugnance, avec indignation :
« le mécontentement est général et hautement exprimé. »
Cette opinion semble conforme à la vérité et concorde avec plusieurs documents consultés.
Rapprocher la dépêche suivante adressée le 29 novembre, 12 heures 20 matin, au général Pellissier par le général Crévisier :
« Reviens de Nuits où j'ai trouvé la 2ᵉ légion du Rhône à la débandade et
« déjà préparée pour mouvement de retraite sur Beaune. Ai appris que les
« Garibaldiens poursuivis se retirent par la vallée d'Ouche. Concentrez toutes
« les troupes qui arriveront à Chagny. Si connaissez mouvement de légion Celler,
« envoyez-la sur Beaune. » (Cité par le général Pellissier.)

La 2e légion quittait Beaune vers 9 heures. Mais, au lieu de diriger directement les autres troupes sur Nuits par la voie de terre, le général Crémer les rappelait à Beaune, pour profiter du chemin de fer.

Cette combinaison occasionnait une perte de temps notable. Le bataillon de la Gironde allait, par suite, faire défaut ce jour même devant l'ennemi et la 1re légion du Rhône n'arrivait à Beaune que le 1er décembre[1].

Reconnaissance dirigée, le 30 novembre, sur Nuits, par l'état-major général du XIVe corps. — Les Allemands continuaient, de leur côté, à patrouiller fort au loin au sud de Dijon et quelques compagnies du corps franc des Vosges conservaient seules le contact avec eux.

Désireux de se rendre exactement compte des forces qu'il avait en présence et favorisé par la retraite intempestive imposée aux troupes du général Crémer, l'état-major général du XIVe corps dirigeait lui-même[2], le 30, une forte reconnaissance contre Nuits.

---

1. Bataillon de la Gironde :
   1° Par voie de terre : de Corberon à Nuits . . . . . . 16 kil.
   2° Par voies de fer et de terre : de Corberon à Beaune . . 12 (terre).
                             de Beaune à Nuits . . . . 15 (fer).
                             Total . . . . . 27 kil.

1re légion du Rhône :
   1° Par voie de terre : de Labergement à Nuits . . . . . 22 kil.
   2° Par voies de fer et de terre : de Labergement à Beaune . 22 (terre).
                             de Beaune à Nuits . . . . 15 (fer).
                             Total . . . . . 37 kil.

2. 20e livraison du Grand État-major, page 823, et volume IV, page 606. Les forces allemandes comprenaient : l'état-major général du XIVe corps, l'état-major de la 1re brigade badoise — 10 compagnies, 4 pelotons de cavalerie, 1 batterie à cheval (4 pièces), 1 section de batterie lourde (2 pièces), soit environ 2,500 hommes. L'ouvrage allemand, dans le texte de sa relation, ne

Elle avait ordre de pousser jusqu'à Beaune, si faire se pouvait, afin de faciliter les opérations du général Keller contre Autun.

Elle repoussait sans peine (9 heures du matin) nos faibles détachements (francs-tireurs des Pyrénées-Orientales, du corps franc Bourras), qui se retiraient alors sur le plateau de Chaux.

Mais, en ce moment, la 2ᵉ légion du Rhône[1] (colonel Ferrer) arrivait à Comblanchien (vers 1 heure). Elle y apprenait la présence de l'ennemi à Nuits. Le général Crémer la poussait aussitôt sur Prémeaux. Là, un bataillon allait prendre position sur le plateau de Chaux, où il rejoignait le corps franc des Vosges[2]. Ordre leur était donnée d'effectuer un mouvement offensif par l'ouest. Les deux autres bataillons de la légion prononçaient une attaque de front par la route de Dijon.

L'ennemi, établi dans Nuits, en avait rapidement mis le périmètre et les abords en état de défense. Il réussissait à arrêter l'attaque de front au moyen de feux de salve

---

dit pas que l'état-major du XIVᵉ corps dirigeait lui-même cette reconnaissance, mais on peut constater le fait en se reportant aux Éphémérides de la 20ᵉ livraison. Le Grand État-major place la *narration de ce combat du 30 novembre après celle du combat du 1ᵉʳ décembre* sous Autun, ce qui déroute un peu le lecteur et *l'empêche de saisir la corrélation réelle entre ces deux événements.* Une dépêche citée plus loin et rapportée par Löhlein (général de Werder à général Keller) ne laisse aucun doute à cet égard : *l'échec subi le 30 novembre à Nuits par la reconnaissance allemande a motivé la retraite de la brigade Keller devant Autun le 2 décembre.* Voir la note, page 212.

1. 75 officiers, 2,922 sous-officiers et soldats répartis entre : les 3 bataillons de la 2ᵉ légion du Rhône; les tirailleurs des Cévennes, du capitaine Thibaud; les francs-tireurs de la Mort (d'Alger), du lieutenant Hérillier; 1 compagnie du génie; l'ambulance.

2. 13 compagnies : 1,300 à 1,400 hommes.

de compagnie, qui, toutefois, ne nous causaient aucune perte[1].

Mais les troupes en position sur les hauteurs de Chaux dirigeaient à courte distance un feu meurtrier sur l'adversaire[2]. L'artillerie badoise tentait en vain de les déloger. L'ennemi, forcé d'évacuer Nuits, retraitait rapidement sur Boncourt-le-Bois ; la 2ᵉ légion du Rhône occupait la ville (5 heures soir).

En ce moment, le bataillon de la Gironde, retardé par son passage à Beaune, rejoignait la légion ainsi que quelques compagnies de chasseurs volontaires du Rhône (commandant Marengo). Ces troupes s'établissaient à Nuits[3]. Six mille hommes environ y étaient ainsi réunis sous le commandement du général Crémer[4].

---

1. Les récits français et allemands concordent textuellement sur ce point important de tactique des feux. Les Allemands semblent avoir souvent fait usage des feux de salve à courte portée. C'est dire que nos troupes, incomplètement instruites, leur fournissaient des objectifs profonds et qu'elles prononçaient l'attaque avant de l'avoir suffisamment préparée en désorganisant la défense.

2. Löhlein, page 107 : « L'ennemi était en position tellement près que son feu *balayait* les rues de la ville.

    Pertes allemandes. . . . 3 officiers, 42 hommes.
    — de la 2ᵉ légion . . 2 tués, 2 blessés.

3. Le 1ᵉʳ décembre, les Allemands dirigeaient une nouvelle reconnaissance sur Nuits. Les 6 compagnies de la Gironde, placées en tirailleurs dans les vignes, les repoussaient en perdant 1 mort et 1 blessé.

4. Bataillon de la Gironde, environ . 1,000
 2ᵉ légion. 2,997
 Chasseurs volontaires du Rhône
 (Commandant Marengo) . . . . 300 (Fusils Spencer à répétition et
              2 obusiers de montagne).
           4,297
13 compagnies Bourras 1,400
           5,697
Détachements du corps Bourras en
 opérations . . . . 600 hommes environ.

Influence du succès de Nuits sur les opérations de la brigade Keller devant Autun. — Le commandant du XIVe corps allemand, renseigné par cet échec sur l'importance des forces qu'il avait en présence de ce côté, s'empressait aussitôt de communiquer ces nouvelles à la colonne lancée contre Autun[1]. Elles allaient également motiver la retraite de celle-ci.

III. — Défense d'Autun.

Pendant que le général Crémer reprenait ainsi ses positions et refoulait l'ennemi en tentant de s'approcher de Dijon la colonne, lancée contre Autun par le commandant du XIVe corps, continuait sa marche sur cette ville sous le commandement du général Keller.

L'armée des Vosges, de son côté, se préparait à résister sur cette position importante.

Dès son arrivée à Autun, le général Garibaldi s'était occupé des mesures à prendre pour mettre la ville en état de défense.

Toutefois, l'état de désorganisation et de démoralisation de l'armée rendait indispensable de prévoir la possibilité d'une retraite prochaine. D'un autre côté, les instructions du Gouvernement et l'importance du massif de l'Autunois ne permettaient à aucun titre d'abandonner même temporairement la région. Le sol fortement mouvementé du pays facilitait la solution du problème. On décidait donc, en cas d'échec, de gagner Marmagne et Montcenis et de s'y reformer. Toutes les dispositions étaient prises en con-

---

[1]. Voir page 212 la dépêche du général de Werder au général Keller.

séquence. Le matériel de transport nécessaire était demandé à Montchanin : les bagages et les approvisionnements étaient embarqués.

Résolution du général Garibaldi de résister sur les positions d'Autun. — Le général Garibaldi, néanmoins, réagissait contre le découragement d'une partie de son entourage. Il déclarait qu'Autun serait défendu et qu'on ne profiterait qu'à la dernière extrémité des moyens de retraite ainsi prévus et disposés. L'événement allait lui donner raison.

Le 1er décembre, de grand matin, la fraction de la 2e brigade, restée sous les ordres du colonel Delpech[1], s'établissait à Auxy avec ordre de défendre ce point. Les francs-tireurs volontaires du Rhône (commandant Tainturier) étaient envoyés, en poste avancé, sur la route de Beaune, à la Chapelle-Saint-Léger.

Le 42e régiment de gardes mobiles de l'Aveyron et les deux bataillons de gardes mobilisés de Saône-et-Loire étaient postés au sud de cette même route, ainsi que le 1er bataillon des Alpes-Maritimes.

Le bataillon des Basses-Pyrénées et le 2e bataillon des Alpes-Maritimes occupaient le couvent de Saint-Jean et le faubourg du même nom. La guérilla d'Orient et la guérilla marseillaise gardaient Saint-Martin.

L'artillerie garnissait les hauteurs du Grand-Séminaire.

Les autres troupes de l'armée des Vosges cantonnaient dans l'intérieur de la ville.

---

1. C'étaient les 2 bataillons de l'Égalité, une centaine d'hommes de la guérilla marseillaise et la 5e compagnie de cette guérilla arrivée la veille.
(*Journal des mouvements de la 2e brigade* du 1er au 14 décembre), signé : Jolivalt (chef d'état-major).

Enfin, les derniers détachements de la 3ᵉ brigade (Ricciotti Garibaldi), échelonnés encore sur la ligne de retraite suivie jusqu'alors, n'allaient pas tarder à rejoindre l'armée sur ce point (vers 11 heures du matin) ; 14,000 hommes au moins étaient ainsi groupés sous le commandement du général Garibaldi. (Voir situation au 1ᵉʳ décembre, page 213.)

A 6 heures du matin, le commandant de l'armée des Vosges modifiait les instructions données la veille[1]. Toutes les troupes détachées, sauf la fraction de la 2ᵉ brigade postée à Auxy, recevaient ordre de se concentrer autour d'Autun et très près de la ville. Le général Garibaldi visitait en personne les différents postes et il donnait ses dernières instructions en vue du combat qu'il considérait comme imminent. Il prescrivait l'exécution rapide de quelques travaux et la mise en état de défense des murs du périmètre faisant face au nord.

Mais le bruit avait couru, parmi certains chefs de corps, que la question d'un mouvement de retraite de l'armée des Vosges sur Étang ou sur Marmagne avait été agitée au quartier général. La crainte d'être laissé en arrière pour couvrir cette retraite et de se voir ainsi sacrifier s'était fait jour spécialement auprès du lieutenant-colonel Chenet, chargé de défendre Saint-Martin[2].

La brigade dont il faisait partie lors du combat livré à

---

1. *Historique des francs-tireurs volontaires du Rhône* (Commandant Tainturier). Ouvrage consciencieux, précis et très détaillé.

2. Les documents suivants ont été minutieusement étudiés, comparés, recoupés les uns par les autres afin d'arriver à connaître exactement cette affaire Chenet, si controversée. Il y a là, en effet, de sérieuses responsabilités en jeu : les termes du jugement que nous avons émis après cet examen, peuvent sembler sévères pour l'état-major de l'armée des Vosges et pour le lieutenant-colonel Chenet. Nous croyons qu'ils sont *strictement justes*. D'ailleurs, s'il nous était

Pasques, le 27, avait été déjà relativement éprouvée par suite d'une situation analogue. Il n'avait pas hésité à se soustraire dès le 28 à l'autorité du commandant de cette brigade. Le 1ᵉʳ décembre, malgré l'approche de l'ennemi du poste qui lui était confié, il se refusait à opérer plus longtemps dans une armée embrigadée et organisée hiérarchiquement. Il reprenait, de propos délibéré, son indépendance et abandonnait son poste. Il quittait Saint-Martin avec la guérilla d'Orient et la guérilla marseillaise [1] et se contentait d'envoyer prévenir l'état-major de son mouvement. Puis, sans s'assurer si cette communication avait été faite et acceptée, il gagnait Antully, sur les derrières de l'armée, et finalement Marmagne, le Creusot, Roanne et Lyon.

D'un autre côté, l'exécution des ordres du général Garibaldi n'avait point été assurée par le contrôle actif et la

---

resté le moindre doute, relativement à la part des responsabilités encourues, nous aurions préféré ne pas nous prononcer.

Affaire Chenet.

Historiques des gardes mobiles des Basses-Pyrénées, des Alpes-Maritimes, de l'Aveyron, des francs-tireurs de l'Aveyron, de Toulouse, de Colmar, etc., etc.

Général Bordone	*Affaire Bordone.*
—	*Garibaldi et l'armée des Vosges.*
Jolivalt.	*Journal des mouvements de la 2ᵉ brigade, du 1ᵉʳ au 14 décembre.*
Commandant Tainturier . . .	*Historique des francs-tireurs volontaires du Rhône.*
Gros	*Historique de la guérilla marseillaise.*
Colonel Poullet et gén. Crémer.	*La Campagne de l'Est.*
De la Taille, insp. du P.-L.-M.	*Enquête défense nationale*, vol. III, p. 190.
Middleton (Et Chenet). . . .	*Garibaldi et ses opérations à l'armée des Vosges.*

1. La guérilla marseillaise était cependant représentée au combat d'Autun par 3 officiers et une quinzaine d'hommes. Dès le 4 décembre, le lieutenant-colonel Chenet et sa troupe étaient ramenés de Lyon ainsi que la guérilla marseillaise. Cette dernière se reformait alors à 350 hommes, officiers compris.

surveillance incessante d'un état-major expérimenté. Le départ du détachement chargé de la garde de Saint-Martin n'était donc point signalé et aucune mesure immédiate n'était prise pour parer à cette grave défection [1].

Combat d'Autun (1ᵉʳ décembre). — Vers 11 heures du matin, l'approche des troupes allemandes était annoncée. Une reconnaissance était aussitôt dirigée en locomotive sur Dracy-Saint-Loup, par l'inspecteur de la Compagnie P.-L.-M. Il rencontrait les premiers éclaireurs allemands à peu de distance de la ville et il s'empressait d'en rendre compte au quartier général. Toutefois, celui-ci estimait que l'armée se couvrait à une assez grande distance pour n'avoir à redouter aucune surprise. Il refusait donc d'ajouter foi à ces déclarations et il pensait que les mouvements de quelques patrouilles ennemies en reconnaissance avaient suffi à motiver les renseignements qu'on lui apportait de toutes parts.

A 1 heure et demie, les premiers obus tombaient à l'improviste sur Autun. L'ennemi, ne rencontrant aucune résistance sérieuse, continuait son facile progrès. Vers 2 heures et demie, la tête de la brigade badoise Keller traversait Saint-Martin, qu'aucun poste ne gardait plus, et débouchait devant Autun.

---

1. Par arrêt de la *Cour martiale* réunie à Autun, en date du 13 décembre 1870, le lieutenant-colonel A. Chenet fut condamné à mort et à la dégradation militaire pour abandon de son poste en présence de l'ennemi.
Gracié de la première peine par le général Garibaldi, il subit la seconde et fut, par ordre du commandant de l'armée des Vosges, condamné aux travaux publics à perpétuité. Cette décision ne reçut point exécution.
La Cour de cassation de Pau cassait, le 2 février 1871, l'arrêt du 13 décembre 1870 pour vices de forme.
Le 30 mars 1871, la loi de nécessité n'existait plus. Le conseil de guerre de la 8ᵉ division militaire, devant lequel la cause était reportée, acquittait l'accusé.

Depuis 10 heures du matin, Saint-Martin était abandonné; c'est dire que depuis ce moment l'armée était à la merci d'une surprise. Aucune ronde, aucune patrouille, n'avait signalé cette situation critique. La démoralisation profonde et l'indiscipline des éléments d'exécution en étaient les causes premières, mais les auxiliaires du commandement doivent ici partager cette responsabilité; leur inexpérience assurait mal la transmission des ordres; leur incompétence n'en surveillait point l'exécution.

Un homme, quelle que soit son activité, ne saurait suffire à assurer, dans leur intégralité, l'exécution des nombreuses mesures de détail que comporte un commandement général. Il importe, cependant, que l'œil du chef vienne tout examiner, que sa pensée vivifie tout, que lui-même enfin se multiplie pour ainsi dire et soit présent sur tous les points. Un état-major actif et expérimenté peut seul permettre de résoudre ces difficultés. Pénétré des conceptions de son chef, il en combine les détails pratiques d'exécution, il prépare celle-ci; il en transmet fidèlement les conditions; il surveille et contrôle sur tous les points la mise en œuvre.

A l'armée des Vosges, rien de semblable n'existait. Un général italien, éprouvé par la guerre et ses fatigues, commandait une armée composée de Français et d'éléments de nombreuses nationalités différentes. Le pays où il combattait lui était étranger, de même que ses mœurs et ses coutumes, ainsi que les troupes qu'il dirigeait.

Son âge et ses infirmités physiques ralentissaient son activité; sa situation morale et politique était difficile.

Un état-major spécialement instruit et expérimenté lui eût été indispensable, car, nulle part, les conditions du commandement n'étaient plus délicates. Or, la majeure partie en était constituée d'officiers auxiliaires, qu'aucune éducation préalable n'avait préparés à ces difficiles fonctions. Les fautes fréquentes étaient inévitables; un ennemi hardi et entreprenant eût su en profiter. Mais l'indépendance imprévue des mouvements de l'armée des Vosges déroutait souvent l'esprit méthodique de l'adversaire. La grande guerre avait été son étude constante. Il faillit, au début, à bien comprendre les moyens qu'on lui opposait, et il ne sut en profiter complètement qu'à une époque ultérieure.

Dès le début de l'agitation causée dans la ville et dans l'armée par cette attaque soudaine, le général Garibaldi reprenait possession de ses troupes. Sans aucune perte de temps, il réparait la faute commise et dirigeait avec activité les mouvements nécessaires. Il accourait sur l'Esplanade du Séminaire[1]. Deux batteries de campagne, servies par les gardes mobiles de la Charente-Inférieure, et une batterie de montagne y étaient en position. Leur feu, parfaitement conduit par le commandant Ollivier, accueillait violemment l'avant-garde badoise au moment où elle débouchait devant la ville.

En même temps, les postes de Saint-Jean et de Saint-Pierre soutenaient le premier choc. Les gardes mobiles

---

[1]. Divers témoins affirment au contraire que le général Garibaldi s'était réfugié à Couart (?) ; d'autres que ce fut son état-major qui servit les pièces de la batterie du Séminaire pendant les premiers moments du combat ; d'autres enfin que le commandant Ollivier sauva la situation par son sang-froid ; au dire de quelques-uns la surprise avait été complète, rien n'avait été disposé en vue de l'arrivée de l'ennemi ; on avait même été obligé de briser, à coups de hache, les coffres à munitions, faute de clefs pour les ouvrir.

Il est difficile de déterminer l'exacte vérité au milieu de près de 160 récits : toutefois la plus grande partie des renseignements recueillis s'accorde pour étayer le récit tel que nous le présentons.

des Basses-Pyrénées et des Alpes-Maritimes, les francs-tireurs de l'Aveyron, ceux de Toulouse et de Colmar, dirigés par le lieutenant-colonel Bruneau et le colonel Ricciotti Garibaldi, joignaient leur action à celle de l'artillerie contre la colonne ennemie. Celle-ci était refoulée dans Saint-Martin.

Les troupes cantonnées dans Autun et rappelées à la hâte, entraient alors en ligne.

L'ennemi mettait 3 batteries en action et se déployait à l'est de la grande route contre notre droite.

Notre artillerie, bien servie par les gardes mobiles de la Charente-Inférieure, continuait vigoureusement la lutte malgré des pertes sérieuses. En même temps, les gardes mobiles de Saône-et-Loire et ceux de l'Aveyron garnissaient la lisière nord de la forêt de Planoise pour résister à la nouvelle attaque indiquée par l'ennemi contre notre droite[1]; une section de la batterie de montagne était détachée pour appuyer ces troupes.

---

1. Le Grand État-major prussien dit : 2 batteries badoises prennent position sur la grande route pendant que l'infanterie se déploie à l'est de celle-ci avec la 3e batterie, car les Français cherchaient à déborder la gauche. A plusieurs reprises les Allemands résistent avec succès aux efforts de l'assaillant, etc...

M. Marais, sous-préfet d'Autun, rapporte le fait de la manière suivante :

« Sur notre droite, les Allemands vont aborder la forêt de Planoise.. — mais « la brigade de Bossak fait bonne contenance...

« De plus, au milieu de la forêt, presqu'au sommet des hauteurs, la route du « Creusot se remplit d'une masse de gens armés. Tout à coup la plus grande « partie de ceux-là s'abat dans la plaine... Ils appuient la brigade Bossak dont « le mouvement offensif s'accentue de plus en plus, toujours avec succès....
« L'ennemi craint d'être à son tour débordé.

« Pourtant, étrange hasard parmi tous ces hasards qui forment le grand jeu « qu'on appelle la guerre, ce qui le décourage le plus est précisément ce qui « devrait le moins l'inquiéter. Ces soldats qui continuent à gravir la route du « Creusot et qu'il voit déjà se précipitant du haut de la montagne sur ses flancs, « n'aspirent pas à la lutte, mais à la retraite. Ils courent attendre au Creusot « l'issue de l'engagement. Ce sont des fuyards et non des combattants. »

L'ennemi était repoussé. Il renonçait pour le moment à renouveler son attaque et à s'engager plus sérieusement. Il n'avait point su profiter de la surprise et du désordre causés par son mouvement imprévu. Il avait donné le temps au général Garibaldi de réparer la faute commise. Les jeunes troupes de l'armée des Vosges, établies dans les maisons et dans les constructions mises en état de défense, s'étaient bien comportées. Quelques défaillances s'étaient seules produites parmi les éléments placés en réserve. Trop jeunes encore, ces troupes avaient besoin de l'activité du combat pour se maintenir au danger.

Malgré son infériorité numérique, l'ennemi songeait cependant à renouveler le lendemain sa tentative contre la ville. Ordre était déjà donné à l'artillerie de couvrir Autun d'obus incendiaires, quand le général Keller recevait avis du commandant du XIV° corps que nous nous montrions en forces du côté de Nuits. Le général de Werder l'invitait, en conséquence, à se replier sur Dijon sans s'aventurer davantage[1].

---

1. Le capitaine prussien Löhlein, commandant de compagnie au régiment n° 109 des grenadiers du corps badois, cite l'*importante dépêche suivante* dans son ouvrage : *Die Operationen des Corps des Generals von Werder*, page 40 :

Le général von Werder au général Keller :

« Les forces ennemies se sont montrées si nombreuses vers Nuits, hier 30, « qu'une marche poussée plus loin par Votre Excellence sur Autun n'est pas à « désirer. Je vous invite en conséquence, si les circonstances vous le permettent, « à vous replier aujourd'hui même sur Dijon : d'ailleurs, j'attendrai Votre « Excellence au plus tard le 3 à Dijon et environs. »

Il ne peut y avoir de doute. La dépêche citée était motivée par l'échec infligé, le 30 novembre, à Nuits par le général Crémer à la forte reconnaissance que dirigeait l'état-major général du XIV° corps.

Le fait a été nié par les chefs d'état-major de l'armée des Vosges et de la division Crémer. Le Grand État-major prussien « omet » de citer cette dépêche

Retraite de la brigade Keller. — Le soir même, l'ennemi rétrogradait derrière la Drée[1]. Le lendemain, il gagnait Arnay-le-Duc et se dirigeait sur Dijon. Les troupes signalées par le commandant du XIVᵉ corps, étaient celles du général Crémer, nouvellement entrées en ligne, et la brigade Keller allait se heurter à elles dans sa retraite.

État de situation de l'armée des Vosges au 1ᵉʳ décembre (matin).

Commandant général. — Général GARIBALDI.
Chef d'état-major général. — Colonel BORDONE.

1ʳᵉ brigade. — *Commandant :* gén. BOSSAK-HAUCKE.
Chef d'état-major : Paul VICHARD.

	Officiers.	Hommes.
État-major	7	»
1ᵉʳ bataillon des Alpes-Maritimes (Bruneau)	23	847
42ᵉ régiment de gardes mobiles de l'Aveyron (Willamme)	53	3,035
Éclaireurs de Gray (Neveux)	1	25
Chasseurs égyptiens (Pennazi)	4	59
Francs-tireurs volontaires du Rhône (Tainturier)	6	76
— du Midi (Goût)	1	26
	95	4,068
TOTAL		4,163

significative. En outre il place, ainsi que nous l'avons fait remarquer, le récit du combat du 30 novembre à Nuits après celui du combat du 1ᵉʳ décembre à Autun, de telle sorte que l'esprit est porté à ne pas saisir dans quelle mesure ces deux événements ont réagi l'un sur l'autre, spécialement en ce qui concerne la retraite du général Keller. Aussi y insistons-nous.

1. Les Allemands avaient mis en ligne au 1ᵉʳ décembre :
1 brigade, 1 compagnie, 1 régiment de dragons, 1 batterie lourde et 2 batteries légères ; soit environ 6,000 hommes et 18 pièces.
Voir la situation de l'armée des Vosges au 1ᵉʳ décembre.

2ᵉ brigade[1]. — *Commandant* : Colonel DELPECH.
  Chef d'état-major : Jolivalt.

	Officiers.	Hommes.
État-major	3	»
Égalité. — 1ᵉʳ bataillon (Gauthier)	9	209
— 2ᵉ bataillon (Raimond)	8	178
Guérilla d'Orient (Chenet)	15	340
— marseillaise (Bosquet)	24	493
Francs-tireurs et éclaireurs (Corso)	1	32
	60	1,252
Total		1,312

3ᵉ brigade. — *Commandant* : Col. MENOTTI GARIBALDI.
  Chef d'état-major : San Ambrogio.

	Officiers.	Hommes.
État-major	8	»
Gardes mobiles des Alpes-Maritimes, 2ᵉ bataillon (Monnic)	14	625
Gardes mobiles des Basses-Alpes (Barthélemy)	24	930
— Basses-Pyrénées, 3ᵉ bataillon (Borel)	21	832
Légion des volontaires italiens (Tanara)	42	654
Chasseurs italiens des Alpes (Ravelli)	61	763
Francs-tireurs mixte (Loste)	16	486
— d'Oran (Cruchy)	13	419
— Francs-Comtois (Ol. Ordinaire)	10	399
— d'Alger	2	59
— Constantinois	2	80
— Garibaldiens	10	382
	223	5,629
Total		5,852

---

1. Cette brigade avait été complètement disloquée par la retraite de Dijon à Autun. Ses 1,312 hommes n'étaient plus groupés sous l'autorité du commandant de la brigade. Celui-ci n'avait plus avec lui que les 2 bataillons de l'Égalité, quelques hommes de la guérilla marseillaise, une 5ᵉ compagnie de cette guérilla arrivée la veille, et quelques francs-tireurs, en tout 337 hommes. Le reste avait fait défection, sous les ordres du lieutenant-colonel Chenet. Le rapport particulier de la brigade (signé Jolivalt) semblerait prouver que toute la 2ᵉ brigade a été, en quelque sorte, perdue du 1ᵉʳ au 4. Elle a successivement stationné pendant ce temps à Auxy, Marmagne, Montcenis, Antully.

CAMPAGNE DE BOURGOGNE.

4ᵉ brigade. — *Commandant :* Col. RICCIOTTI GARIBALDI.
Chef d'état-major : E. THIÉBAULT.

	Officiers.	Hommes.
État-major	4	»
Bataillon Nicolaï	10	241
Éclaireurs de l'Allier (Prieur)	»	55
— du Doubs (Begey)	1	24
Francs-tireurs de l'Aveyron (Rodat)	3	69
— de Dôle (Habert)	1	37
— de la Croix de Nice (Nivon)	2	45
— de Toulouse (Grzybowecki)	3	97
— des Vosges (Welker)	3	73
Chasseurs de la Loire (Laberge)	6	170
— des Alpes et Savoie (Michard)	2	61
— Dauphinois (Rostaing)	3	94
— du Mont-Blanc (Tappaz)	4	109
	42	1,075
TOTAL		1,117

Artillerie.
Commandant supérieur : lieutenant-colonel OLLIVIER.
Commandant du groupe des batteries : Comm. DYON.

	Officiers.	Hommes.
Gardes mobiles de la 2ᵉ batterie. Capit. Senné	4	166
Charente-Inférieure. 3ᵉ — Capit. Ranson	5	167
1ʳᵉ batterie de montagne (1ᵉʳ régiment du train d'artillerie), capitaine Pohin	4	82
Magasin d'armement et munitions (Lions)	»	»
	13	415
TOTAL		428

Cavalerie.

	Officiers.	Hommes.
7ᵉ chasseurs à cheval (Marie)	3	38
Guides (Farlatti)	6	83
Éclaireurs du Rhône (Massoneri)	4	46
Prévôté (Bardinal)	1	25
Train des équipages (Cerrato)	3	70
	17	262
TOTAL		279

Corps isolés.   Officiers. Hommes.

	Officiers	Hommes
Enfants perdus de Paris (Delorme)	6	309
Compagnie des carabiniers génois (Razello)	4	41
— espagnole (Garcia)	3	67
— espagnole-française (Artigala)	3	60
Francs-tireurs du Gard et Alsaciens (Braun)	6	248
	22	725
Total		747

Services spéciaux.

	Officiers	Hommes
Magasin d'habillement (Bepoix)	1	23
Ambulance (Margaillan)	20	103
Cour martiale (Magnien)	6	4
Commandement de place (De May)	6	3
	33	133
Total		166

Récapitulation.

	HOMMES.	
4 brigades	12,444	
Artillerie	428	et 18 pièces.
Cavalerie	279	
Corps isolés	747	
Services	166	
	14,064	
2 bataillons de gardes mobilisés de Saône-et-Loire	1,750	
	15,814	et 18 pièces [1].

---

1. Nous n'avons pas fait figurer la compagnie de la Revanche, les francs-tireurs de la Côte-d'Or (Godillot), la compagnie du Gers (Duluc), la batterie de 12 du 2ᵉ régiment (cap. Malenfer), les francs-cavaliers de Châtillon, etc., etc., sur lesquels nous n'avions d'autres renseignements que les noms sans indications d'effectifs.

NOTE

Essai de détermination des effectifs de l'armée des Vosges.

HOMMES.

D'après un télégramme de Garibaldi, l'armée des Vosges, au 9 novembre, compte environ 6,000
(D'après le relevé de l'inspecteur du P.-L.-M. 6,500 environ.)

Troupes arrivées le 14 novembre :

Batterie d'artillerie (lieutenant Pohin). . . .	80	
Compagnie du train	13	1,153
Légion de Garibaldi (Tanara), 1er et 2e bataillons	900	
— (3e bataillon, comt Massa).	160	

Troupes à Autun le 20 novembre (situation signée de May, commandant de place) :

Tirailleurs francs-comtois (4e compagnie) . .	64[1]	
Francs-tireurs de l'Atlas (Alger)	24	
Chasseurs de la Croix de Nice	50	
2 bataillons de gardes mobilisés de Saône-et-Loire	1,730	2,268
2e bataillon de l'Égalité de Marseille	210	
Dépôt général de l'armée	122	
Exploratori del Rodano	48	
Guides	20[2]	

Troupes arrivées dans la journée et la nuit du 21 au 22 novembre. (Commandant de place.)

Francs-tireurs constantinois	96
Garde mobile de l'Aveyron (2 bataillons) . .	2,400
Enfants perdus des Vosges	120
—	68
Phalange algérienne	80

---

1. D'après une autre situation : 70 au lieu de 64.
2.   —   67   —   20.

218 GUERRE SUR LES COMMUNICATIONS ALLEMANDES.

Francs-tireurs du Rhône	60	
— oranais	80	
— de l'Aude	60	4,522
Éclaireurs du Rhône (Deplace)	300	
Tirailleurs garibaldiens	125	
Francs-tireurs de Guelma	33	
3ᵉ bataillon de garde mobile de l'Aveyron[1]	1,100	
Armée des Vosges au 23 novembre environ[2]		13,943
Arrivée le 24 novembre :		
Légion Garibaldienne. (Comᵗ Cortelazzi[3]) 1ᵉʳ bat.	220	
2ᵉ bat.	248	
Arrivée le 25 novembre :		
3ᵉ batterie de la Charente-Inférieure	175	
		14,586

Le général Garibaldi disposait donc de 14,500 hommes environ pour ses opérations contre Dijon et pour garder Autun. (C'est un chiffre minimum, car on pourrait relever plusieurs corps dont l'arrivée n'a pas été signalée.)

Diverses situations du commandant de place de cette dernière ville permettent, dans une certaine mesure, de se renseigner sur l'effectif qui y était resté.

HOMMES.

Troupes présentes à Autun le 22 nov. (com. de place).	6,838
— 23 nov.	6,623
— 25 nov.	2,803

Si on déduit ce dernier chiffre de 14,586 précédemment déterminé, on trouve que 11,783 hommes restaient à la disposition du général Garibaldi pour l'opération en cours d'exécution.

---

1. Arrivé à 9 heures du matin.
2. M. de la Taille, inspecteur des chemins de fer P.-L.-M. à Autun pendant la guerre, estime l'effectif de l'armée des Vosges au 23 novembre à 15,000 hommes environ. Il base son calcul sur le nombre de trains qu'il a employés aux transports de l'armée des Vosges et sur l'effectif des hommes transportés dans chaque train. En reprenant ses calculs et en réduisant au minimum le nombre des hommes transportés dans chaque train (soit 600 hommes), on trouve un effectif de 12,000 hommes environ au 23 novembre.
3. Ou Castelazzo, d'après une autre situation.

Des minutes de situations de la place d'Autun, en date des 26 et 27 novembre, mais non signées, porteraient à penser qu'il ne restait pas 2,000 hommes à Autun, lors de la tentative prononcée contre Dijon.

La situation du 29 novembre remonte à 2,200.

Puis des troupes en retraite affluent dans la ville; un état des arrivés pendant la journée du 30 novembre (signé de May) fixe le nombre de ces derniers à 7,568
L'effectif de la garde mobilisée d'Autun. 1,700
ce qui avec la situation du 29, soit. 2,200
donne un total de. 11,468
à la date du 30 novembre.

La retraite se continue et une situation détaillée par brigades et corps de troupes apparaît enfin à la date du 1er décembre. C'est celle que nous avons donnée. Elle diffère d'ailleurs totalement de celle que le colonel Bordone a présentée dans son ouvrage. Elle décompose l'effectif général ainsi qu'il suit :

HOMMES.
Armée des Vosges 14,064
Gardes mobilisés de Saône-et-Loire 1,750
15,814

Le 2 décembre, l'effectif des présents à Autun s'est abaissé notablement; la situation du commandant de place en date de ce jour accuse 8,772 présents. Toutefois, il y fait figurer 180 hommes à la guérilla marseillaise et 330 à la guérilla d'Orient; or, ces troupes n'étaient pas à Autun à cette date. L'exactitude de cette situation peut donc sembler douteuse.

En date du 4 décembre, une situation décompose l'armée ainsi :

1re brigade .   3,999   La situation de la brigade porte. . .   4,050
2e   —   .   »   (s'était dispersée au combat d'Autun).
3e   —   .   5,655
4e   —   .   905   Situation de la brigade   1,020
Artillerie. .   415
Cavalerie. .   154
                11,128   ou   11,294

Or, à cette date, une grande partie des fuyards du combat d'Autun devait avoir reparu; il manque cependant encore 2,800 hommes environ et les pertes du 1ᵉʳ décembre sont insignifiantes. (Les corps isolés ont été embrigadés.) Il y a donc lieu d'ajouter foi aux allégations de M. de la Taille et de différents témoins qui représentent l'armée des Vosges comme très démoralisée après l'échec de Dijon et le combat d'Autun. Ces variations brusques d'effectifs, ces soubresauts dans le nombre des présents marquent bien ce qu'était cette armée. Son morcellement en brigades de la force d'un bataillon ou d'un régiment, l'éparpillement des hommes en une foule de corps divers[1], affublés de noms prétentieux, font bien sentir combien son organisation laissait à désirer et combien cette organisation même compliquait, comme à plaisir, la tâche déjà si difficile de son commandement. Le général Garibaldi l'avouait lui-même : en l'état des choses il n'avait guère que 3000 hommes sur lesquels il pût compter. Dans ces conditions, la formation et l'entretien d'une armée était une lourde charge pour le pays. Les hommes et le matériel méritaient d'être employés de plus utile

---

1. Il est intéressant de connaître qu'elles sont les limites minima admises par Napoléon 1ᵉʳ dans des circonstances analogues :

Napoléon au roi Joseph, lieutenant général de l'Empereur à Paris.

             Nogent, 7 février 1814.

. . . .

« Il vaut mieux avoir beaucoup de compagnies de 60 hommes qu'un petit nombre de compagnies à 120 hommes.....

« Il faut partir du même principe : étant pressé et n'ayant point le temps d'instruire le soldat, il vaut mieux avoir deux compagnies de 50 hommes qu'une de 100 hommes......

« Je vous répète qu'il vaut mieux avoir de petits bataillons afin de pouvoir utiliser tous les cadres. J'ai ici à l'armée de très petits bataillons qui me rendent tous les jours ce que me rendraient des bataillons plus nombreux.

« C'est bien assez, en général, que 140 hommes par compagnie; *si ce sont des conscrits, c'est deux fois trop fort.* »

  Au général Clarke, ministre de la guerre. Nogent, 9 février 1814.

. . . .

« Il me semble que, par 2 bataillons, il doit y avoir un major de la ligne et qu'il faut former, sous les ordres d'un général de brigade, autant de brigades qu'il y a de fois 4 bataillons. *Il faut beaucoup d'officiers avec des troupes neuves.* Attachez des canons à ces troupes. »

façon. Le Gouvernement ne l'ignorait plus; mais la question de temps primait tout alors. Il était donc sage de ne point revenir sur une décision prise et d'agir comme on l'a fait, en cherchant à tirer le *meilleur parti possible* de l'armée des Vosges.

IV. — Offensive de la brigade Crémer à Châteauneuf.

Marche de la brigade Crémer vers Autun. — Aussitôt après le succès qu'il venait d'obtenir à Nuits (30 novembre), contre la forte reconnaissance conduite par l'état-major général du XIV⁰ corps, le général Crémer apprenait la retraite de l'armée des Vosges sur Autun[1] et la pointe poussée contre cette ville par la brigade Keller.

Il se décidait aussitôt à marcher au secours de l'armée des Vosges et à attaquer l'ennemi dans son mouvement[2]. Ordre était donné au général Pellissier, commandant les gardes mobilisés de Saône-et-Loire, d'envoyer toutes les forces dont il pourrait disposer sur la route de Beaune à Bligny[3]. Deux bataillons de ces gardes mobilisés étaient alors à Chagny (3ᵉ de la 1ʳᵉ légion, 1ᵉʳ de la 2ᵉ). Deux

---

1. Une dépêche du colonel Bordone apprenait au général Crémer l'échec de l'armée des Vosges sous Dijon.

2. Nuits, 1ᵉʳ *décembre*. Général Crémer à général Bressolles à Lyon.

« Celler était à Labergement près Seurre. L'aurai demain. Essaierai peut-être avec lui prendre à revers colonne prussienne dans vallée de l'Ouche très en l'air par mon succès d'aujourd'hui. »

3. Nuits, 30 *novembre*. Général Crémer à général Pellissier, Chagny.

« Dirigez toutes troupes disponibles sur la route de Beaune à Bligny-sur-Ouche. On dit que l'ennemi s'y dirige. Tenez quand même. J'attaquerai sur les derrières. »

autres (4ᵉ légion) occupaient Beaune et Bessey-en-Chaume[1].

La 2ᵉ légion du Rhône et le bataillon de la Gironde étaient concentrés à Nuits. Mais la 1ʳᵉ légion du Rhône n'arrivait à Beaune que le 1ᵉʳ décembre vers 7 heures du soir et les troupes ne pouvaient, en conséquence, commencer leur manœuvre que le 2 décembre.

En ce moment, l'ennemi était signalé à Bligny-sur-Ouche. La 1ʳᵉ légion y était aussitôt dirigée. L'adversaire venait de quitter cette localité et la légion s'y établissait. Le bataillon de gardes mobilisés de Saône-et-Loire, posté à Bessey-en-Chaume, suivait ce mouvement.

Pendant ce temps, le bataillon de la Gironde, la 2ᵉ légion et le corps franc des Vosges quittaient Nuits. Ils allaient occuper le premier, Bligny ; la seconde, Lusigny[2] (3 heures du soir). Quant au corps franc, il reprenait son indépendance et gagnait la direction du nord.

Cependant, le manque de cavalerie faisait éprouver de grandes difficultés au général Crémer; il avait peine à déterminer les positions occupées par l'ennemi, il ignorait ses mouvements ; l'expédition menaçait d'être compromise. Mais en arrivant à Bligny-sur-Ouche, de nombreux renseignements étaient apportés de tous côtés au général par les gens du pays ; il ne tardait pas à être informé de l'échec éprouvé devant Autun par la brigade Keller ; il apprenait également la retraite de celle-ci dans

---

1. Enfin Autun en renfermait 2 de la 1ʳᵉ légion. Un 3ᵉ bataillon y était attendu (3ᵉ bataillon, 4ᵉ légion). Il y arrivait le 3 décembre.
2. Au sud de Bligny.

la direction de Dijon¹. Il s'empressait aussitôt de prendre les dispositions nécessaires pour attaquer de flanc la brigade ennemie en mouvement.

Les informations recueillies annonçaient sa présence à Sainte-Sabine et à Vandenesse.

Engagement de Châteauneuf. — Le 3 décembre, la 1ʳᵉ légion du Rhône, avec sa batterie d'artillerie, partait à 3 heures et demie du matin pour Châteauneuf par Pont-d'Ouche et Crugey.

La 2ᵉ légion se mettait en route pour Sainte-Sabine à 4 heures et demie. Elle formait la colonne de gauche, précédée du bataillon de la Gironde et des 3 compagnies des chasseurs volontaires du Rhône soutenues de 2 canons de montagne.

Le bataillon des gardes mobilisés de Saône-et-Loire les suivait².

Le général Crémer conduisait la première colonne, avec laquelle il voulait occuper la position de Châteauneuf; la seconde colonne avait pour mission de forcer l'ennemi à défiler sous son feu.

La brigade badoise était déjà rassemblée auprès de Vandenesse et au moment de reprendre sa marche sur Dijon, quand la 1ʳᵉ légion du Rhône arrivait au pied des pentes de Châteauneuf (7 heures du matin).

Deux pièces étaient aussitôt mises en batterie en avant

---

1. Le mérite d'avoir fourni ces renseignements au général Crémer revient à M. Moreau, maire et conseiller général de Bligny-sur-Ouche. Une dépêche du colonel Bordone les confirmait peu après.

2. L'état de dénûment dans lequel se trouvait ce bataillon pendant ces marches l'avait fait surnommer le *Bataillon de la misère*. Les hommes n'avaient pas d'uniformes; ils étaient chaussés de sabots et armés de simples fusils à piston.

du château. Puis le 2ᵉ bataillon (commandant Clot) se portait sur la lisière des Grands-Bois, qui dominent le défilé des Bordes. Le 1ᵉʳ bataillon s'arrêtait à l'entrée du village de Châteauneuf. Les 4 dernières pièces étaient mises en batterie au nord du village. Quant au 3ᵉ bataillon de la légion, il prenait position auprès de Sainte-Sabine.

On ouvrait le feu à l'improviste contre la colonne ennemie, mais celle-ci se remettait rapidement de sa surprise. Elle disposait 3 batteries en action près de Vandenesse et deux bataillons de mousquetaires dégageaient sa ligne de retraite sur Sombernon en refoulant sous bois le 2ᵉ bataillon de la 1ʳᵉ légion du Rhône.

La 2ᵉ légion, pendant ce temps, entrait à Sainte-Sabine, après avoir détaché vers Châteauneuf le bataillon de la Gironde et les éclaireurs du Rhône. Elle portait ses 2ᵉ et 3ᵉ bataillons en première ligne vers Vandenesse. Le 1ᵉʳ bataillon restait en réserve (8 heures du matin).

L'ennemi leur opposait alors un bataillon de fusiliers. Il précipitait le départ de ses convois et de ses bagages et, rompant ensuite progressivement le combat, se mettait en retraite vers les Bordes.

Le 1ᵉʳ bataillon de la 1ʳᵉ légion suivait aussitôt ce mouvement par les Grands-Bois qui couronnent les hauteurs; 2 compagnies badoises et 1 batterie lourde étaient lancées contre lui pour l'arrêter. Elles étaient refoulées (1 heure et demie); mais elles avaient réussi à protéger la retraite de la brigade badoise, qui regagnait Velars et Dijon (le 4) sans être inquiétée davantage. Quelques compagnies de la 2ᵉ légion la suivaient jusqu'à Commarin.

L'ennemi avait perdu 165 hommes[1]. Une ambulance et 72 prisonniers étaient restés entre nos mains.

Nos pertes s'élevaient à 5 tués et 25 blessés.

Le bataillon de la Gironde et celui des gardes mobilisés de Saône-et-Loire n'avaient point été engagés. Les adversaires en présence avaient par suite combattu sensiblement à forces égales (5,800 hommes environ de part et d'autre). Mais le résultat eût pu être tout autre, si le départ des diverses fractions placées sous les ordres du général Crémer s'était effectué de meilleure heure; si, enfin, le débouché nord du défilé eût été occupé solidement au moment où la colonne de gauche arrivait à Vandenesse sur les derrières de l'ennemi.

Les succès obtenus dans ces premières rencontres affermissaient toutefois beaucoup le moral des jeunes troupes confiées au général Crémer. Le résultat stratégique cherché n'avait cependant pas été obtenu : l'adversaire, en effet, avait réussi à effectuer sa retraite et à regagner Dijon; mais, au point de vue tactique, le champ de bataille était resté à nos troupes; elles avaient repoussé l'ennemi. Désormais, elles avaient confiance dans leurs forces et dans leurs chefs; elles croyaient au succès. Il devenait possible de les engager plus sérieusement et il était permis de commencer à compter sur elles[2].

---

1. Tués 18
    Blessés 75
    Disparus 72
    —
    165

2. Il était bon pour nos soldats qu'ils crussent que c'était eux qui prenaient l'offensive, pour qu'ils fussent bien persuadés qu'ils pouvaient tenir.
(Général Crémer. — Déposition à l'Enquête parlementaire.)

V. — Projets du Gouvernement de la Défense nationale et mesures adoptées en vue d'assurer une offensive énergique. — Analogie des plans conçus et des dispositions arrêtées par le grand quartier général allemand.

A la même époque, le Gouvernement pensait à prendre prochainement l'offensive dans l'Est avec des forces importantes. Il pressait le commandant de Lyon d'organiser son armée.

Nécessité de réduire le nombre des commandements dans la région. — D'un autre côté, il songeait à réduire les nombreux commandements coexistants en plaçant le général Crémer, qui opérait déjà dans le même rayon que l'armée des Vosges, sous les ordres du général Garibaldi. Mais le commandant de Lyon, pressenti sur ce dernier point, déclarait qu'il verrait à regret adopter une telle mesure[1].

---

1. 1er *décembre.* — Guerre à Bressolles.

« ... Hâtez-vous d'organiser votre armée, au besoin réduisez-en le chiffre pour être plus tôt prêt. — Dès que vous le pourrez, vous prendrez la route que je vous indiquerai... »

6 *décembre.* — Guerre à Bressolles.

« Je désirerais placer Crémer avec toutes les forces sous les ordres de Garibaldi. Avez-vous des objections en ce qui vous concerne? Cette combinaison me paraîtrait bonne, au point de vue stratégique. En outre, je tiens à augmenter l'effectif de Garibaldi.

« Je rassemble à Besançon un corps de mobilisés qui passera sous vos ordres quand vous viendrez dans le voisinage. — Quand pourrez-vous vous mettre en route? »

11 *décembre.* — Général Bressolles à Guerre.

« Je n'ai d'autre objection à faire pour le passage de Crémer sous les ordres de Garibaldi que d'avoir le regret de voir passer sous un autre commandement un corps de mobilisés que je connais et dont les chefs et les hommes désiraient servir sous mes ordres. Je m'étais appliqué à former un petit corps d'armée. Vous m'en enlevez les éléments au fur et à mesure de leur formation...

« De la troupe que j'avais formée, il est parti, soit pour Tours, soit pour Garibaldi, 15,000 hommes et 3 batteries, c'est-à-dire ce que j'avais de mieux et de prêt absolument. »

Le ministre de la guerre lui-même ne pouvait se décider à subordonner un général français à l'autorité d'un général étranger. La situation demeurait donc aussi grave que par le passé au point de vue de la multiplicité des directions et des responsabilités[1].

Retour de la brigade Crémer à Beaune et à Nuits. — Dès le lendemain de l'engagement de Châteauneuf, le général Crémer reprenait ses positions dans la vallée de la Saône qu'il avait mission de défendre.

Le 5 décembre[2], la 1re légion rentrait à Beaune; la 2e légion[3], le bataillon de la Gironde et le corps franc des Vosges s'établissaient à Nuits. Le lendemain, ces dernières troupes s'échelonnaient entre ces deux villes et surveillaient les débouchés de la Côte-d'Or.

Organisation de la division Crémer. — Le 9 décembre, le commandement de Lyon renforçait le corps du général Crémer. Le 32e régiment de marche, 1 batterie de campagne de 4, et 1 compagnie de volontaires libres du Rhône débarquaient à Beaune. Le 12 décembre, le 57e régiment de marche et 1 batterie de 4 étaient réunis à la division, ainsi formée, et qui s'établissait à Meursault.

---

1. 8 *décembre.* — Guerre à général Bressolles.

« Pour vous enlever toute préoccupation, il ne sera rien changé pour le moment à la situation de Crémer. Veillez instamment à ce qu'il opère en parfait concert avec Garibaldi et se conforme aux directions stratégiques de ce général, sous peine de faire manquer les opérations comme Crévisier. »

2. Le Grand État-major prussien signale, XXe livraison, page 826, aux Éphémérides, une escarmouche le 5 décembre à Sombernon. 1 bataillon allemand, 2 escadrons, 1 batterie auraient été engagés. Le texte de l'ouvrage allemand n'en parle pas. On n'en trouve pas trace aux sources françaises.

3. Le colonel Ferrer était révoqué et remplacé par le colonel Chabert.

La division était alors définitivement constituée à deux brigades de la manière suivante :

Commandant de la division : Général de brigade auxiliaire CRÉMER.

Chef d'état-major . . . . Colonel POULLET.
Sous-chef d'état-major . . . . . . Commandant HENNEQUIN.
Commandant l'artillerie et le génie. . Commandant CAMPS.

1re brigade : L^t-col. GRAZIANI du 32e	3e bataillon garde mobile de la Gironde (remington américain) [Commandant DE CARAYON-LATOUR].	1,031
	32e régiment de marche (chassepots) [Lieutenant-colonel GRAZIANI] . . .	2,341
	57e régiment de marche (chassepots) [Lieutenant-colonel MILLOT]. . . .	3,085
2e brigade : Colonel CELLER (1re légion).	1re lég. du Rhône (chassepots) [Col. CELLER] avec sa batt. et sa comp. du génie.	2,791
	2e légion du Rhône (remington espagnol) [Colonel CHABERT]	2,909
	3 comp. de chass. volont. du Rhône (spencer à répét.) [Com. MARENGO].	330
	1 comp. de volont. libres du Rhône (carabine à piston) [Lieutenant JOLY].	330
Artillerie . . .	Batterie Armstrong de 9 [Cap. PÉTRAL] 1re légion.	
	22e batterie (4 de campagne) du 9e régiment [Capitaine AUBRION]. . .	116
	22e batterie (4 de campagne) du 12e régiment [Capitaine VIALA]	123
Génie.	Compagnie de la 1re légion. Compagnie de la 2e légion.	
Éclaireurs à cheval.		17
Gendarmerie.		40
	Environ.	12,783 [1]

---

1. Général Crémer à général Bressolles.
« Notre effectif est de 12,459 hommes (17 décembre). »

Conférence des commandants militaires de la région à Chalon-sur-Saône. — A la même date (12 décembre), le général Bressolles convoquait à Chalon-sur-Saône les généraux Garibaldi, Crémer et Pellissier, afin de déterminer de concert les mesures à prendre.

Il voulait ramener l'unité dans les opérations et tenter un effort vigoureux contre l'ennemi avec toutes les forces réunies en Bourgogne[1]. Le projet d'une attaque simultanée contre Dijon était agité dans cette conférence. L'armée des Vosges, qui comptait alors[2] un effectif rationnaire de 17,000 hommes environ, devait suivre la vallée de l'Ouche. La division Crémer (12,700 hommes) se porterait de Nuits sur Dijon, par Genlis, afin de prendre la place d'Auxonne pour base d'opérations. Enfin, les gardes mobilisés de Saône-et-Loire, placés sous les ordres du général Pellissier à Chagny, effectueraient une démonstration par les routes de Verdun et de Saint-Jean-de-Losne. Le général transporterait dans ce but son quartier général à Verdun-sur-le-Doubs et il répartirait ses forces dispo-

---

1. L'armée de Lyon disposait alors de 6,000 hommes entièrement prêts à entrer en ligne, mais le général Bressolles croyait devoir les réserver en vue de l'opération projetée dans l'Est avec la 1re armée de la Loire (deuxième campagne de l'Est) et pour la formation du 24e corps.

2. Armée des Vosges. 12 décembre . 15,486 plus 3 bataillons de mobilisés de Saône-et-Loire.
26 décembre . 18,213
31 décembre . 19,197

10 *décembre*. — Gambetta à Freycinet (minuit).

« Pressez Bressolles ; renforcez Garibaldi et faites-les agir systématiquement. »

11 *décembre*. — Guerre à général Bressolles.

« Pouvez-vous vous mettre en route pour le Nord ? Nous vous attendons comme le Messie, etc. »

13 *décembre*. — Freycinet à Gambetta.

« Bressolles vient de communiquer avec Garibaldi et Crémer pour entamer une action commune, mais il paraît que Garibaldi n'est pas encore tout à fait prêt. »

nibles (6,000 à 7,000 hommes) entre Seurre, Navilly et Verdun. Il devait se relier aux gardes mobilisés du Jura, qui occupaient ces points.

Mais le moral de l'armée des Vosges avait été trop éprouvé par l'échec qu'elle avait subi sous Dijon et par l'attaque imprévue d'Autun pour qu'elle pût reprendre la campagne.

Son chef se refusait à concourir à aucune opération avant que sa réorganisation fût terminée et que les renforts en artillerie qu'on lui annonçait fussent arrivés.

L'opération projetée était donc forcément remise jusqu'au moment où toutes les forces françaises seraient en situation d'agir de concert.

Conséquences de l'inaction de nos troupes pendant cette période. Réorganisation du XIVe corps allemand à Dijon. — Pendant cette période de calme, l'ennemi, bien renseigné sur les effectifs des éléments qu'il avait en présence, concentrait, autour de Dijon, toutes les troupes dont il pouvait disposer. Il rappelait de Gray une partie de la 4e division de réserve, ainsi que la 1re brigade badoise et les troupes prussiennes qu'il avait détachées sur Châtillon-sur-Seine avec mission de protéger les voies ferrées.

Dès le 6 décembre, tout le XIVe corps était réuni autour de Dijon. Il s'occupait à remettre en état ses effets d'habillement et d'équipement; il réorganisait le groupement de ses éléments constitutifs[1].

---

[1]. Une brigade de cavalerie était formée au moyen des dragons du corps et du 2° régiment de dragons. Les escadrons du 3° régiment de dragons étaient affectés aux brigades d'infanterie qui ne conservaient plus qu'une seule batterie légère. Quant aux 6 autres batteries, elles étaient groupées en *Abtheilungen* (groupes).

Instructions adressées au général de Werder (8 décembre) en vue de reprendre l'offensive. — Le 8 décembre, le grand quartier général adressait au général commandant le XIV⁰ corps, des instructions qui lui enjoignaient de ne point prolonger son stationnement, mais au contraire de diriger une offensive puissante et rapide contre les rassemblements français. L'attention du général de Werder était appelée spécialement sur l'importance d'une occupation du territoire situé entre Dôle et Senans, afin d'isoler Besançon des communications, par voie ferrée, situées en arrière et de couvrir directement le siège de Belfort, « dans l'éventualité d'entreprises tentées « du sud par des troupes amenées en chemin de fer. »

Dispositions prises par le Gouvernement de la Défense nationale en vue d'une offensive générale. — Au moment où le grand quartier général allemand adressait ces instructions au commandant du XIV⁰ corps, relativement au siège de Belfort et à la nécessité de le couvrir énergiquement, le Gouvernement se préoccupait également de cette question.

Le Délégué à la guerre tâchait d'activer les opérations des éléments organisés ; il préparait l'entrée en ligne d'éléments nouveaux ; il stimulait le zèle du commandant de Lyon et s'efforçait d'établir le concert entre l'armée de Lyon, celle des Vosges, les troupes du général Crémer, la garnison de Besançon[1] et les défenseurs de Belfort.

---

1. Au 1ᵉʳ décembre, le capitaine de vaisseau Rolland, nommé général de division à titre auxiliaire, avait remplacé le général de Prémonville au commandement de la 7ᵉ division militaire et de la place de Besançon. C'est à ce dernier point de vue surtout qu'il importe de considérer la mission qui lui fut confiée ; car la presque totalité de la division était déjà envahie. Langres et Belfort étaient investis et sous la direction immédiate de leurs gouverneurs.

Le 13 décembre, M. de Freycinet écrivait au commandant de l'armée de Lyon :

« Vous n'ignorez pas que Belfort est investi, qu'on parle
« déjà de la possibilité de sa chute prochaine et qu'on
« ajoute qu'une faible armée pourrait le débloquer. Il
« n'est pas admissible que nous restions indéfiniment dans
« l'expectative parce que des lenteurs administratives pa-
« ralysent nos intentions communes. Je vous prie donc de
« me dire catégoriquement ce qu'il vous manque pour
« que vous puissiez sortir de Lyon. Sont-ce des officiers ?
« des soldats ? de l'artillerie ?...

« A quel chiffre pourront s'élever les forces de Gari-
« baldi et comment s'établira sa coopération avec vous ?
« Les forces de Crémer figurent-elles dans votre effectif
« ou dans celui de Garibaldi ? Bref, quelles sont les forces
« totales pouvant opérer dans l'Est et à quelle date exacte
« — j'insiste sur ce point — l'opération commencera-
« t-elle ? Enfin, entrerait-il dans vos vues de rallier en
« passant une partie de la garnison de Besançon ? Indi-
« quez-moi, en quelques traits généraux, quel serait votre
« plan ; mais de grâce, hâtons-nous. »

Le même jour, une communication analogue était adressée au général commandant la 7ᵉ division militaire et la place de Besançon.

13 décembre. Guerre à général Rolland.

« Dites-moi exactement et sans grossir les chiffres,
« combien d'hommes pourront sortir de Besançon, le
« 20 courant, pour participer à une action commune dans
« l'Est. Subsidiairement, dites-moi si la disposition d'es-
« prit de ces troupes permettrait de les placer en tout ou
« partie sous les ordres du général Garibaldi ;.... nous ne
« violenterons pas, bien entendu, les sentiments de vos

« troupes et nous les placerons sous un général français
« si elles y tiennent absolument. »

L'armée des Vosges recevait également des instructions lui prescrivant de se préparer à marcher vers l'Est[1].

Le 14 décembre, le ministre de la guerre pressait encore le Délégué à son département, d'activer la préparation de l'expédition en projet. « Je tiendrais beaucoup, lui
« écrivait-il (Bourges 10 heures 55 minutes), à *nous por-*
« *ter dans l'Est sur les derrières de l'ennemi en ramassant*
« *tout sur notre passage.* Je vais rester ici jusqu'à ce que
« tout soit en bonne voie ; en attendant, faites étudier pra-
« tiquement la question d'une offensive vers l'Est. Puis
« j'irai trouver Garibaldi et Bressolles[2]. »

---

1. Bordeaux, 16 décembre 8 h. 45 soir. Colonel Bordone à général Garibaldi. Autun.

« Ministre désire que nous nous préparions à marcher vers les Vosges et que nous le fassions en dehors de toute ingérence et dans une indépendance parfaite.

« Pour cela, devrions utiliser, tant que pourrons, voies ferrées, tandis que Crémer et Bressolles feront démonstration vers Dijon et Langres pour couvrir notre mouvement. »

2. A comparer avec la situation analogue en 1814.

1814. *Au général Clarke, ministre de la guerre* (19 *février*).

« Donnez ordre au général Maison de réunir des détachements de toutes les garnisons de Flandre et de marcher sur Anvers ; de réunir également sous ses ordres la garnison d'Anvers et de reprendre l'offensive..... Ce n'est pas en s'enfermant dans les places qu'on agit ; qu'il peut réunir 15 à 18,000 hommes et avec cela rejeter l'ennemi en Hollande au lieu que des *forces mortes* dans les places laissent l'ennemi maître de toute la Belgique.... » (Napoléon).

— *Au roi Joseph, Lieutenant-général de l'Empereur à Paris* (19 *février*).

« Je ne suis pas content du général Maison ; il ne montre pas les talents que je lui supposais. Je lui fais donner ordre de *ramasser les garnisons des places de Flandre* pour se porter sur Anvers et rentrer en campagne. » (Napoléon.)

— *Au général Clarke, ministre de la guerre* (22 *février*).

« Écrivez de nouveau au général Maison. . . . .

« .... Il doit battre la campagne soit comme partisan, soit à la tête de ses

Le même jour, à la même heure, le Délégué à la guerre lui rendait compte des retards éprouvés et des difficultés qu'il rencontrait (14 décembre, 10 h. 35 minutes) :... On

---

troupes.... Est-ce en s'enfermant dans Lille qu'il croit répondre à ce que j'attendais de lui ?....

« S'il marchait sur Anvers et qu'il réunît à ses forces tout ce qu'il trouve dans les petites garnisons des places de la Flandre, il ramasserait très facilement une armée de 15,000 hommes avec laquelle il pourrait se porter sur les derrières de l'ennemi et le ferait trembler. » (NAPOLÉON).

— *Au général Clarke* (23 *février*).

« Écrivez de nouveau au duc de Castiglione que je ne suis pas satisfait de ses dispositions ; qu'il a divisé ses troupes au lieu de les réunir ; *qu'il va chercher tous les points où l'ennemi a des forces au lieu de frapper au cœur.* Réitérez-lui l'ordre de réunir sa troupe *en une seule colonne.*

« *Un succès de ce côté sera décisif pour le reste des affaires.* » (NAPOLÉON.)

— *Au roi Joseph* (25 *février*).

« . . . . . . Le général Maison ne sait ce qu'il fait : il doit sortir de ses places, réunir toutes ses garnisons, se grossir de toute la garnison d'Anvers et tomber sur les derrières de l'ennemi. »

— *Au général Clarke* (1ᵉʳ *mars*).

« Réitérez l'ordre au général Maison d'agir avec plus d'activité et de résolution, d'avoir un corps volant de 4,000 ou 5,000 hommes, de réunir successivement toutes les garnisons et de tomber sur les derrières de l'ennemi. »

— *Au général Clarke* (2 *mars* 1814).

. . . .

« Réitérez l'ordre au général Maison et donnez-en avis à Carnot de réunir les forces des garnisons y compris celles d'Anvers et de tenir la campagne.

« L'ennemi *néglige mes forces mortes* et *mes places* pour Paris..... »

— *Au général Clarke* (3 *mars*).

. . . .

« Envoyez un officier au général Maison pour lui faire comprendre combien je trouve ridicules son inertie et son peu d'activité dans un moment aussi important. »

— *Au roi Joseph* (4 *mars*).

« J'écris au ministre de la guerre, parlez-lui-en, que je suis mécontent du général Maison qui fait des bêtises. Que le ministre de la guerre lui demande de ma part *s'il a peur de mourir*, qu'il lui donne ordre de réunir les garnisons des places, celle d'Anvers, etc., et de tomber sur les derrières de l'ennemi. Il est de fait que j'ai là plus de monde que n'en a l'ennemi, mais par l'inexpérience et le défaut d'audace du général Maison, toutes ces forces sont inactives. Que le ministre de la guerre lui défende, de ma part, *d'entrer dans aucune place forte*; qu'il réunisse tout à lui et marche ou sur Anvers, sur les derrières de l'ennemi ou sur le derrière de sa ligne d'opérations qui est par Avesnes et Mons. »

« peut espérer maintenant que, dans quelques jours, cette
« armée (de Lyon) sera prête, mais c'est plus long que
« cela n'aurait dû être et je m'attendais à mieux..... Vrai-
« ment le Sud-Est ne prend pas assez de part à la défense.
« Quant à Garibaldi, j'éprouve une difficulté toute spéciale
« à le renforcer. La plupart des mobilisés auxquels je
« m'adresse, refusent absolument d'aller auprès du gé-
« néral.

« Je viens encore d'essuyer un refus péremptoire de
« Besançon, qui aurait pu et dû me fournir 4,000 à 5,000
« mobilisés pour Garibaldi. »

VI. — **Combat de Nuits (18 décembre).** — **Retraite de la division Crémer sur Beaune.** — **Retour de la division badoise à Dijon.**

Pendant que le Gouvernement préparait ainsi activement les éléments d'une offensive puissante vers Belfort, l'inaction de l'armée des Vosges forçait à l'immobilité les troupes que nous avions en ligne au sud de Dijon.

L'ennemi ne s'expliquait point cet état de choses nouveau. Il penchait même à croire qu'un mouvement, analogue à celui que la 1re armée de l'Est avait effectué, venait de se produire.

Situation d'attente de la division Crémer. — Mais le dégel succédait brusquement aux froids et le général Bressolles prescrivait au général Crémer de concentrer ses troupes pour effectuer, de concert avec le général Garibaldi, l'attaque précédemment décidée contre Dijon. La majeure partie de la division Crémer se groupait en conséquence autour de Nuits (14 décembre). Toutefois, l'armée des Vosges ne pouvait encore entrer en ligne[1] et la division Crémer restait sur ses positions dans une situation d'attente[2]. De petites reconnaissances et quelques patrouilles sur Curley, Vosne et Saint-Bernard signalaient seules sa présence[3].

Marche de la division badoise vers Beaune. — Le 16, le général de Werder se décidait à agir vigoureusement vers Beaune afin de se renseigner exactement. Il lançait, en conséquence, le 18, dans cette direction, la division badoise, sous les ordres du général de Glümer[4].

Reconnaissance de la division Crémer sur Gevrey. — Le même jour, le général Crémer dirigeait une reconnaissance sur Gevrey.

Le bataillon de la Gironde partait le premier en flanc-garde ; il suivait les hauteurs qui dominent à l'ouest la

---

1. 14 *décembre*. — Crémer à Garibaldi.

« J'ai reçu ordre de faire coup de main sur Dijon le plus tôt possible. Je suis prêt. Je dois me concerter avec vous ; pouvez-vous attaquer immédiatement ? Je vous appuierai comme vous voudrez. Général Bressolles a dû vous écrire à ce sujet. J'attends réponse courrier par courrier. Je suis massé. J'attaquerai à l'heure et au lieu précis, dont nous serons convenus. Je crois utile de faire la chose immédiatement. Faites-moi savoir sûrement si vous voulez faire l'attaque telle qu'elle a été convenue au conseil de guerre. J'irai tant que j'aurai un homme. Avec le concours de Garibaldi, nous sommes sûrs de réussir. Réponse immédiate. »

2. 32º de marche, 1ʳᵉ légion du Rhône, bataillon de la Gironde et 2 batteries à Nuits, Chaux, Boncourt, la Berchère.
2ᵉ légion et 1 batterie de 4 à Prémeaux, Comblanchien et Quincey.
57º à Beaune.

3. L'ouvrage du Grand État-major (p. 194) dit qu'on signalait aussi à Chambœuf vers le 15 décembre un bataillon de gardes mobiles en marche vers la vallée de l'Ouche. On n'a pu déterminer le bataillon dont il est ici question.

4. Ce mouvement offensif devait avoir lieu le 17. Sur la demande du général de Glümer, il était retardé jusqu'au 18. Les forces du général de Glümer comprenaient l'état-major général du XIVᵉ corps et la division badoise (moins la 3ᵉ brigade, 1 escadron du 2ᵉ dragons, le 3ᵉ régiment de dragons et 2 batteries à cheval), soit environ 15,000 hommes et 36 pièces ; 12 bataillons, 7 escadrons, 6 batteries.

route de Dijon, et s'établissait, vers six heures du matin, à l'ouest de Gevrey.

Deux bataillons de la 1re légion du Rhône et 1 batterie arrivaient dans ce village à 9 heures et l'ennemi était signalé peu après[1].

Indices et renseignemnnts sur les mouvements de l'ennemi. — En même temps, les éclaireurs volontaires du Rhône, postés vers l'est, à Saulon-la-Rue et à Broindon, annonçaient l'approche d'une forte colonne sur le premier de ces points.

En effet, les forces ennemies (15,000 hommes environ[2]) étaient sorties de Dijon dans deux directions.

---

1. Ordre du colonel Celler, 17 décembre (11 heures soir environ) :

« Le bataillon de la Gironde partira sans sacs et sans couvertures demain à 4 heures du matin pour aller occuper par Morey la crête des hauteurs situées à l'ouest de Gevrey. Il reconnaîtra le plateau jusqu'à Curley et Chambœuf, où il laissera des petits postes.

« Ce bataillon devra protéger une reconnaissance faite par la 1re légion sur la route de Dijon. Aussitôt cette reconnaissance faite, le bataillon de la Gironde se retirera par Morey sur Nuits.

« La 1re légion (1er bataillon, 2 pièces) partira de Nuits à 6 heures et sera suivie d'une 2e colonne (2e bataillon, 4 pièces) à 7 heures moins quinze. »

2. La division badoise au complet de guerre devait compter 27,264

Il faut en déduire, 3e brigade.	5,312	
Colonnes et trains	5,000	
1er escadron du 2e dragons.	155	11,452
3e régiment de dragons	677	
2 batteries à cheval.	308	

15,812

En tenant compte des pertes subies et des renforts reçus, on peut estimer que 15,000 hommes devaient correspondre sensiblement à l'effectif réel en présence, estimé d'après la méthode française, c'est-à-dire combattants, non-combattants et officiers.

En ne tenant compte que des unités : bataillons, escadrons, batteries, c'est-à-dire en omettant : les états-majors régimentaires, de brigade, de division, ceux des groupes, les services, les ambulances, etc., on arriverait à un total de 14,000 hommes. Mais cette manière de calculer ne permet pas la comparaison avec les effectifs français ; elle doit donc être rejetée.

Une colonne principale, commandée par le prince de Bade et dirigée par le général de Werder lui-même, passait par Longvic et Saulon-la-Rue. Elle était forte de 8 bataillons, 6 escadrons, 5 batteries, 1 compagnie de pionniers.

Une colonne de droite, sous les ordres du général de Degenfeld (4 bataillons, 1 escadron, 1 batterie), suivait la route de Dijon à Beaune. Cette dernière ne tardait pas à se subdiviser en trois détachements, qui prenaient les directions de Villars-Fontaine (général de Degenfeld avec 2 bataillons, $1/4$ escadron, 1 batterie), Concœur (1 bataillon, $1/2$ escadron) et Vosne (1 bataillon, $1/4$ escadron).

Des prisonniers faits à l'ennemi parmi ses éclaireurs, au nord du village des Baraques, signalaient aussitôt au général Crémer l'ensemble de ces dispositions de marche[1].

Il quittait en conséquence Gevrey et faisait replier les troupes qui s'y trouvaient sur les fortes positions de Nuits (9 heures et demie).

Sur notre gauche, les éclaireurs du bataillon de la Gironde ne tardaient pas à signaler l'avant-garde des colonnes ennemies dirigées sur les hauteurs de Curley. Le bataillon regagnait alors Nuits rapidement.

Peu de temps après, une compagnie qu'il avait laissée en grand'garde à Concœur et à la chapelle de la Serrée s'engageait avec les colonnes elles-mêmes.

De nombreux renseignements venaient encore confir-

---

1. Rapport du général Crémer au général Bressolles, commandant la 8⁰ division militaire et le 24⁰ corps, 20 décembre 1870.

« Je rencontrai à Gevrey une forte colonne dont les éclaireurs furent enlevés par une embuscade que j'avais placée au village des Baraques. J'appris par ces prisonniers que l'ennemi se dirigeait sur Nuits en 3 colonnes, l'une par la montagne, l'autre par la grande route, la troisième par Boncourt et la Berchère. »

mer les dires des prisonniers et éclairer le général Crémer. Le maire de l'Étang-Vergy annonçait l'arrivée de troupes allemandes se dirigeant sur Villars-Fontaine. Peu après, une reconnaissance de deux compagnies du 32ᵉ régiment de marche (dont un bataillon occupait alors le plateau de Chaux avec 2 pièces de 4), signalait la présence de l'ennemi à Villars-Fontaine, vers 10 heures.

Enfin, les grand'gardes de Boncourt et d'Agencourt (3 compagnies du 32ᵉ de marche) annonçaient également (11 heures 15 minutes du matin) l'approche d'une forte colonne ennemie.

Ces divers renseignements et les indices recueillis permettaient au général Crémer de se rendre un compte exact des mouvements de l'ennemi et de l'importance des forces qu'il avait en présence.

Concentration de la division Crémer à Nuits. — Il se décidait à profiter des positions favorables de Nuits et du plateau de Chaux pour y concentrer ses forces, attendre l'adversaire et le combattre.

Le colonel Poullet, chef d'état-major de la division, resté à Nuits pendant la reconnaissance effectuée le matin, y avait déjà rappelé deux bataillons de la 2ᵉ légion du Rhône et 1 batterie d'artillerie (22ᵉ du 12ᵉ) établis à Prémeaux et à Quincey. Il envoyait l'ordre au bataillon de la 2ᵉ légion, cantonné à Comblanchien, de se porter directement à Chaux. Enfin, il télégraphiait au colonel du 57ᵉ régiment de marche à Beaune d'embarquer ce corps pour Nuits[1].

---

1. « La tactique des troupes opérant en campagne prend un caractère différent.
« La rigueur de la saison force à abriter les hommes tout au moins la nuit. De
« là, pour les deux partis, extension des cantonnements et marche au combat sur
« un front très développé. La direction d'ensemble devient très difficile ; une plus

Le général Crémer rentrait alors à Nuits. Il portait aussitôt le 2ᵉ bataillon de la 1ʳᵉ légion du Rhône, stationné dans la ville, au nord-est de Nuits, le long de la voie ferrée, et il pressait l'entrée en ligne des éléments de sa division.

Le plateau de Chaux constituait la véritable clef de la position ; un bataillon du 32ᵉ et une section de pièces de 4, établie à la Bergerie, l'occupaient déjà. Trois compagnies du bataillon de la Gironde recevaient l'ordre de s'y établir. Le 1ᵉʳ bataillon de la 2ᵉ légion du Rhône, le 3ᵉ bataillon du 32ᵉ de marche et quelques détachements de la 1ʳᵉ légion y étaient immédiatement dirigés. Le général Crémer confiait le commandement de ces troupes et la défense de cette importante position au colonel Poullet, son chef d'état-major.

La ligne de bataille s'étendait ainsi pendant le premier moment de l'engagement face au nord-est, de Vosne à Agencourt (3,500 mètres environ). Les grand'gardes, formant postes détachés, occupaient, en avant du front, la Berchère et Boncourt.

Le plateau de Chaux constituait en arrière une seconde position beaucoup plus forte qui dominait la première et toutes les pentes s'étendant vers l'est.

« grande initiative doit être laissée aux chefs à tous les degrés de la hiérarchie, « cela certainement à l'avantage des troupes allemandes mieux exercées et jus- « qu'alors partout victorieuses. La supériorité de l'artillerie allemande se fait de « plus en plus sentir. En revanche l'action de la cavalerie est considérablement « limitée.... Tout danger de voir l'adversaire percer le front dégarni devant lui « paraît écarté en raison de son inhabilité et du peu de valeur intrinsèque de ses « troupes rassemblées à la hâte.

« Les Français ne résistent, pour ainsi dire, que dans les localités organisées « défensivement, mais leur résistance est alors énergique. »
(Grand État-major. Considérations sur la guerre de 1870. XXᵉ fascicule, page 1,312.)

Vers le nord, les grand'gardes établies sur les hauteurs de Concœur et les reconnaissances dirigées sur Villars-Fontaine, protégeaient le flanc gauche de la position pendant les premiers instants de l'engagement.

En arrière de ce flanc, le ravin et le cours du Meuzin, les hauteurs du bois de Poinsot et celles de Chaux permettaient d'organiser solidement la résistance contre toute offensive dirigée de ce côté.

Combat de Nuits. (18 décembre).
1ᵉʳ MOMENT.

Engagement et retraite des grand'gardes. — Dispositions de défense. — Vers 11 heures 30 du matin, l'avant-garde de la colonne principale de l'adversaire (1 régiment d'infanterie, 1 escadron, 1 batterie légère, 1 compagnie du génie) arrivait devant Boncourt.

Les trois compagnies du 32ᵉ de marche, qui occupaient ce point, lui opposaient une énergique résistance, mais, vers midi et demi, l'ennemi lançait contre le village un bataillon de fusiliers, soutenu par une batterie légère; il réussissait à nous rejeter sur la Berchère. Un deuxième bataillon ennemi venait alors renforcer le premier et tous deux, enlevant la Berchère, nous refoulaient derrière la voie ferrée [1].

Mais la vigoureuse défense des grand'gardes du 32ᵉ régi-

---

1. Au point de vue tactique, le premier moment de ce combat tendrait à prouver que la ligne de défense doit être occupée, autant que possible, par les réserves d'avant-postes plutôt que par les grand'gardes elles-mêmes.

Celles-ci en effet n'ont pu être soutenues à temps, pour une cause quelle qu'elle soit. Elles se sont repliées et c'est sur la ligne des réserves que le véritable engagement a eu lieu.

ment de marche[1] avait donné le temps au général Crémer de faire entrer en ligne les troupes qui revenaient de la reconnaissance dirigée sur Gevrey.

La 1re légion du Rhône s'établissait derrière la tranchée du chemin de fer où se trouvait déjà son deuxième bataillon.

Les grand'gardes du 32e y rejoignaient leur réserve (3 compagnies) et s'y reformaient.

Enfin, 3 compagnies du bataillon de la Gironde se déployaient en tirailleurs en avant de la tranchée.

L'intensité de notre feu empêchait complètement l'ennemi de déboucher des localités qu'il venait d'enlever.

Il lançait alors un bataillon de grenadiers sur Agencourt afin de déborder notre droite. Les compagnies de francs-tireurs qui occupaient le village, en étaient refoulées ; mais l'adversaire échouait à enlever les positions de notre extrême droite, bien défendues par un bataillon du 32e, celui de la Gironde et 1 section de 4 (22e batterie du 12e) établie à la gare.

L'ennemi faisait alors entrer toute son artillerie en action des deux côtés de la route de Boncourt à Nuits.

Le général Crémer portait aussitôt une section de la batterie de la 1re légion du Rhône (canons Armstrong de 9) sur la route de Nuits à Chaux. Elle réglait rapidement son tir à 3,000 mètres et forçait l'artillerie de la Berchère à

---

1. 32e *de marche*. Ce régiment avait été créé à Limoges, par décret du 17 septembre 1870, au moyen de 18 compagnies prises dans 18 régiments différents. Au 25 septembre, il comptait 3,866 hommes, anciens militaires de 25 à 35 ans rappelés après libération. Il avait déjà vu le feu à la Bourgonce, où il s'était vigoureusement comporté. Il y avait supporté l'effort principal de la journée. Envoyé à Gien avec la 1re armée de l'Est, il avait été ensuite dirigé sur Lyon, le 21 novembre. Le général Bressolles l'avait placé, le 10 décembre, sous les ordres du général Crémer.

changer de position. Quatre pièces de 4 (22ᵉ batterie du 12ᵉ) venaient alors se joindre à la section Armstrong et le feu prenait des deux côtés une grande intensité. L'ennemi ne pouvant observer ses coups courts masqués par les maisons de Nuits, avait peine à régler son tir et, malgré la puissance de son artillerie, il ne parvenait point encore à déboucher.

Pendant ce temps, le combat s'était également engagé sur notre gauche à Vosne. Mais nous avions aussitôt quitté ce point pour nous établir derrière la ligne de défense formée par le ravin de la Bornue et la voie ferrée. En arrière, les colonnes dirigées par l'ennemi sur Villars-Fontaine et Concœur menaçaient sérieusement notre flanc gauche. La grand'garde du bataillon de la Gironde (1 compagnie), établie vers Concœur, venait de se replier. Le 1ᵉʳ bataillon du 32ᵉ (commandant Maffre-Lacan) garnissait la lisière du Bois-Poinsot. Deux sections de 4 (22ᵉ batterie du 9ᵉ) y étaient placées en batterie et le 3ᵉ bataillon du 32ᵉ constituait réserve dans le village de Chaux.

En même temps, la section de 4 (22ᵉ batterie du 9ᵉ), établie à la Bergerie, ouvrait le feu contre les hauteurs de Concœur. Trois compagnies de la Gironde, 1 compagnie du 32ᵉ et quelques détachements de la 1ʳᵉ légion du Rhône (commandant Valentin) couronnaient les crêtes du plateau de Chaux au sud du Meuzin. Partie du 1ᵉʳ bataillon de la 2ᵉ légion du Rhône arrivait de Comblanchien et de Corgoloin pour constituer la réserve.

Combat de Villars-Fontaine et retraite de la colonne Degenfeld sur Dijon. — Vers midi, le détachement allemand dirigé par le général de Degenfeld (2 bataillons, ¼ escadron, 1 batterie légère) attaquait résolument les hauteurs du Bois-Poinsot, défendues par 1 bataillon du 32ᵉ et 4 pièces de 4 (capitaine Aubrion[1]). Il était repoussé et rejeté sur Villars-Fontaine, où le feu de nos pièces ne lui permettait pas non plus de demeurer. La batterie ennemie, établie au nord-est de Meuilley, était forcée de changer de position. Elle rentrait en action plus au nord. Mais l'adversaire, énergiquement accueilli, renonçait à prononcer aucune attaque nouvelle sur nos derrières. Il cédait le terrain et n'arrêtait sa retraite qu'à Perrigny, à 5 kilomètres au sud de Dijon.

En même temps, le détachement ennemi en marche sur Concœur (1 bataillon, $^1/_2$ escadron) renonçait à franchir le ravin profond et difficile du Meuzin. La section de 4, en batterie à la Bergerie, battait le plateau de Concœur et faisait subir à ce détachement des pertes sensibles. Il évacuait en conséquence ces hauteurs et, profitant d'un ravin qui descend vers l'est et le défilait à nos vues, il s'acheminait vers Nuits.

2ᵉ MOMENT.

Défense de la ligne du chemin de fer. — Mais l'ennemi, arrêté vers l'est par la difficulté de franchir un large espace découvert sous le feu énergique dirigé contre lui, ne tardait pas à se renforcer.

Vers 2 heures, le gros de sa colonne principale arrivait à hauteur de Boncourt. Le général de Glümer envoyait aussitôt deux bataillons de renfort aux troupes de Boncourt et de la Berchère et 1 bataillon à celles d'Agencourt. Puis, profitant aussitôt de l'élan moral imprimé à ses troupes par l'entrée en ligne de ces forces, il donnait le signal de l'attaque générale.

---

[1]. Le capitaine Aubrion fut blessé vers 3 heures.

De notre côté, le 2ᵉ bataillon de la 2ᵉ légion du Rhône venait d'arriver à Nuits ; le 3ᵉ bataillon était annoncé et ne devait pas tarder à entrer dans la ville.

La section d'artillerie, en position à la Bergerie, avait réussi à balayer les hauteurs de Concœur. Elle changeait donc son objectif et dirigeait son tir vers l'est.

Enfin, 4 pièces de la batterie du Rhône, qui n'avaient pu rejoindre la section de cette batterie[1] établie au-dessus et à l'ouest de Nuits, se portaient au sud de la ville et entraient en action.

Mais les tirailleurs répandus en avant de notre front ne parvenaient pas à rester plus longtemps en ligne. Ils se repliaient sur la forte position marquée par la tranchée du chemin de fer et prolongée par la croupe de Nuits à Quincey, que les soutiens occupaient.

La 1ʳᵉ légion du Rhône, le bataillon de la Gironde et celui du 32ᵉ régiment de marche recueillaient alors ces tirailleurs et la lutte continuait avec une énergique ténacité. Le colonel Celler était tué au moment où il s'efforçait d'entraîner en avant les réserves restées dans Nuits.

L'ennemi, toutefois, « malgré des pertes très sérieuses », réussissait à gagner du terrain en avant, « en cheminant par

---

1. Par suite de l'encombrement dans Nuits.

18 *décembre*. — Général Pellissier à général commandant Lyon et général Crémer.

« 2 bataillons, effectif 1,100 hommes environ, sont partis vers 1 heure de Seurre pour appuyer droite de Crémer. 3ᵉ bataillon, légion de Chalon (Cornille), part de Navilly pour Seurre ce soir, suivra la même destination. 3 compagnies, 430 hommes, mobiles du Jura partent ce soir de Verdun, vont coucher à Pouilly et continueront demain sur Nuits. Me restent pour garnir mes positions : à Navilly, 1 bataillon, 450 hommes, à Verdun 1 bataillon en formation (6 compagnies), et 1 compagnie mobiles Saône-et-Loire, 130 hommes. Partirai seulement demain matin pour rejoindre ma colonne. »

bonds successifs[1] ». Cinq escadrons étaient lancés sur notre flanc droit dans la direction de Quincey, deux compagnies sur notre flanc gauche.

La 2ᵉ légion du Rhône était dirigée au centre et à gauche de notre ligne au moment décisif du combat; mais l'intensité du feu ennemi et la gravité de l'engagement auquel elle se trouvait ainsi subitement mêlée, affectaient rapidement son moral. Quelques compagnies de ce corps seulement, ralliées par le commandant Mouton, se portaient en avant de la ville et prenaient part à la défense[2].

Mais l'énergie indéniable de l'adversaire, sa supériorité numérique, la direction logique imprimée à ses efforts par des cadres expérimentés et instruits avaient enfin raison de la résistance de nos jeunes troupes. Malgré leur acharnement à défendre leurs positions, bien qu'elles continuassent leur feu jusqu'à bout portant[3] et attendissent l'ennemi jusqu'au corps-à-corps[4], celui-ci, après une mêlée furieuse, réussissait à les refouler dans Nuits et la résistance se concentrait dans la ville (4 heures). L'ennemi s'emparait de la gare et s'établissait le long de la voie fer-

---

1. Grand État-major.
Les Allemands perdaient dans ce combat devant la voie ferrée plusieurs officiers supérieurs et les lieutenants-généraux de Glümer et prince Guillaume de Bade, le colonel de Renz, le major de Gemmingen, etc.
2. Lettre du général Crémer au général Bressolles.
« La 2ᵉ légion du Rhône s'est horriblement mal montrée; je n'ai pu faire sortir deux bataillons de la ville malgré l'ardeur du commandant Chabert et du commandant Mouton qui en pleuraient de rage. De ma personne, j'ai dû conduire des hommes et même un officier à l'ennemi avec le revolver sous le menton. Cette légion, quoique engagée la dernière, a presqu'immédiatement lâché la ligne du chemin de fer et la gare. Presque tous les prisonniers sont de la 2ᵉ légion et étaient restés dans les caves de Nuits. »
3. Grand État-major.
4. Löhlein.

rée. Il lançait alors un bataillon contre le quartier sud, mais il était repoussé.

3ᵉ MOMENT.

Défense de la ville de Nuits. — Notre artillerie débarrassait alors la route de Nuits à Chaux et se reportait sur le plateau. Elle concentrait son feu sur une batterie lourde que l'ennemi venait d'établir à l'ouest de la voie ferrée pour canonner Nuits. Nos troupes s'entassaient dans la ville. La 1ʳᵉ légion et quelques compagnies de la 2ᵉ légion garnissaient le périmètre et en défendaient vigoureusement les approches. Les autres troupes se portaient sur le plateau afin de former échelon en arrière et de protéger la retraite des défenseurs de la ville, comme ceux-ci venaient de couvrir la leur.

En ce moment, un bataillon du 57ᵉ régiment de marche arrivait de Prémeaux et, conduit par le commandant du régiment (colonel Millot), prononçait une vigoureuse offensive contre la gare occupée par l'ennemi[1]. Un deuxième bataillon de ce régiment se portait vers Quincey[2]. Un combat de rues s'engageait aux abords de la gare ; le bataillon du 57ᵉ ne parvenait pas à déboucher et se repliait en arrière du pont du Meuzin. Deux compagnies, conduites par le capitaine adjudant-major Santelli, tentaient infructueusement de renouveler l'attaque, en cheminant le long des maisons.

---

1. 40 hommes du bataillon de la Gironde, qui n'avaient pas accompagné leur bataillon sur le plateau de Chaux, se joignaient au 57ᵉ.

2. Rappelé le matin de Beaune par télégramme (reçu vers 10 heures), le 57ᵉ n'avait pu embarquer en chemin de fer (midi 1/2) que son 1ᵉʳ bataillon et le 2ᵉ, moins 2 compagnies. Le départ du train ne s'était effectué qu'à 1 heure 1/2. Le débarquement s'était terminé à Prémeaux vers 3 heures. Ce retard, affirme le colonel chef d'état-major de la division Crémer, serait entièrement imputable à la Compagnie du chemin de fer qui, malgré les ordres donnés, n'avait pas tenu de trains formés à l'avance et prêts à partir.

Mais l'ennemi faisait entrer en action une nouvelle batterie, qui prenait position sur la voie ferrée.

Les pertes considérables que nous subissions ne nous permettaient plus de tenir dans la ville.

4ᵉ Moment.

Défense du plateau de Chaux. — Vers cinq heures, Nuits était évacué et les troupes se reportaient en arrière sur la clef de la position; elles garnissaient les crêtes orientales du plateau de Chaux pendant que le bataillon du 57ᵉ opérait sa retraite sur Prémeaux où il s'établissait.

La situation devenait en ce moment la même qu'au combat du 30 novembre (1ᵉʳ combat de Nuits, page 200). A cette date, les forces ennemies établies dans Nuits avaient été forcées d'évacuer la ville, que les feux dirigés du plateau de Chaux rendaient intenable. On pouvait encore espérer un résultat semblable; nous occupions en forces la clef de la position : celle-ci ne pouvait être abordée sans des pertes disproportionnées au résultat probable. La lutte pouvait donc se terminer à notre avantage.

Nos batteries continuaient en conséquence leur feu jusqu'à la nuit et le général Crémer préparait pour le lendemain une attaque de la ville.

Mais un examen sérieux de la situation ne tardait pas à lui montrer à quel point ses jeunes troupes avaient été éprouvées par le combat. Le 3ᵉ bataillon du 32ᵉ, en réserve à Chaux, n'avait pas, il est vrai, été engagé. La 2ᵉ légion du Rhône avait peu combattu, mais son effectif s'était toutefois abaissé considérablement. Le 2ᵉ bataillon du 57ᵉ, envoyé sur Quincey, était encore intact, ainsi que le 3ᵉ bataillon qui arrivait à Prémeaux ; enfin, le 1ᵉʳ bataillon de ce régiment, engagé dans Nuits, n'avait combattu que vers la fin de la journée et conservait toute sa valeur.

Toutefois, la 1re légion, 2 bataillons du 32e et le bataillon de la Gironde avaient beaucoup souffert. Nos pertes s'élevaient environ à 2,350 hommes dont 1,300 tués ou blessés[1].

En outre, le manque de munitions de réserve ne permettait ni de réapprovisionner nos batteries et les troupes

---

1. **Tableau des pertes au combat de Nuits.**

D'après les historiques.

		Officiers.	Hommes.	Totaux.
1re légion	tués	10	704	731
	blessés	17		
	disparus	4	460	464
		31	1,164	1,195
2e légion	tués	1	100	101
	blessés	4	180	184
	disparus	4	485	489
		9	765	774
32e de marche	tués	»	»	»
	blessés	»	»	»
	disparus	»	»	»
		»	»	125
57e de marche	tués	»	»	»
	blessés	»	»	108
	disparus	»	»	»
		»	»	108
Bat. de la Gironde	tués	»	»	18
	blessés	»	»	20
	disparus	»	»	30
				68

22e batterie du 12e 5
22e du 9e, aucun renseignement.
Francs-tireurs, etc. —

Soit 1,300 tués ou blessés, 1,050 disparus.

D'après un télégramme du général Crémer adressé au général Bressolles, le 22 décembre à 6 heures 25.

		Officiers.	Hommes.	Totaux.
1re légion (renseignements non encore parvenus) environ.				600
2e légion	tués	1	24	25
	blessés	4	146	150
	disparus	3	432	435
		8	602	610
32e de marche	tués	3	»	3
	blessés	2	240	2
	disparus	»		240
		5	240	245
57e de marche	tués	1	»	1
	blessés	3	»	3
	disparus	»	54	54
		4	54	58
Bataill. de la Gironde environ.				150

22e batterie. (Rien relativement à l'artillerie et autres corps.)

Soit 1,100 tués ou blessés, 1,000 disparus.

qui avaient été engagées, ni de s'exposer à un combat sérieux pour le lendemain[1]..

Retraite de la division Crémer sur Beaune. — Vers 7 heures du soir, le général Crémer repliait en conséquence les troupes qui garnissaient les hauteurs de Chaux, dans la direction de Beaune, par Magny et la Doix. Le 57ᵉ régiment de marche, débarqué alors en entier, quittait ses positions en avant de Prémeaux et prenait la route de Beaune avec les 2 sections de la batterie du Rhône qui lui avaient été adjointes.

Vers 10 heures du soir, le colonel Ricciotti Garibaldi, envoyé par le commandant de l'armée des Vosges pour soutenir la division Crémer, prenait position avec 800 hommes environ au nord de la Doix. L'ennemi, fortement

---

1. **Examen de la question du manque de munitions à Nuits.**

Le général Crémer et le colonel Poullet disent qu'une des causes de la retraite a été le manque de munitions. C'est certainement munitions de réserve qu'il faut lire, en effet :

Le 32ᵉ ne dit pas que les munitions aient manqué.
Le bataillon de la Gironde ne dit pas que les munitions aient manqué.
La 2ᵉ légion n'a pas été engagée sérieusement.
Le 57ᵉ a donné à peine vers la fin du combat et encore avec un seul bataillon.
La 1ʳᵉ légion seule dit : « Vers deux heures les munitions s'épuisent. »
Artillerie. La 22ᵉ batterie du 12ᵉ a consommé 523 obus ordinaires.
                                                22 — à balles.
                                                19 boîtes.
                                                ───
                                                564 soit 94 coups par pièce.

Pour le reste de l'artillerie, le commandant Camps ne dit pas que les munitions aient manqué. Voici la phrase : « Cependant les munitions s'épuisent. Pour ne « pas en manquer j'ai fait tirer au commandement. J'ai pu ainsi soutenir le « feu jusqu'à la nuit, même après que celui de l'ennemi avait cessé. »

De son côté, le Grand État-major nous apprend que les troupes allemandes ont trouvé dans Nuits une grande quantité de munitions.

On peut donc estimer que les munitions n'ont pas manqué, mais que celles de réserve (demandées avec instance par le général Crémer et non envoyées), faisant défaut, on n'a pas voulu, avec ce qui restait, s'exposer à un engagement sérieux pour le lendemain. Ainsi interprétée, la phrase du général Crémer est exacte.

éprouvé par la lutte de la journée, ne songeait pas d'ailleurs à pousser aussi loin.

Occupation de Nuits par l'ennemi ; ses pertes. — Il plaçait ses avant-postes vers Chaux et Prémeaux. Il établissait ses bataillons qui étaient entrés dans Nuits, au bivouac sur la place du Marché et installait le reste de ses troupes près de la Berchère et d'Agencourt.

Ses pertes s'élevaient à 55 officiers et 853 hommes (908)[1]. Le général de Glümer et le prince de Bade étaient au nombre des blessés[1].

Concentration de la division Crémer à Beaune. — Cependant la division Crémer se reformait à Beaune pendant la nuit du 18 au 19. Les troupes du colonel Ricciotti Garibaldi ne tardaient pas à l'y rejoindre ainsi que 4 bataillons de gardes mobilisés de Saône-et-Loire[2] que le général Pellissier avait portés en avant, vers 3 heures (soir), au moment où le bruit de la canonnade de Nuits augmentait d'intensité. 2 batteries de montagne arrivaient encore de Lyon. Enfin, partie des brigades Menotti Garibaldi et Bossak-Haucke de l'armée des Vosges annonçaient leur arrivée.

Mesures prises pour défendre Beaune et occupation de Chagny. — L'encombrement occasionné dans Beaune par une concentration aussi importante ne permettait pas d'y faire stationner longtemps les troupes. Le général Crémer faisait arrêter à Chagny 6,000 hommes annoncés de Lyon. Il portait le 19, sur ce même point, la majeure partie de

---

1. **Pertes allemandes.**

	TUÉS.	BLESSÉS.	DISPARUS.	TOTAUX.
Officiers	18	37	»	55
Hommes	201	629	23	853
	219	666	23	908

2. 1ᵉʳ bataillon de la 1ʳᵉ légion ; 3 bataillons de la 4ᵉ légion.

sa division et ne laissait à Beaune que le 57ᵉ régiment de marche et 2 batteries de montagne. Les troupes envoyées par l'armée des Vosges retournaient à Autun [1].

Des travaux de défense étaient entrepris autour de Beaune et l'on préparait tout pour reprendre prochainement une offensive énergique.

Retraite de la division badoise de Nuits sur Dijon. — Le même jour, le général de Werder, de son côté, évacuait Nuits, où il ne lui était pas possible de se maintenir, et il ramenait les troupes badoises sous Dijon.

VII. — Examen des modifications apportées à la situation par le combat de Nuits, les engagements de Pesmes et la prochaine entrée en ligne de la 2ᵉ armée de l'Est (1ʳᵉ armée de la Loire).

En arrivant à Chagny, la division Crémer y trouvait rassemblés les renforts que le commandant de Lyon s'était empressé de diriger vers Nuits à la première nouvelle d'un engagement sur ce point.

C'était une brigade et 3 batteries sous le commandement du colonel Bousquet (6,000 hommes environ). De concert avec ce dernier, le général Crémer réorganisait très rapidement ses troupes : dès le 20, les reconnaissances pous-

---

1. 20 *décembre*. — Général Bressolles à ministre de la guerre.

« Lieutenant-colonel Deshorties rentre de Beaune et de Chagny. La situation « y est bonne. Le moral des troupes est très bon. L'affaire de Nuits s'est bornée « à l'évacuation de la ville à la nuit close, etc. »

On peut sentir ici toute la différence qui existe entre les troupes organisées à peu près comme l'expérience et la raison l'exigent et celles auxquelles on a appliqué une organisation de fantaisie. La journée de Nuits, bien que le combat eût été fort sérieux, n'avait point désorganisé les troupes du général Crémer. Que l'on compare avec l'armée des Vosges après l'échauffourée de Dijon !

sées en avant de Beaune par le colonel Millot, commandant le 57ᵉ régiment de marche, lui signalaient l'absence de l'ennemi au nord de Nuits. Il songeait à se reporter en avant.

Mais d'autres opérations beaucoup plus importantes, en voie de préparation depuis quelques jours, commençaient à entrer dans la période d'exécution.

La deuxième campagne de l'Est allait commencer.

Il était, en conséquence, indispensable de ne point attirer l'attention de l'ennemi vers Beaune et Chagny. Toute opération qui eût pu conduire à un engagement, devait être évitée, car les conséquences, pendant ce moment critique, en eussent été incalculables. Dès le 19, d'ailleurs, le Gouvernement avait fait connaître ses intentions formelles au général Crémer en lui adressant la dépêche suivante :

« Général, puisque vous jugez que vous devez vous re-
« plier sur Chagny, je vous adresse l'ordre formel de tenir
« dans cette position jusqu'à la dernière extrémité, *jusqu'à*
« *la mort*. C'est une position indispensable pour les mou-
« vements ultérieurs qui peuvent être décidés.

« Signé : Gambetta. »

Les circonstances imposaient, en conséquence, la plus grande prudence dans les mouvements en avant. Le général Crémer se bornait donc à soutenir le 57ᵉ régiment de marche en occupant fortement Beaune.

Dès le 22, le bataillon de la Gironde et la 2ᵉ légion y étaient transportés. Le 24, la 1ʳᵉ brigade et le 32ᵉ de marche venaient les y rejoindre.

Mais la formation du 24ᵉ corps venait d'être décrétée. L'endivisionnement des troupes était modifié. Tout était préparé en vue de l'arrivée prochaine de la 2ᵉ armée de l'Est sur ce théâtre d'opérations. Tout était subordonné en outre aux intérêts de l'importante expédition qui allait s'engager et de l'offensive vigoureuse dont il fallait assurer les moyens.

Considérations sur la résistance opposée à l'offensive de l'adversaire et à ses projets. — L'ennemi, d'ailleurs, n'avait pas atteint l'objectif que lui assignaient les instructions du grand quartier général. Il n'avait point dépassé Nuits, il n'avait pas dissipé nos rassemblements. La division Crémer lui avait opposé une résistance vigoureuse.

Attaquée en flagrant délit de concentration [1], elle avait

---

1. **Effectifs français et allemands mis successivement en ligne au combat de Nuits.**

Front est. — Bataillon de la Gironde, 2 compagnies. . . 515
32⁰ de marche, 1 bataillon 781
1ʳᵉ légion et batterie Armstrong, 3 bataillons. 2,691   6 pièces.
Corps francs. 330   2
22ᵉ batterie du 12ᵉ régiment 123   6
                                                    ―――   ―――
                                                    4,440 14 pièces.
1ᵉʳ renfort, 2ᵉ légion, 2 bataillons 1,972
2ᵉ renfort, 57ᵉ de marche, 1 bataillon 1,084
                                                    ―――
                                                    7,496 et 14 pièces
(sans cavalerie).

Les Allemands attaquent avec 9 bataillons, 6 escadrons 1/4, 1 compagnie pionniers, 5 batteries.
Soit environ   11,500 hommes et 30 pièces
Contre   7,496   —   14
Différence   4,004 hommes et 16 pièces en plus du côté des Allemands.

Flanc gauche (nord). — Bataillon de la Gironde, 3 comp.   515
32ᵉ de marche, 2 bataillons. 1,560
2ᵉ légion, 1 bataillon   936
26ᵉ batterie du 9ᵉ. . . . .   116 et 6 pièces
2 compagnies génie (légion du Rhône).   200
                                                    ―――
                                                    3,327 et 6 pièces
(sans cavalerie).

Les Allemands attaquent avec 3 bataillons, 3/4 d'escadron, 1 batterie, soit environ 3,500 hommes et 6 pièces.

Effectifs totaux en-⎧ Français . . . . . . 10,880 hommes et 20 pièces.
gagés.   ⎩ Allemands 15,000   —   36
           Différence . . . . **4,120 hommes et 16 pièces**
en plus du côté des Allemands.

1,880 hommes environ du 57ᵉ, transportés en retard, ne figurent pas dans ces chiffres. Ils *n'ont pu arriver à temps sur le champ de bataille.*

néanmoins arrêté l'ennemi pendant six heures et ne s'était retirée qu'à la nuit. Elle occupait Beaune, prête à reprendre l'offensive, elle poussait des reconnaissances au nord de Nuits, et l'ennemi, *comme avant l'engagement,* ne s'éloignait pas des environs immédiats de Dijon.

Engagements de Pesmes. — Vers Dôle, les troupes de la 4ᵉ division de réserve qui bordaient l'Ognon, n'avaient pas été plus heureuses. Le 17 décembre [1], elles avaient, il est vrai, lancé sur Pesmes 7 compagnies, 1 escadron et une batterie lourde avec mission de couper les ponts. Ce détachement avait sabré ou pris une des reconnaissances (60 hommes environ) envoyées par la 3ᵉ légion du Jura; il avait réussi à couper un des ponts, celui de la Forge. Mais le lendemain, les 1ᵉʳ et 2ᵉ bataillons de la 3ᵉ légion du Jura, renforcés de 2 compagnies du 84ᵉ de ligne, reprenaient l'offensive, chassaient l'ennemi de Pesmes et le suivaient jusqu'à Sauvigney.

Il revenait en forces les jours suivants et il effectuait la destruction prescrite; mais la légion du Jura, soutenue par quelques troupes de la garnison d'Auxonne, ne lui permettait pas de pousser plus au sud.

Sur ce point encore, les prescriptions du grand quartier général (8 décembre) au commandant du XIVᵉ corps n'avaient donc pu être exécutées. Le terrain, situé entre Dôle et Senans, restait intact et *les communications de Besançon avec le sud demeuraient aussi libres que par le passé.*

---

1. *17 décembre.* — Sous-préfet Chalon à général division à Lyon.

« Aujourd'hui 1,500 Prussiens ont occupé Pesmes pour couper les ponts. « Ils ont réussi à couper celui de la Forge. Attaqués par les 1ᵉʳ et 2ᵉ bataillons « de la 3ᵉ légion du Jura et par 2 compagnies du 84ᵉ de ligne, les Prussiens « ont été chassés de Pesmes et poursuivis jusqu'à Sauvigney. Signé : Cotti. »

Inaction de l'armée des Vosges. — Mais, s'il était recommandé aux forces réunies à Beaune de ne point attirer l'attention de l'ennemi en prenant l'offensive, la nécessité d'une diversion effectuée par l'armée des Vosges, spécialement dans la direction de Dijon, se faisait, au contraire, particulièrement sentir.

Néanmoins, cette armée ne semblait pas disposée à marcher en avant.

Le Délégué à la guerre adressait la dépêche suivante au général Garibaldi afin de l'amener à comprendre la haute importance qu'il y avait à faire concourir tous les efforts au succès de l'expédition capitale en préparation[1] :

« Il serait très utile que vous ne restiez pas enfermé
« dans Autun. Vous pourriez nous rendre de grands ser-
« vices, en ce moment, en faisant des démonstrations dans
« différentes directions de manière à inquiéter l'ennemi
« et à le retenir dans le territoire environnant. Je crois que
« vous feriez bien de transporter votre quartier général à
« Bligny. Vous examineriez ensuite, avec M. de Serres, si
« vous ne devez pas avancer davantage vers le nord. J'au-
« rais toujours compris, quant à moi, que votre mission
« était d'occuper Dijon. »

Toutefois, l'armée des Vosges continuait à borner son action à l'envoi de quelques bandes de francs-tireurs dans les directions de Châtillon-sur-Seine et de Sombernon.

---

1. Lyon, 21 *décembre*. — Guerre à Délégué.

« Aussitôt le mouvement commencé, Bourbaki prend le commandement suprême de toutes les troupes régulières, 18e, 20e, 24e corps.

« Mais *il est impossible, tout en initiant Garibaldi et en l'y faisant coopérer, de le placer sous un commandement quelconque.* Je suis sûr d'ailleurs que pour Bourbaki, comme pour Garibaldi, c'est la plus utile combinaison. »

CHAPITRE III

CONCLUSIONS DE LA CAMPAGNE DE BOURGOGNE

La campagne de Bourgogne n'avait pas été infructueuse. A son début, l'**armée des Vosges,** encore isolée, se refuse à attendre un renfort important, dont l'entrée en ligne est prochaine.

Elle dirige contre **Dijon** une tentative audacieuse. Les premiers moments en sont couronnés de succès; mais un échec, dont les conséquences sont graves, rejette brusquement l'armée sur Autun et la condamne, en la désorganisant, à une longue et néfaste immobilité.

L'ennemi la poursuit sous **Autun.** Il échoue cependant à compléter son succès et à s'emparer de la ville.

En même temps, la nouvelle de l'entrée en ligne de la **brigade Crémer** et de l'engagement heureux que celle-ci vient de remporter à Nuits, décide la brigade Keller à se replier rapidement sur Dijon.

La brigade Crémer a déjà marqué sa première étape en battant l'ennemi à **Nuits.**

Elle signale la seconde en se jetant rapidement sur la brigade Keller en retraite. Elle active la rapidité de celle-ci au défilé de **Châteauneuf.**

Le grand quartier général allemand s'inquiète de savoir des troupes actives et organisées au sud de Dijon.

Il prescrit une offensive énergique au commandant du XIVe corps. Celui-ci lance la division de Glümer contre la **division Crémer,** qui se concentre rapidement sur les fortes positions du plateau de Chaux et de **Nuits.**

10,800 Français y soutiennent pendant six heures une lutte honorable contre 15,000 Allemands. La clef de la position demeure entre nos mains. Nous ne l'abandonnons qu'à la nuit, sans que l'adversaire ait pu nous y contraindre.

L'offensive ennemie est suspendue. La nôtre se réserve pour ne pas révéler en temps inopportun les grands mouvements de concentration qui préparent la deuxième campagne de l'Est.

Des résultats sérieux avaient été obtenus. Deux fois, à Prénois et à Châteauneuf, nos troupes avaient pris l'initiative des mouvements. Quatre fois, à Prénois, à Autun, à Châteauneuf et à Nuits (30 novembre), le succès avait récompensé nos efforts et ranimé notre moral.

Le dernier combat (18 décembre), loin de constituer une défaite, arrêtait l'adversaire dans ses projets et l'empêchait d'atteindre son objectif. Il lui donnait enfin la mesure de la valeur des éléments que nous lui opposions.

Ces événements n'étaient pas sans importance stratégique. Au point de vue moral, ils pouvaient marquer le début d'une ère nouvelle. L'espérance renaissait. La confiance allait revenir et, avec elle, l'ancienne valeur de nos troupes.

Les succès obtenus doivent nous faire regretter qu'une direction unique n'ait point présidé aux opérations entreprises sur ce théâtre. Le lien qui doit relier les forces mises en jeu avait fait défaut. Les efforts avaient été successifs et trop décousus. Nulle entente, nul concert n'avaient pu être établis entre des chefs qu'aucun commandant supérieur ne dirigeait.

On avait rompu l'*unité de la pensée militaire*. Les résultats en avaient été amoindris.

Aussi est-il permis de méditer en terminant ce principe qui semblait oublié :

« *L'unité du commandement est la chose la plus impor-*
« *tante à la guerre. Deux armées, indépendantes l'une de*
« *l'autre, ne doivent jamais être placées sur un même théâ-*
« *tre.* » (Mémoires de Napoléon[1].)

---

1. « Je crois qu'il faudrait plutôt encore un mauvais général que deux bons. La guerre est comme le gouvernement ; c'est une affaire de tact. »
(Lettre au citoyen Carnot. — Lodi, 14 mai 1796.)

POST-FACE

> « L'infanterie forme la *masse* de l'armée, et ses éléments sont les *hommes*. »
> RÜSTOW.

La guerre, de nos jours, se fera avec le *nombre;* dans ce nombre, « l'infanterie forme la *masse de l'armée,* et ses « éléments sont les *hommes.* »

Cette remarquable définition de Rüstow, dont il faut peser les termes, renferme la notion précise des moyens de l'arme, mais aussi le secret de toute la puissance militaire d'une nation.

Examinons, en effet, l'esprit de chaque arme sur le champ de bataille à un point de vue purement philosophique.

L'artillerie est l'arme stable par excellence; elle se compose de *machines* servies par des hommes ; mais ici l'homme reste au second plan. Le matériel est le lien puissant qui réunit ce personnel et le rive à la batterie qu'il est chargé de servir. Toute diminution dans son nombre, sous réserve d'une certaine limite, n'a qu'une influence secondaire sur l'efficacité positive de l'arme ; celle-ci peut continuer le feu de ses pièces, quelles que soient ses pertes.

L'artillerie constitue donc l'ossature même de l'armée combattante, sa partie solide. Son moral, ou plutôt sa résistance, réside dans l'immobilité et dans le poids relatifs de son matériel, dans la *collectivité de son emploi.* L'éducation morale de l'homme n'a pas, chez elle, une importance prépondérante; l'instruction suffit.

La *cavalerie*, au contraire, est l'*arme rapide :* l'arme du *mouvement* et de l'*improvisation ;* aussi de Brack a-t-il pu dire que, dans son emploi au combat, « sa rapidité, c'est « son génie ». Ici encore, cependant, un lien, étranger à l'homme, existe au moment de la crise; il est une cause de cohésion; c'est le cheval qui le constitue. Enfin ce mouvement même, cet entraînement mutuel en avant, cette vive émulation physique, à corps perdu pour ainsi dire, sont un sûr garant contre les défaillances individuelles. Toutefois, hâtons-nous d'ajouter aussi que cet état de crise constitue l'exception et que, par suite, dans toutes les autres circonstances d'emploi de l'arme, l'éducation individuelle, l'*élément humain,* en un mot, joue un rôle des plus importants.

Mais pour l'*infanterie* aucun lien semblable n'existe; chez elle, l'élément humain domine tout le reste.

Son lien unique, c'est la *solidarité mutuelle, c'est la confiance réciproque.*

C'est assez dire qu'ici c'est l'homme et l'homme seul qui fait la mesure des choses et que toute la puissance de l'arme réside uniquement dans la force donnée à son éducation en temps de paix.

Ici, en effet, point de matériel *collectif* et pesant à servir; aucune grandeur pour vous attacher au rivage..... ou à la position : l'armement est *individuel;* la cohésion n'est nullement forcée; elle est *affaire de volonté*.

Ici, point de montures instinctivement groupées, pas d'entraînement de vitesse; mais des hommes, écrasés sous le poids d'une charge inhumaine, s'avançant lourdement et péniblement par l'effort tenace de leur volonté propre, c'est un flot puissant qui monte ; c'est la *masse* qui donne ; c'est le *nombre* qui prend pied et *définitivement*.

Avant d'en arriver à ce point décisif où le gain de la lutte n'est déjà plus douteux, que de difficultés l'arme n'a-t-elle pas à vaincre?

Le rang, somme toute, est la garantie prise par la discipline contre la faiblesse de l'homme devant le danger.

Plus ce rang est mince et ténu, moins sa cohésion est grande; or, personne n'ignore que les formations d'où la phalange et la légion tiraient leur force ont fait leur temps et ne sont plus possibles.

L'infanterie est donc condamnée pour son cheminement, pour sa lente et pénible marche d'approche, à ces longues lignes flottantes et indécises, où l'homme reprend, avec son individualité, toutes les faiblesses de sa nature.

Quelles dépenses d'efforts, d'ordre, de méthode, d'impulsion, de cœur surtout, ne faut-il pas pour donner le branle et le mouvement à cette machine si lourde et cependant si fragile qu'on redoute sans cesse de la voir tomber en pièces et s'éparpiller ou s'abandonner à la paralysie et aux « tireries », si fortement condamnées par le maréchal de Saxe, comme aussi par l'expérience de tous les temps.

Combien d'hommes en proie aux émotions et aux labeurs de cette marche sans entraînement ne trouvent point en eux-mêmes la ténacité morale indispensable et, devant ce frémissement de leur être physique, devant cette *révolte de la bête,* cèdent à la tentation et « *s'impriment sur la montagne* » (*Drückeberger*), comme le disent les Allemands dans un langage pittoresque.

L'esprit d'une bonne infanterie n'est pas, ne peut pas être le simple résultat d'un entraînement militaire de quelques mois, de quelques années.

Il dépend soit de l'*éducation morale première de l'homme*, soit d'un *idéal*, soit d'un *fanatisme*. Il est fonction de l'*esprit public*.

L'infanterie est l'image fidèle de la nation qui l'alimente. Celle-ci s'y reflète comme dans un miroir avec ses qualités, ses défauts et ses passions.

Il lui faut l'esprit d'abnégation personnelle, l'esprit de dévouement, l'esprit de sacrifice, poussés à leurs plus extrêmes limites.

La nation a-t-elle la notion du respect des hommes et des choses ? a-t-elle été façonnée, dès l'enfance, par les leçons de la solidarité et de la discipline à tous les degrés ? a-t-elle le culte de l'État? a-t-elle un idéal de *patriotisme* ou de *loyauté?* c'est au combat que nous retrouverons ces qualités maîtresses, *ces vertus,* alors que notre fantassin, placé entre l'âpre instinct de sa conservation et l'idée de son devoir, sortira vainqueur de cette lutte décisive et méprisera les innombrables facilités qu'il trouvera en route pour se dérober au combat.

. . . .

« L'infanterie forme la *masse de l'armée,* et ses éléments sont les *hommes.* » C'est la *nation même.*

APPENDICE

APPENDICE

Calcul des effectifs allemands d'après le chiffre des rationnaires, dans le but d'établir la comparaison avec les effectifs français.

Objet de ce travail. — Le Grand État-major prussien, dans le premier volume de sa relation de la guerre de 1870, cherche à établir la comparaison entre les effectifs des forces mises sur pied en France, et ceux des troupes allemandes.

Il arrive ainsi à citer les chiffres de 336,000 *hommes* pour l'armée française entrant en campagne, et, pour l'armée allemande, de 385,600 fantassins, 48,000 cavaliers et 1,284 bouches à feu. (Pages 15 et 59.)

A première vue, l'on est porté à considérer ces deux chiffres de 336,000 hommes d'une part, et de 385,600 fantassins de l'autre (ou même de 433,000 combattants, en y ajoutant les cavaliers) comme des quantités comparables et leur différence ne paraît pas considérable.

Il en est tout autrement. Les situations allemandes sont *militaires*, les nôtres sont purement *administratives* et nous appelons l'attention du lecteur sur le point suivant :

Rationnaires et Combattants. — Les Français décomptent en *rationnaires* ; les Allemands, en *combattants*.

Pour ces derniers, il n'y a lieu que de préciser les chiffres des *fusils*, des *sabres* et des *canons*. Au point de vue strict du commandement sur le champ de bataille, au point de vue du *rendement,* ils ont raison ; ce sont les seules quantités qu'il importe de connaître. Ainsi donc, les chiffres cités dans le Grand État-major prussien, aussi bien pour les décompositions d'effectifs généraux que pour l'évaluation des forces en présence dans les batailles et dans les combats, chose plus grave, ne font mention ni des officiers d'infanterie (qui ne sont ni fusils, ni sabres), ni des états-majors, médecins, infirmiers, payeurs, soldats du train, services, administrations, colonnes, etc., etc..., ni enfin des troupes d'artillerie. Pour cette dernière arme, ils citent le nombre des canons et cela leur suffit, car qu'importe qu'une pièce qui tire soit servie par 4 ou par 6 hommes, si elle continue son feu ?

Il n'en est pas moins vrai qu'en étudiant l'ouvrage du Grand État-major, nous avons affaire, dans nos comparaisons, à des quantités qui ne sont nullement comparables [1].

Aussi avons-nous été amenés à calculer tous les effectifs des forces allemandes d'après la base adoptée en France, c'est-à-dire en les évaluant d'après le nombre des rationnaires.

Les renseignements nous auraient en effet manqué pour calculer les effectifs français en ne tenant compte que du chiffre des combattants, appréciés d'après la méthode allemande.

Les tableaux qui suivent sont les résultats de ces calculs. Ils ont été minutieusement établis et nous avons procédé à tous les recoupements nécessaires pour nous assurer de l'exactitude des chiffres mis en avant.

---

[1]. Les éphémérides qui terminent le 5ᵉ volume de l'Histoire du Grand État-major prussien nous ont donné la liste exacte des unités ou fractions d'unités allemandes ayant assisté aux différentes batailles et aux combats ou aux engagements. Ces listes nous ont été particulièrement utiles pour en déduire les chiffres des effectifs mis en ligne par les Allemands. Nous les avons relevés pour toutes les actions de la guerre de 1870. C'est ainsi que nous avons constaté, par exemple, qu'à Wissembourg une très faible partie de la division Douay (5,000 hommes environ) avait eu affaire à 70,155 hommes, 12,033 chevaux et 144 pièces (non compris, dans ce chiffre, les sections de munitions, colonnes, trains, etc., mais y compris 6 ambulances).

Évalué en combattants, ce chiffre représente d'après nos calculs :

Fusils 56,086
Sabres 3,435
Canons 144

Ce simple exemple donne une idée précise de l'utilité pratique du travail entrepris.

EFFECTIFS NORMAUX DE GUERRE DES UNITÉS INFÉRIEURES

	OFFICIERS.	COMBATTANTS.	NON-COMBATTANTS.	CHEVAUX.	PIÈCES.	VOITURES.
Infanterie.						
1 compagnie	5	249	3	4	»	
		\[252\]				
1 bataillon.	22	998	28	40	»	4 à 7
		\[1,026\]				
1 régiment.	69	3,005	95	121	»	16 à 22
		\[3,100\]				
1 régiment hessois ou wurtembergeois	47	2,090		100	»	16
1 brigade d'infanterie.	140	6,210		256	»	33
Cavalerie.						
1 escadron.	5	150	8	170	»	1
1 régiment.	23	602	52	706	»	7
		\[654\]				
Artillerie.						
1 batterie montée lourde	4	145	6	126	6	10
		\[151\]				
1 batterie montée légère.	4	139	6	124	6	10
		\[145\]				
1 batterie à cheval.	4	143	7	207	6	10
		\[150\]				
Groupe monté à 4 batteries . . .	18	569	28	508	24	41
Groupe à cheval à 3 batteries . .	14	430	25	629	18	31
Groupe à cheval à 2 batteries . .	10	287	18	422	12	»
		\[305\]				
Groupe de 3 batteries de réserve (2 batteries montées et 1 à cheval)	11	552	6	225	18	»
Génie.						
Compagnie.	5	213	17	»		»

NOTA. — Les musiciens comptent parmi les combattants.

CORPS D'ARMÉE MOBILE

	BATAILLONS.	ESCADRONS.	BATTERIES.	COMPAGNIES.	OFFICIERS.	TROUPE et EMPLOYÉS.	CHEVAUX.	PIÈCES.	VOITURES.
Quartier général du corps et administ.	»	»	»	»	19	334	305	»	34
1re division.									
Quartier général et administrations.	»	»	»	4	4	73	62	»	7
Deux états-majors de brigade.	»	»	»	»	4	20	24	»	2
1re et 2e brigades d'infanterie.	12	»	»	»	276	12,400	484	»	64
Bataillon de chasseurs.	1	»	»	»	22	1,026	40	»	10
Régiment de cavalerie.	»	4	»	»	23	654	706	»	7
Groupe d'artillerie montée.	»	»	4	»	18	597	508	24	41
Compagnie de pionniers (pontonniers).	»	»	»	1	5	213	17	»	3
Équipage de pont léger.	»	»	»	»	2	58	98	»	15
Détachement sanitaire.	»	»	»	»	3	20	41	»	16
					357	15,231	1,980	24	165
						15,591			
2e division.									
Quartier général et administrations.									
États-majors de brigade. 2 brigades d'inf.	12	4	4	»	325	13,764	1,784	24	121
1 rég. de caval. et groupe d'artil. montée.									
2 comp. de pionniers (sapeurs-mineurs).	»	»	»	2	10	426	34	»	6
Colonne d'outils.	»	»	»	»	»	18	30	»	6
Détachement sanitaire.	»	»	»	»	3	203	41	»	16
					338	14,411	1,889	24	149
Artillerie de corps.									
État-major.	»	»	»	»	2	5	54	»	1
Groupe d'artillerie montée.	»	»	4	»	18	697	508	24	41
Groupe d'artillerie à cheval.	»	»	2	»	10	305	422	12	20
					30	1,059	984	36	62
Colonnes.									
Groupe de colonnes de munitions (5 d'artillerie et 4 d'infanterie).	»	»	»	»	25	1,553	1,505	»	220
Équip. de pontons et dét. de pionniers.	»	»	»	»	5	285	277	»	41
Détachement sanitaire.	»	»	»	»	3	203	41	»	16
Dépôt de réserve d'ambulance.	»	»	»	»	1	116	»	»	»
Dépôt de chevaux.	»	»	»	»	2	104	170	»	1
Boulangerie de campagne.	»	»	»	»	1	118	41	»	16
5 colonnes de subsistances.	»	»	»	»	10	515	825	»	160
12 ambulances.	»	»	»	»	12	755	360	»	72
Escadron d'escorte du train.	»	»	»	»	6	122	120	»	1
5 Fuhrwerks-Park-Colonnen.	»	»	»	»	5	670	1,060	»	400
					70	4,391	4,389	»	927
Total du corps d'armée.	25	8	14	3	816	35,4.9	9,617	84	1,337
						36,245			

	OFFICIERS.	TROUPE.	CHEVAUX.	PIÈCES.
CORPS DE LA GARDE.				
Quartier général.	19	334	305	»
1re division.	426	18,334	2,101	24
2e division.	362	15,447	1,997	24
Division de cavalerie.	148	4,027	4,334	»
Artillerie de corps	34	1,109	1,191	42
Trains.	70	4,391	4,389	»
	1,059	43,642	14,317	90
		44,701		
DIVISION DE CAVALERIE A 24 ESCADRONS ET 2 BATTERIES.				
État-major	4	73	62	»
1re brigade (état-major). . . .				
1 régiment à 4 escadrons . . .	48	1,318	1,424	»
1 — — . . .				
2e brigade	48	1,318	1,424	»
3e brigade	48	1,318	1,424	»
2 batteries à cheval	10	305	422	12
24 escadrons et 2 batteries.	158	4,332	4,756	12
		4,490		
DIVISION A 16 ESCADRONS ET 1 BATTERIE.				
État-major	4	73	62	»
1re brigade.	48	1,318	1,424	»
2e brigade	48	1,318	1,424	»
1 batterie à cheval.	4	150	207	6
	104	2,859	3,117	6
		2,963		
BRIGADE DE CAVALERIE A 3 RÉGIMENTS.				
12 escadrons	75	2,140	2,192	»

XIV° CORPS. Von WERDER.

	PIONNIERS (compagnies.)	BATAILLONS.	ESCADRONS.	BATTERIES.	HOMMES.	CHEVAUX.	PIÈCES.
État-major. Général de Werder......	»	»	»	»	358	305	»
Division badoise. (Général de Glümer.)							
État-major............................	»	»	»	»	77	62	»
1re brigade (de la Roche)................	»	6	»	»	12,700	508	»
2e — (de Degenfeld)..............	»	6	»	»			»
3e — (Keller)................	»	5	»	»	5,312	210	»
Compagnie de pontonniers avec équipage de pont léger.................	1	»	»	»	278	116	»
Brigade de caval. de la Roche Starkenfels..	»	»	12	1	2,140	2,192	6
Artillerie divisionnaire................	»	»	»	4	774	562	24
Artillerie de corps....................	»	»	»	4	680	814	24
Colonnes. — 3 de munitions d'artillerie, 2 d'infanterie...................	»	»	»	»			
Équipage de pont...................	»	»	»	»	5,000	4,900	»
Train : Subsistances 1, 2, 3. Parcs 1, 2, 3, 4, 5. Boulangerie, etc.................	»	»	»	»			
Total..............	1	17	12	9	27,264	14,131	54
Brigade combinée d'infanterie prussienne...	»	6	»	»	6,350	270	»
— de cavalerie —	»	»	8	»	1,366	1,424	»
Groupe d'artillerie prussienne, 3 batteries..	»	»	»	3	570	225	18
Division de colonnes prussiennes, 6 colonnes.	»	»	»	»	1,052	975	»
Détachement sanitaire..................	»	»	»	»	206	41	»
Total général.........	1	23	20	»	36,808	17,089	72
4e division de réserve. (Von Schmeling.)							
État-major...........................	»	»	»	»	77	62	»
Brigade combinée....................	»	7	»	»	7,398	296	»
Brigade de landwehr.................	»	8	»	»	6,360	256	»
Brigade de cavalerie de réserve........	»	»	8	»	1,366	1,424	»
Groupe d'artillerie combiné...........	»	»	»	6	1,038	754	36
Compagnie de pionniers..............	1	»	»	»	218	17	»
	1	15	8	6	16,457	2,809	36

Nota. — Au milieu de décembre, les bataillons de landwehr sont portés à 1,001 hommes.

DIVISION BADOISE. — Lieutenant général de BEYER.
(3 août.)

État-major de la division.

1re brigade.
(du Jarry de la Roche.)
- État-major.
- 1 régiment de grenadiers à 3 bat.
- 1 bataillon de fusilliers.
- 1 régiment de grenadiers à 3 bat.

7 bataillons.

3e brigade (combinée).
(Keller.)
- État-major.
- 2 régiments d'infanterie à 3 bat.   6 bataillons.
- 1 régiment de dragons à 4 escad.
- 1 division d'artillerie montée à 4 batteries et 24 pièces.
- 1 compagnie de pontonniers.
- 1 équipage de pont léger.
- 1 colonie d'outils.
- 1 détachement sanitaire.

13 bataillons.
4 escadrons.
24 pièces.

Brigade de cavalerie.
- 2 régiments de dragons à 4 escadrons.   8 escadrons.
- 1 batterie à cheval.   6 pièces.

Artillerie de corps.   1 groupe monté à 4 batteries.   24 pièces.

Division de colonnes.
- 2 colonnes de munitions d'infanterie.
- 3 — — d'artillerie.
- Équipage de pont.

Division du train.
- Remonte et boulangerie.
- 4 colonnes de subsistances.
- 5 ambulances.
- Détachement d'escorte.

	OFFICIERS.	TROUPE.	CHEVAUX.	
Total. 13 bataillons. 12 escadrons. 54 pièces. 1 compagnie de pionniers, etc.	465	17,818	6,221	au 3 août.
		18,283		

Au 9 août, il y a un bataillon en moins, soit . . . . .   { 12 bataillons. 12 escadrons. 9 batteries.

	OFFICIERS.	TROUPE.	CHEVAUX.
Total.	443	16,818	6,181
		17,261	

	BATAILLONS.	ESCADRONS.	BATTERIES.	COMPAGNIES.	OFFICIERS.	TROUPES.	CHEVAUX.	PIÈCES.
1re ARMÉE. (3 août.)								
État-major d'armée	»	»	»	»	40	191	225	»
7e corps	25	8	14	3	816	35,429	9,647	84
8e corps	25	8	15	3	820	35,579	9,854	90
3e division cavalerie (2 brigades, 4 régiments)	»	16	1	»	104	2,859	3,117	6
1re division de chemins de fer de campagne	»	»	»	»	4	230	16	»
1r division de télégraphes de campagne	»	»	»	»	4	143	73	»
TOTAL	50	32	30	6	1,788	74,431	22,932	180
						76,219		
Rejoignent ultérieurement : 1er corps	25	8	14	3	816	35,429	9,647	84
1e division de cavalerie (6 régiments, 2 brigades)	»	24	1	»	153	4,182	4,515	6
TOTAL	25	32	15	3	969	39,611	14,192	90
TOTAL GÉNÉRAL	75	64	45	9	2,757	114,042	37,224	270
						116,799		
2e ARMÉE.								
État-major d'armée	»	»	»	»	40	191	225	»
Garde (division de cavalerie à 3 brigades)	28	32	15	3	1,059	43,642	14,317	90
3e corps	25	8	14	3	816	35,429	9,647	8
4e corps	25	8	14	3	816	35,429	9,647	84
9e corps	23	12	15	3	809	34,263	10,463	90
10e corps	25	8	14	3	816	35,429	9,647	8
12e corps (12e division de cavalerie à 2 brigades)	29	24	16	3	1,011	42,69	12,615	9
5e division de cavalerie (3 brigades, 9 régiments)	»	36	2	»	227	6,294	6,874	12
6e division de cavalerie (2 brigades, 5 régiments)	»	20	1	»	127	3,513	3,823	6
4e division de chemins de fer de campagne	»	»	»	»	4	230	16	»
2e division de télégraphes de campagne	»	»	»	»	4	143	7	»
TOTAL	156	148	91	18	5,729	237,260	77,349	51
						242,989		
A ajouter le 2e corps	25	8	14	3	876	35,429	9,647	84
TOTAL GÉNÉRAL	181	156	105	21	6,536	272,689	86,996	65
						279,225		

3ᵉ ARMÉE.

(3 août.)

	BATAILLONS.	ESCADRONS.	BATTERIES.	COMPAGNIES.	OFFICIERS.	TROUPE.	CHEVAUX.	PIÈCES.
État-major d'armée	»	»	»	»	40	191	225	»
5ᵉ corps.	25	8	14	3	816	35,429	9,647	84
11ᵉ corps	25	8	14	3	816	35,429	9,647	84
1ᵉʳ bavarois	25	20	16	3	889	35,672	9,690	96
2ᵉ bavarois	25	20	16	3	889	35,673	9,690	96
Division wurtembergeoise.	15	10	8	2	524	21,950	6,368	54
Division badoise.	13	12	8	1	465	17,818	6,221	54
1ᵉ division de cavalerie (3 brigades, 6 régiments).	»	24	12	»	158	4,332	4,756	12
2ᵉ division de chemins de fer de campagne.	»	»	»	»	4	230	16	»
3ᵉ — de télégraphes de campagne. .	»	»	»	»	4	143	73	»
TOTAL	128	102	88	15	4,605	186,867	56,834	480
						191,472		
A ajouter :								
6ᵉ corps.	25	8	14	3	816	35,429	9,647	84
2ᵉ division de cavalerie (3 brigades, 6 régiments).	»	24	2	»	158	4,332	4,756	12
TOTAL	25	32	16	3	974	39,761	14,403	96
TOTAL GÉNÉRAL	153	134	104	18	5,579	226,628	71,237	576
						232,207		

Services d'armées.

	OFFICIERS.	TROUPE.	CHEVAUX.
5 dépôts de munitions de réserve	2	420	10
21 colonnes de munitions de réserve.	21	861	234
TOTAL	23	1,281	244
État-major du roi.	87	824	740

NOTA. — A ajouter : 17ᵉ division et divisions de landwehr (pour mémoire) [65 bataillons; 58 escadrons; 108 pièces et 5 compagnies de pionniers].

INVESTISSEMENT DE METZ.
(Du 19 août au 27 octobre.)

	BATAILLONS.	ESCADRONS.	BATTERIES.	COMPAGNIES.	OFFICIERS et troupe. (Pertes déduites.)	CHEVAUX.	PIÈCES.
États-majors généraux de la 1re et de la 2e armée . . .	»	»	»	»	462	450	»
1er corps.	25	8	14	3	33,421	9,647	84
2e —	25	8	14	3	34,997	9,647	84
3e —	25	8	14	3	27,242	9,647	84
7e —	25	8	14	3	31,022	9,647	84
9e —	23	12	15	3	29,705	10,465	90
10e —	25	8	14	3	30,989	9,617	84
13e —	29	16	9	2	34,002	6,348	54
Totaux. . . .	177	68	94	20	221,843	65,498	564
3e division de réserve (moins 1 escadron)	18	15	6	1	20,848	4,675	36
1re division de cavalerie . . .	»	24	1	»	4,336	4,519	6
3e — — . . .	»	16	1	»	2,961	3,117	6
5 compagnies du groupe d'artillerie de place hessoise. . 2 compagnies de pionniers de la garde. . . . . 3 compagnies de pionniers saxons . . . . 1 compagnie de pionniers de place du 2e corps.	»	»	»	11	2,158	»	»
Totaux généraux. . .	195	75	102	32	252,146[1]	77,839	512

1. Au complet de guerre : 231,000 hommes environ.

CORPS DE SIÈGE DE STRASBOURG. — Général von WERDER.
(24 août.)

	BATAILLONS.	ESCADRONS.	BATTERIES.	COMPAGNIES.	OFFICIERS.	TROUPE.	CHEVAUX.	PIÈCES.
État-major					60	250	350	»
Division badoise.								
État-major					15	150	250	»
1re brigade combinée d'infanterie :								
État-major	»	»	»	»				
1er régiment de grenadiers . . .	3	»	»	»				
3e — — . . .	3	»	»	»	367	14,958	628	»
4e — d'infanterie	3	»	»	»				
3e brigade combinée d'infanterie :								
État-major	»	»	»	»				
2 régiments d'infanterie . . .	6	»	»	»				
1 bataillon de fusiliers	1	»	»	»				
Brigade de cavalerie :								
État-major	»	»	»	»				
3 régiments de dragons	»	12	»	»	69	1,962	2,121	»
Batterie à cheval	»	»	1	»	4	150	207	6
Artillerie divisionnaire :								
1 groupe monté	»	»	4	»				24
Artillerie de corps :					57	2,177	2,046	
1 groupe monté	»	»	4	»				24
Détachement de Kehl :								
1 bataillon + 2 compagnies . .	1 1/2	»	»	»	32	1,140	44	»
1/2 escadron	»	1/2	»	»	2	70	74	»
1 compagnie d'artillerie de place (servant des pièces de campagne)	»	»	»	4	16	804	126	6
3 compagnies d'artillerie de place								
Division de landwehr de la garde.								
État-major	»	»	»	»				
1re brigade. { État-major . . . . . 2 régiments	6	»	»	»	281	9,917	566	»
2e — —	6	»	»	»				
1 régiment de hussards	»	4	»	»	23	651	706	»
1 groupe combiné d'artillerie :								
État-major . . . . 2 batteries lourdes . . . . . . 1 batterie légère	»	»	3	»	14	452	371	13
Détachement sanitaire (badois) . .	»	»	»	»	3	203	41	»
Équipage de pontonniers. Colonne de matériel (badois)	»	»	»	»	7	259	145	»
	29 1/2	16 1/2	12	4	953	33,176	7,658	73
						34,129		

	BATAILLONS.	ESCADRONS.	BATTERIES.	COMPAGNIES.	OFFICIERS.	TROUPE.	CHEVAUX.	PIÈCES.
1re division de réserve.								
État-major................	»	»	»	»	4	73	62	»
Brigade combinée d'infanterie :								
État-major...............	»	»	»	»	2	10	12	»
2 régiments.............	6	»	»	»	138	6,200	212	»
1re brigade de landwehr.....	6	»	»	»	284	9,917	56..	»
2e — —	6	»	»	»				
1 brigade de cavalerie de réserve :								
État-major...............	»	»	»	»				
2 régiments.............	»	8	»	»	48	1,318	1,424	»
1er groupe combiné d'artillerie :								
3 batteries légères........	»	»	3	»	14	435	372	18
2 groupe combiné d'artillerie :								
1 batterie lourde........	»	»	3	»	14	452	374	18
2 batteries légères........								
TOTAUX.....	18	8	6	»	504	18,405	3,052	36
						18,909		
Régiment combiné d'art. de place :								
1re div. : 5 comp. à 201 h. et 4 off.								
2e — 5 —								
3e — 5 —								
4e — 4 —	»	»	»	33		6,765	»	»
5e — 5 —								
6e — 5 —								
7e — 2 —								
8e — 2 —								
Équipage de siège A. Équipage du génie.								
200 canons rayés........	»	»	»	»	»	»	»	»
84 mortiers.............	»	»	»	»	»	»	»	»
50 fusils de rempart.....	»	»	»	»	»	»	»	»
Régiment combiné de pionniers :								
1er bat. : 5 comp. à 213 h. et 5 off.								
2e — 5 —	»	»	»	14		3,052	»	»
3e { 3 — de place....								
{ 1 — de pionniers.								
Division de colonnes :								
3 colonnes d'artillerie......								
2 — d'infanterie.....	(Déjà compté à l'artillerie.)							
Équipage de pont........								
Division du train :								
Remonte...............								
Boulangerie.............								
3 colonnes de vivre.......	»	»	»	»	22	1,133	1,676	»
5 lazareths..............								
Détachement d'escorte.....								
3 colonnes de transport.....								
Parc de siège [1].............	»	»	»	»	»	»	»	»
TOTAL GÉNÉRAL du corps de siège.						64,310[2]	12,366	114

1. Voir fascicule XX, page 1402 :
Parc de siège. — Poids de tout le matériel : 92,400 quintaux exigeant 2,752 chevaux, soit 428 attelages et 3,500 voitures de paysan avec les chevaux pour le transport. Ce parc est approvisionné à : 100,000 obus, 10,000 shrapnels, 20,000 bombes à mortier, 10,000 cartouches de fusil de rempart, 1,000,000 cartouches de fusil à aiguille.
2. Cette masse de « **40,000** » hommes immobiles autour de Strasbourg (p. 1283). G. E. M.

RÉCAPITULATION GÉNÉRALE PAR ARMES
(FORCES ALLEMANDES DU NORD ET DU SUD)

	UNITÉS constituées.	OFFI-CIERS.	TROUPE et employés.	CHEVAUX.	PIÈCES.
Troupes de campagne.					
États-majors, etc. . . .		935	7,562	8,345	»
Infanterie	474 bataillons.	10,904	478,631	18,689	»
Cavalerie	382 escadrons.	2,168	61,741	66,306	»
Artillerie	264 bat., etc.	1,730	66,493	61,974	1,584
Génie	53 comp., etc.	442	18,065	8,349	»
Train, etc		510	43,852	37,978	»
Total		16,689	676,134	201,651	1,584
			692,823		
Troupes de remplacement et de garnison.					
États-majors		1,439	12,210	1,010	
Infanterie		6,878	348,168	7,698	
Cavalerie		766	31,935	29,055	
Artillerie		1,190	63,218	6,898	
Génie		265	12,850	925	
Train, etc		184	9,242	3,088	
Total		10,764	479,802	48,722	
Total général		27,453	1,155,936	250,373	
			1,183,389		

RÉCAPITULATION PAR ARMES ET ÉTATS.

1° Armée de campagne.

		NORD.	BAVIÈRE.	WURTEMBERG.	BADE.	TOTAUX.	
États-majors.	Officiers	805	89	26	15	935	8,497
	Troupe	6,512	702	198	150	7,562	
Infanterie	Officiers	9,101	1,160	312	29	10,904	489,535
	Troupe	398,422	52,537	15,561	12,108	478,631	
Cavalerie	Officiers	1,840	200	59	6	2,168	63,669
	Troupe	52,320	5,611	1,635	1,962	61,531	
Artillerie	Officiers	1,397	228	48	57	1,730	63,223
	Troupe	55,468	6,970	1,878	2,177	65,493	
Génie	Officiers	371	45	19	7	442	18,507
	Troupe	15,950	1,021	822	272	18,065	
Train	Officiers	405	56	30	19	510	41,362
	Troupe	36,349	4,501	1,853	1,149	43,852	
Totaux	Officiers et troupe	578,940	73,123	22,474	18,283	692,823	
	Chevaux	169,181	19,381	6,868	6,221	201,651	

2° Troupes de remplacement et de garnison.

	NORD.	BAVIÈRE.	WURTEMBERG.	BADE.	TOTAUX.
Hommes	103,121	55,841	11,706	16,898	490,566
Chevaux	40,222	4,677	2,006	1,817	48,722

APPENDICE.

ORDRE DE BATAILLE DU XIVᵉ CORPS D'ARMÉE
au commencement d'octobre 1870.

Commandant en chef : Général d'infanterie VON WERDER.

Chef d'état-major : Lieutenant-colonel DE LESZCZYNSKI, de l'état-major grand-ducal badois.

Commandant de l'artillerie : Général-major comte DE SPONECK, de l'artillerie grand-ducale badoise.

Commandant du génie et des pionniers : Major ALBRECHT, de la 2ᵉ inspection du génie (chargé de l'expédition des affaires).

Adjoint en supplément : Lieutenant-colonel Hartmann, à la suite du régiment d'artillerie de camp. hess. n° 11.

État-major : 1) major de Grolmann, de l'armée prussienne ; 2) capitaine de Friedeburg, de la division grand-ducale badoise ; 3) capitaine Ziegler, du 78ᵉ régiment d'infanterie de la Prusse orientale.

Adjudantur : Capitaine comte Henckel de Donnersmarck, de la cavalerie du bataillon de réserve de landwehr n° 34 Stettin ; 2) capitaine de Stülpnagel, du bataillon de chasseurs du Lauenbourg n° 9 ; 3) capitaine Loebbecke, du 3ᵉ régiment d'infanterie de Basse-Silésie n° 50 ; 4) lieutenant en 1ᵉʳ de Brünneck, du 1ᵉʳ régiment de dragons de la garde. — Attaché : capitaine de Lepel, du 1ᵉʳ régiment de uhlans du Hanovre n° 13. — Détaché : capitaine Horchler, de la gendarmerie de campagne badoise.

Aide de camp du commandant de l'artillerie : Lieutenant en 1ᵉʳ Weizel, de l'artillerie grand-ducale badoise.

Commandant de l'escorte : Lieutenant en 2ᵉ comte von der Schulenburg, du 2ᵉ régiment de hussards de réserve.

A la suite du quartier général : Lieutenant-général Hermann, prince de Hohenlohe-Langenburg, comme délégué de l'association volontaire de secours aux blessés.

Division badoise.

Commandant : Lieutenant-général DE GLÜMER[1].

	BATAILLONS.	ESCADRONS.	PIÈCES.	COMPAGNIES de pionniers.
Chef d'état-major : Major baron TAETS D'AMERONGEN (par intérim).				
État-major : 1° Capitaine Oberhoffer ; 2° capitaine baron Roeder de Diersburg.				
Adjudantur : Lieutenant en 1er Noeldecke, de l'Abth. des pionniers.				
Commandant de l'artillerie : Colonel de Freydorf, commandant le régiment d'artillerie de campagne.				
Aide de camp du commandant de l'artillerie : Lieutenant en 1er baron de Neubronn, du régiment d'artillerie de campagne.				
Commandant du génie et des pionniers : Major Wentz, commandant l'Abth. des pionniers.				
Adjoint du commandant du génie et des pionniers : Lieutenant en 1er de Froben, agrég. au 4° régiment d'infanterie.				
1re *brigade d'infanterie :* Lieutenant-général DU JARRYS baron DE LA ROCHE[2].				
Aide de camp : Lieut. en 1er baron Roeder de Diersburg, du régiment des grenadiers du corps.				
1er *régiment des grenadiers (Roi de Prusse) :* Colonel baron de Wechmar.	3	»	»	»
2° *régiment des grenadiers (Roi de Prusse) :* Colonel de Renz	3	»	»	»
A reporter	6	»	»	»

1. Remplacé pour cause de santé, jusqu'au 13 octobre, par le plus ancien commandant de brigade ; puis, jusqu'au 10 décembre, par le lieutenant-général de Beyer.
2. Remplacé pour cause de santé, jusqu'au 13 octobre, par le colonel Bayer, jusqu'au 18 décembre, par le lieutenant-général prince Guillaume de Bade, jusqu'à la fin de la campagne par le colonel de Wechmar.

APPENDICE.

	BATAILLONS.	ESCADRONS.	PIÈCES.	COMPAGNIES de pionniers.
Reports.	6	»	»	»
2° *brigade d'infanterie* : Général-major baron DE DEGENFELD.				
Aide de camp : Lieutenant en 1ᵉʳ Strabel, du régiment des grenadiers du Corps.				
3ᵉ *régiment d'infanterie* : Colonel Müller [1]	3	»	»	»
4ᵉ *régiment d'infanterie* : Colonel Bayer	3	»	»	»
3° *brigade d'infanterie* : Général-major KELLER [2].				
Aide de camp : Lieutenant en 1ᵉʳ Grohe, du 5ᵉ régim. d'infanterie.				
5ᵉ *régiment d'infanterie* : Colonel Sachs	3	»	»	»
6ᵉ *régiment d'infanterie* [3] : Colonel Bauer	2	»	»	»
Compagnie de pontonniers avec l'équipage de pont léger : Capitaine Lichtenauer.				
Brigade de cavalerie : Général-major baron DE LA ROCHE-STARKENFELS [4].				
Aide de camp : Capitaine baron de Reichling-Meldegg, du 2ᵉ régiment de dragons (Margr. Maximil.).				
1ᵉʳ *régiment de dragons du Corps* : Lieutenant-colonel baron de Schaeffer [5].	»	4	»	»
2ᵉ *régiment de dragons (Margr. Maximil.)* : Colonel Wirth.	»	4	»	»
3ᵉ *régiment de dragons (Pr. Charles)* : Lieutenant-colonel baron de Gemmingen.	»	4	»	»
Batterie à cheval : Capitaine baron de Stetten . . .	»	»	6	»
A reporter	17	12	6	»

1. Remplacé par le lieutenant-colonel Krantz à partir du 7 octobre.
2. Remplacé, jusqu'au 13 octobre, par le colonel Sachs.
3. Le 2ᵉ bataillon du 6ᵉ appartenait à la garnison de Rastadt.
4. Colonel Wirth, du 11 novembre au 13 décembre, puis colonel baron de Willisen, de l'armée prussienne.
5. Remplacé, pour cause de maladie, par le major de Merhardt.

	BATAILLONS.	ESCADRONS.	PIÈCES.	COMPAGNIES de pionniers.
Reports.	17	12	6	»
Artillerie divisionnaire : Lieutenant-colonel DE THEOBALD. 1re et 2e batteries légères, 1re et 2e batteries lourdes.	»	»	24	»
Artillerie de corps : Major ROCHLITZ. 3e et 4e batteries légères, 3e et 4e batteries lourdes .	»	»	24	»
Division des colonnes : Major ENGLER [1]. Colonnes de munitions d'artillerie nos 1, 2, 3 ; colonnes de munitions d'infanterie nos 1, 2 ; équipage de pont.				
Division du train : Major DE CHELIUS. Colonnes de subsistances nos 1, 2, 3 ; colonnes du parc des voitures nos 1, 2, 3, 4, 5 ; boulangerie de campagne ; remonte ; équipage de pont ; escadron d'escorte du train ; ambulances, nos 1, 2, 3, 4, 5.				
Total de la division badoise	17	12	54	1
Brigade combinée d'infanterie prussienne : Général-major DE BOSWELL [2]. *Aide de camp* : Lieutenant en 1er Schuler de Senden, du régiment de fusiliers poméraniens n° 34. 4° régiment d'infanterie rhén. n° 30 : Lieutenant-colonel Nachtigal	3	»	»	»
Régiment de fusiliers de Poméranie n° 34 : colonel Wahlert.	3	»	»	»
A reporter	23	12	54	1

1. Les colonnes et les trains ne rejoignaient en partie que plus tard.
1. Jusqu'au 10 octobre ; remplacé ensuite par le colonel Wahlert.

APPENDICE.

	BATAILLONS.	ESCADRONS.	PIÈCES.	COMPAGNIES de pionniers.
Reports.	23	12	54	1
Brigade combinée de cavalerie prussienne : Général-major KRUG DE NIDDA [1].				
Aide de camp : Lieutenant en 1ᵉʳ de Massow, du régiment de Poméranie n° 11.				
2ᵉ régiment de dragons de réserve : Major de Walther, du 6ᵉ régiment de dragons de Magdebourg. .	»	4	»	»
2ᵉ régiment de hussards de réserve : Major comte de Dohna, du 1ᵉʳ régiment de dragons de la garde.	»	4	»	»
Groupe d'artillerie prussienne : Major ULRICH, de la 7ᵉ brigade d'artillerie.				
Batterie lourde de réserve du Iᵉʳ corps : Capitaine Ulrich.	»	»	6	»
1ʳᵉ batterie légère de réserve du IIIᵉ corps : Capitaine Riemer	»	»	6	»
2ᵉ batterie légère de réserve du IIIᵉ corps : Capitaine Fischer	»	»	6	»
Division des colonnes prussiennes : Major GRÖSCHKE [2], de la 11ᵉ brigade d'artillerie.				
Colonnes de munitions d'artillerie n°ˢ 1, 2, 3 ; colonnes de munitions de réserve n°ˢ 1, 2, 3 ; détachement sanitaire .				
Total du XIVᵉ corps d'armée. . .	23	20	72	1

1. Jusqu'au 7 novembre ; remplacé ensuite, jusqu'au 26 janvier 1871, par le major de Walther, puis par le major comte de Dohna.
2. Rejoignait le corps vers le milieu de novembre.

ORDRE DE BATAILLE DE LA 4º DIVISION DE RÉSERVE
au commencement d'octobre 1870

Commandant : Général-major DE SCHMELING

	BATAILLONS.	ESCADRONS.	PIÈCES.	COMPAGNIES de pionniers.
Officier d'état-major : Major de Kretschmann.				
Adjudants : 1° major de Blücher ; 2° capitaine comte de Schlieben.				
Brigade combinée d'infanterie : Colonel KNAPPE DE KNAPPSTAEDT.				
Aide de camp : Lieutenant en 2° Hiepe, du 1ᵉʳ régim. d'infanterie rhénane n° 25.				
1ᵉʳ *régiment d'infanterie rhénane,* n° 25. Col. de Loos.	3	»	»	»
1ᵉʳ bat., major Kriess.				
2° bat., lieutenant-colonel Engelhart.				
Bat. de fusil., major Spangenberg.				
2° *régiment combiné de landwehr, de la Prusse orientale* n° 4/5. Colonel de Krane	4	»	»	»
Bataillon de landwehr d'Osterode, major de Wussow.				
Bataillon de landwehr d'Ortelsburg, capitaine Moeschke. du 3° rég. de grenadiers de la Prusse orientale n° 4.				
Bataillon de landwehr de Graudenz, major de Fiedler.				
Bataillon de landwehr de Thorn, major de Keyserlingk.				
Brigade de landwehr de la Prusse orientale : Colonel DE ZIMMERMANN.				
Aide de camp : Lieuten. en premier Meerwein, du 6ᵉ régiment de landwehr de la Prusse orientale n° 43.				
1ᵉʳ *régiment combiné de landwehr de la Prusse orientale* n° 1/3. Lieutenant-colonel Schenermann, du régiment de grenadiers Pr. Royal n° 1 (1ᵉʳ de la Prusse orientale)	4	»	»	»
Bataillon de landwehr de Tilsitt, major de Felgenhauer.				
A reporter	11	»	»	»

	BATAILLONS.	ESCADRONS.	PIÈCES.	COMPAGNIES de pionniers.
Reports.	11	»	»	»
Bataillon de landwehr de Wehlau, capitaine Karitzky, du régiment de grenadiers Pr. Royal n° 1 (1er de la Prusse orientale).				
Bataillon de landwehr d'Insterburg, capitaine de Coelln, du 2e régiment de grenadiers de la Prusse n° 3.				
Bataillon de landwehr de Gumbinnen, major d'Olszewsky.				
3° *régiment combiné de landwehr de la Prusse orientale* n° 43/45. Colonel d'Usedom	4	»	»	»
Bataillon de landwehr de Loetzen, capit. Kintzel, du 6e régiment d'infanterie de la Prusse orientale n° 43.				
Bataillon de landwehr de Goldap, major de Normann, du 6° régiment d'infant. de la Prusse orientale n° 43.				
Bataillon de landwehr de Dantzig, major de Gozdziewski.				
Bataillon de landwehr de Marienburg, capitaine de Harder, du 8° régiment d'infanterie de la Prusse orientale n° 45.				
4° *Brigade de cavalerie de réserve* : Général-major DE TRESCKOW II.				
Aide de camp : Lieuten. en 1er Sartorius, du 1er régiment de dragons d'Oldenburg n° 19.				
1er *régiment de uhlans de réserve* : Lieutenant-colonel de Wulffen.	»	4	»	»
3° *régiment de uhlans de réserve* : Colonel de Schmidt.	»	4	»	»
Groupe combiné d'artillerie (1re, 2e, 3e, 4e batteries légères, 1re et 2e batteries lourdes) : Major de Schaper, de la 2° brigade d'artillerie [1].	»	»	38	»
2° compagnie de pionniers de place du VIIe corps, lieutenant en 1er Jacob	»	»	»	1
Total de la 4° division de réserve. . . .	15	8	38	1

[1]. Le groupe combiné d'artillerie avait été constitué au moyen des batteries de réserve du IVe et du VIe corps d'armée.

INSTRUCTIONS DU ROI AU COMMANDANT DU XIVᵉ CORPS.

Ferrières, le 30 septembre 1870.

S. M. le Roi ordonne à Votre Excellence de se mettre en marche au plus tôt vers la haute Seine, dans la direction de Troyes et de Châtillon, avec le corps d'armée placé sous ses ordres, diminué provisoirement de la division de landwehr de la Garde qui a déjà commencé son mouvement par chemin de fer. Il sera statué ultérieurement sur la destination du corps d'armée au delà de la ligne précitée. Au cours de ce mouvement, Votre Excellence s'attachera *à mettre obstacle aux tentatives ayant pour objet la formation de nouvelles troupes dans les départements des Vosges, de la Haute-Marne et de l'Aube, à désarmer les populations et à faire son possible pour rétablir et utiliser la ligne ferrée, Blainville-Épinal-Faverney-Chaumont*, etc. *Langres interceptant la dernière section de cette ligne*, il y aura lieu d'examiner s'il serait possible de *tenter un coup de main sur cette place*, ou peut-être même son bombardement au moyen de pièces de gros calibre dont l'envoi de Strasbourg serait demandé au gouverneur général d'Alsace, à la condition, toutefois, que cette entreprise n'entraînerait pas un retard sensible dans l'arrivée des troupes aux points objectifs provisoires indiqués ci-dessus.

Il n'est pas apporté de modifications à la mission confiée au général-major de Schmeling, et Votre Excellence voudra bien s'entendre avec cet officier général au sujet des mesures à arrêter en commun pour *se couvrir du côté de Belfort*. Votre Excellence se mettra de même en communication dans la direction du Nord avec le gouverneur général de Reims, et renseignera d'une façon générale le gouverneur général d'Alsace, ainsi que celui de Lorraine, sur le début et la succession des mouvements du XIVᵉ corps. Ce corps d'armée demeure *chargé de pourvoir par lui-même à la sécurité des lignes d'étapes spéciales qu'il pourrait avoir à établir*, aussitôt qu'il aura dépassé les limites des gouvernements généraux d'Alsace et de Lorraine.

Votre Excellence est enfin priée de rendre compte au grand quartier général de la marche de ses opérations et de faire connaître quelques jours à l'avance l'itinéraire de son quartier général, quand cela sera possible. Ci-joint un extrait des renseignements que possède le Grand État-major général, relativement à l'état des deux places de Belfort et de Langres.

Signé : DE MOLTKE.

A Son Exc. le général d'infanterie von Werder, commandant le XIV⁰ corps d'armée.

Quartier général de Versailles, le 23 octobre 1870.

La chute de Metz, qui est attendue d'un jour à l'autre, va rendre disponibles pour les opérations actives les forces actuellement employées devant cette place.

S. A. R. le prince Frédéric-Charles se mettra immédiatement en marche pour Troyes, pour gagner la Loire avec les II⁰, III⁰, IX⁰ et X⁰ corps et 1ʳᵉ division de cavalerie.

Ainsi que vous l'a fait connaître déjà mon télégramme d'aujourd'hui, la mission confiée jusqu'alors à Votre Excellence se trouve modifiée en ce sens que le XIV⁰ corps d'armée (augmenté des 1ʳᵉ et 4⁰ divisions de réserve, mais diminué momentanément de la division de landwehr de la Garde) est *chargé de bloquer d'abord, puis d'assiéger Schlestadt, Neuf-Brisach et Belfort, de couvrir l'Alsace et le flanc gauche de la II⁰ armée et de retenir devant lui des troupes françaises en rapport avec son propre effectif.*

En conséquence, aussi longtemps que l'adversaire maintiendra des forces imposantes autour de Besançon, *le XIV⁰ corps se tiendra principalement dans la région avoisinant Vesoul,* avec celles de ses troupes qui se trouvent réunies dès à présent sous les ordres de Votre Excellence dans le bassin de la Saône; il *fera occuper fortement Dijon* et *il se gardera vers Langres, Besançon et Belfort.*

Le corps d'armée aura aussi à pourvoir désormais par lui-même à la sécurité de ses communications en arrière lesquelles seront établies de nouveau par Épinal. Les travaux nécessaires pour remettre en état de servir la ligne ferrée Blainville-Épinal-Vesoul seront poussés avec la plus grande énergie ; on fera également en sorte d'empêcher autant que possible la destruction par l'ennemi de la section Vesoul-Dijon.

La division des chemins de fer de campagne, mise à la disposition de Votre Excellence, tiendra la commission exécutive du grand quartier général constamment au courant du degré d'avancement de ses travaux. Il y aura lieu de ne pas perdre de vue qu'en enlevant du matériel des chemins de fer ennemis on se donnerait le moyen de rétablir promptement l'exploitation sur certaines sections de ligne.

Votre Excellence n'hésitera pas à prendre l'offensive contre toute troupe ennemie qui ne sera pas en forces. La 1re division de réserve, chargée de bloquer Belfort, y arrivera au plus tôt le 6 novembre ; jusque-là *il conviendra de surveiller sérieusement cette place et de mettre obstacle aux tentatives qui pourraient s'y produire pour organiser une guerre de guérillas dans les Vosges et la Haute-Alsace.* Peut-être même deviendra-t-il nécessaire d'employer à cet effet devant Belfort des forces assez importantes.

Votre Excellence recevra avis du jour auquel la 1re division de réserve sera mise à sa disposition à Colmar.

La 4e division de réserve (quartier général devant Schlestadt) est déjà prévenue qu'elle recevra des ordres de Votre Excellence. Je suppose que Votre Excellence est renseignée sur la situation de cette division.

Votre Excellence est enfin priée, tout en continuant, comme par le passé, à adresser sa correspondance au grand quartier général de Versailles, de tenir S. A. R. le prince Frédéric-Charles toujours au courant de *ses opérations, qui pourront se prolonger vers le Sud, au delà même de Besançon,* aussitôt que les circonstances permettront à Votre Excellence d'en agir ainsi sans compromettre les points essentiels de sa mission.

Votre Excellence voudra bien se maintenir aussi en communication constante avec les gouverneurs généraux d'Alsace, de Lorraine et de Reims, l'état de ses opérations étant de nature à exercer une sérieuse influence sur l'organisation des territoires de ces hauts fonctionnaires.

Signé : DE MOLTKE.

A Son Excellence le général d'infanterie von Werder, commandant le XIV° corps d'armée.

Versailles, le 8 décembre 1870.
(Dépêche reçue le 13 au matin.)

Maintenant que l'armée française de la Loire, battue autour d'Orléans dans les rencontres du 30 novembre au 4 décembre, a été contrainte de se retirer en partie vers le sud, derrière la Loire, en partie sur Tours ; maintenant que sur un autre théâtre, l'armée de Paris a vu échouer dans les journées du 30 novembre et du 2 décembre la tentative de sortie qu'elle avait silencieusement préparée, la mission de Votre Excellence va consister désormais à couvrir le siège de Belfort par tous les moyens qu'elle pourra se procurer, à isoler Langres, à assurer, de concert avec le général de Zastrow, les communications de la II° et de la III° armée, à amener enfin la complète pacification de la partie méridionale des gouvernements généraux de Lorraine et de Reims.

Le général d'infanterie de Zastrow marche tout d'abord dans la direction de Châtillon-sur-Seine, il continuera ensuite à s'avancer au sud-ouest et sera plus spécialement chargé de couvrir la ligne ferrée Châtillon-Nuits-Tonnerre-Joigny.

Pour être menée à bonne fin, *cette mission,* comme aussi celle attribuée à Votre Excellence, *ne demande pas un stationnement prolongé, mais au contraire une offensive rapidement conduite en forces suffisantes contre les rassemblements ennemis ;* ceci, naturellement, n'exclut pas l'occupation permanente des points reconnus importants pour protéger nos communications, assurer nos subsistances, etc.

J'appelle tout particulièrement l'attention de Votre Excellence sur la situation devant Langres. Un rapport envoyé par le gouverneur général de la Lorraine représente cette place comme le point de départ de petites expéditions dirigées contre Neufchâteau, Mirecourt et Épinal. Il est nécessaire d'y mettre obstacle d'une façon absolue, et je vous prie de vous concerter sur ce point avec le gouverneur général de la Lorraine, qui se trouvera peut-être en mesure de fournir à cet effet le concours d'une partie de ses troupes d'occupation.

Le général-major de Kraatz, auquel le blocus de Langres a été momentanément confié pendant le mouvement en avant de la IIe armée, estimait que la situation devant cette place se prêtait à un coup de main ; un *ordre subit de départ motivé par la surprise de Châtillon*, a seul empêché d'en tenter l'éxécution.

J'appelle également l'attention de Votre Excellence *sur le terrain situé entre Dôle et Senans*, terrain dans lequel le XIVe corps a pénétré une fois déjà sur l'invitation du grand quartier général. L'importance d'une occupation permanente de ce territoire n'échappera pas à Votre Excellence ; *elle isole, en effet, Besançon des communications ferrées situées en arrière et elle couvre directement le siège de Belfort dans l'éventualité d'entreprises tentées du sud par des troupes amenées en chemins de fer.* Toutefois, la plus entière latitude est laissée à Votre Excellence pour apprécier si, en raison des renseignements qui lui parviendraient relativement à des rassemblements ennemis sur d'autres points, une opération dans la direction indiquée peut être considérée comme opportune.

Quelques-uns des rapports de Votre Excellence laissent voir que les mouvements de troupes du XIVe corps ont été gênés non seulement par les mauvais temps ou par les difficultés naturelles du terrain, mais encore par l'attitude hostile des populations. Dans ce cas, soit que l'on ait affaire à une résistance ouverte et à main armée, soit que les obstacles proviennent d'une destruction malveillante et répétée des communications, on ne peut que recommander à Votre Excellence d'user de la dernière rigueur à l'égard des coupables, sur leurs personnes comme sur leurs biens, et de rendre les communes collectivement responsables des actes dont les auteurs ne peuvent être découverts.

Je prie respectueusement Votre Excellence de vouloir bien se régler sur les instructions de la présente dépêche.

Signé : Comte DE MOLTKE.

A. S. E. le général d'infanterie von Werder, commandant le XIVe corps d'armée à Dijon.

APPENDICE.

NOTE SUR LES ARMES ÉTRANGÈRES EN SERVICE EN FRANCE[1]
en 1870-1871.

	Armes se chargeant par la bouche.	
Fusil Enfield long. — court.	Ces 2 armes sont du calibre dit 58, c'est-à-dire 14 millimètres.	Cartouche en papier commune aux deux armes et faite d'après les mêmes principes que la cartouche pour les fusils à percussion français ; la poudre en avant de la pointe de la balle ; généralement faite avec du papier blanc et garnie de cire à hauteur de la balle ; longueur totale : 75 millimètres. Peut servir au fusil Springfield américain.
Fusil Springfield (américain).	Toutes les armes de ce modèle existant en France sont du calibre 58 et ont des baïonnettes ordinaires.	Cartouche en papier généralement de couleur brune ; poudre en arrière de la balle. Le tube en papier est fermé par une ligature en avant de la balle. Longueur $0^m,055$. Peut servir au fusil Enfield.
	Fusils se chargeant par la culasse.	
Fusil Snider long. — court.	Calibre 58 avec baïonnette. Calibre 58 avec sabre-baïonnette.	Deux espèces de cartouches différentes, l'une dite Snider-Boxer, recouverte de papier avec une rondelle en fer, l'autre entièrement en cuivre.

[1]. D'après un document autographié, distribué aux corps par le ministère pendant la guerre.

A ces nombreux modèles étrangers, il convient d'ajouter toute la catégorie des types français : fusils, carabines et mousquetons 1866 de 11^{mm}, dits chassepots ; 1867 de $17^{mm},8$, dits à tabatière, et une vingtaine de modèles différents d'armes se chargeant par la bouche, dites à piston, généralement du calibre de 18^{mm}, rayés ou non et munies d'appareils de pointage très variés.

Fusil Remington (égyptien).	Avec sabre-baïonnette, calibre 44 (11 millimètres).	La cartouche, toute en cuivre d'un seul morceau, se compose de deux parties cylindriques de diamètres différents raccordées par une portion tronconique.
Fusil Remington (espagnol).	Avec baïonnette, calibre 44 (11 millimètres).	La cartouche diffère de la précédente en ce qu'elle est plus longue et que l'étui est d'un plus petit diamètre.
Fusil Remington Springfield transformé.	Avec baïonnette, calibre 58.	La cartouche, toute en cuivre, ressemble à la cartouche métallique du Snider, mais en diffère en ce que le bourrelet postérieur est arrondi, tandis qu'il est à angle vif dans la cartouche Snider.
Fusil Berdan cal. 58.	Avec baïonnette.	Même cartouche que le Remington ancien Springfield.
Fusil Berdan cal. 44.	Avec baïonnette.	Emploie la cartouche Remington espagnol.
Fusil Peabody cal. 44.	Avec baïonnette.	Emploie la cartouche Remington espagnol.
Fusil Peabody cal. 58.	Avec baïonnette.	A une cartouche spéciale analogue à la cartouche Spencer, mais à percussion centrale.
Fusil Spencer	Calibre 50 ($12^{mm},5$) avec baïonnette, arme à répétition portant un réservoir de 7 coups dans la crosse.	Cartouche à percussion périphérique; l'étui de la cartouche est en cuivre rouge d'une seule pièce.

Fusil Sharp.	Calibre 50 (12^{mm},5) avec baïonnette.	Cartouche spéciale. L'étui est en cuivre jaune d'un diamètre uniforme.
Fusil Winchester	Calibre 44, avec baïonnette, fusil à répétition portant un réservoir de 18 coups dans un tube parallèle au canon.	Cartouche métallique spéciale.

Mousquetons sans baïonnette se chargeant par la culasse.

Car. Winchester.	Calibre 44, à répétition avec réservoir de 15 coups.	Même cartouche que pour le fusil Winchester.
Car. Spencer.	Calibre 50, à répétition avec réservoir de 7 coups.	Même cartouche que pour le fusil Spencer.
Car. Remington.	Calibre 50.	Cartouche Spencer.

Armes se chargeant par la culasse et employant des cartouches non métalliques.

Fusil Sharp à capsule.	Calibre 50, avec baïonnette.	Cartouche spéciale. La poudre est placée en arrière de la balle dans un tube en toile. On introduit la cartouche sans la déchirer.
Car. Sharp à capsule.	Calibre 50.	Même cartouche que la précédente.

Nota. — Presque toutes les armes étrangères portent le nom du modèle inscrit sur le dessus du canon ou sur un des côtés de la boîte de culasse.

SITUATION DES TROUPES DU COMMANDEMENT SUPÉRIEUR DE LA RÉGION DE L'EST AU 1ᵉʳ NOVEMBRE 1870.

	OFFICIERS.	TROUPE.
1ʳᵉ Armée de l'Est.		
Colonne du Colonel Perrin.		
Gardes mobiles de la Corse, 2 bataillons	48	1,880
58ᵉ régiment de gardes mobiles, 3 bataillons	32	2,500
Gardes mobiles de la Meurthe, 1 bataillon	18	500
1ᵉʳ bataillon du train d'artillerie, 4ᵉ compagnie. . . .	2	79
1ʳᵉ Division.		
Gardes mobiles du Doubs, 2ᵉ bataillon	22	936
11ᵉ régiment de gardes mobiles, 2 bataillons.	45	2,284
85ᵉ régiment de ligne, 2 bataillons.	34	1,603
55ᵉ régiment de gardes mobiles, 2 bataillons.	41	1,882
Gardes mobiles de Saône-et-Loire, 4ᵉ bataillon	21	1,033
Gardes mobiles des Pyrénées-Orientales, 2 bataillons . .	44	1,848
Gardes mobiles de la Haute-Garonne, 3ᵉ bataillon . . .	16	1,080
Artillerie . . . . { 13ᵉ batterie 3ᵉ régiment	4	138
14ᵉ *idem* 3ᵉ *idem*	2	87
14ᵉ *idem* 10ᵉ *idem*	4	132
7ᵉ chasseurs à cheval, 2 escadrons.	9	140
Gendarmerie.	1	32
2ᵉ Division.		
32ᵉ régiment de marche, 3 bataillons	44	2,612
34ᵉ régiment de gardes mobiles, 3 bataillons.	56	2,615
68ᵉ régiment de gardes mobiles, 2 *idem*	46	1,542
A reporter.	489	22,923

APPENDICE.

	OFFI-CIERS.	TROUPE.
Report.	489	22,923
3ᵉ régiment de zouaves de marche, 3 bataillons.	52	3,639
Artillerie . . . . . { 14ᵉ batterie, 13ᵉ régiment . . .	2	89
19ᵉ *idem*, 12ᵉ *idem* . . .	2	113
18ᵉ *idem*, 12ᵉ *idem* . . .	2	105
Train d'artillerie, 4ᵉ compagnie	1	108
7ᵉ chasseurs à cheval, 2 escadrons.	13	247
Gendarmerie.	1	33
Réserve.		
47ᵉ régiment de marche, 2 bataillons	37	1,070
Éclaireurs mobiles des Vosges	38	1,200
2ᵉ bataillon de gardes mobiles de la Haute-Garonne . .	35	1,000
Effectif du corps d'armée	672	30,527
1ʳᵉ *Subdivision de Besançon.*		
16ᵉ bataillon de chasseurs à pied.	13	1,817
78ᵉ régiment de ligne	36	1,832
85ᵉ régiment de ligne	14	1,584
Gardes mobiles du Doubs (dépôt), 3 bataillons	3	89
Gardes mobiles du Doubs (dépôt)	2	134
Gardes mobiles de la Loire, 3ᵉ bataillon.	21	1,144
Gardes mobiles des Hautes-Alpes, 1 bataillon. . . .	17	1,041
Ouvriers d'artillerie de marine, 2ᵉ compagnie. . . .	1	50
9ᵉ d'artillerie.	4	378
Ouvriers d'artillerie, 4ᵉ compagnie	3	152
Gardes mobiles du Doubs, artillerie, 5 batteries	15	745
Gardes mobiles de la Savoie, artillerie.	3	172
Gardes mobiles des Pyrénées-Orientales	7	295
2ᵉ régiment du génie	1	74
Équipages de la flotte	6	194
1ʳᵉ Subdivision de Besançon	146	9,701

	OFFICIERS.	TROUPE.
2ᵉ *Subdivision, Jura et Haute-Saône.*		
1ᵉʳ bataillon du Doubs.	20	987
3ᵉ *idem*	19	1,011
1ᵉʳ bataillon, Haute-Garonne	21	872
2ᵒ *idem*	17	1,185
84ᵉ de ligne (dépôt)	11	2,012
Gardes mobiles du Jura (dépôt)	12	144
Idem 3ᵉ bataillon	23	981
Artillerie du Jura	3	102
2ᵉ Subdivision	126	7,291
3ᵉ *Subdivision, Haute-Marne, Langres.*		
Gendarmerie	5	45
Artillerie	7	300
Génie	22	138
Ouvriers d'administration	2	146
10ᵉ régiment de ligne	2	146
13ᵉ *idem*	4	176
50ᵉ *idem*	26	3,080
56ᵉ régiment de gardes mobiles	73	2,878
Gardes nationales mobilisées	67	1,863
Artillerie { Garde mobile : Haute-Marne, Hérault, Ille-et-Vilaine, Alpes-Mar.	15	857
Garde nationale mobile, Meurthe	3	314
— Gard	18	950
— Haute-Savoie	70	2,721
3ᵉ subdivision	314	13,614
Effectif de la 7ᵉ division militaire	586	30,609
Effectif des troupes régulières de l'armée de l'Est.	1,258	61,136
Corps du général Garibaldi.		
2 bataillons de gardes mobiles des Alpes-Maritimes.	»	2,500
1 *idem* Basses-Alpes	»	1,000
Francs-tireurs	»	2,500

APPENDICE.

SITUATION DE L'ARMÉE DE L'EST AU 16 NOVEMBRE 1870.

	OFFI-CIERS.	TROUPE.
1re Division.		
11e régiment de garde mobile, 2 bataillons.	45	2,205
85e régiment de ligne, 4e et 5e bataillons	36	1,579
55e régiment de garde mobile, 2 bataillons.	41	1,811
24e régiment de garde mobile.	44	2,296
67e régiment de garde mobile, 3 bataillons.	57	3,355
2e compagnie du génie, 3e bataillon de garde mobile (Loire)	3	163
Artillerie { 13e batterie, 3e régiment	5	119
14e idem, 3e idem	6	140
14e idem, 10e idem	5	182
2e régiment de marche de lanciers.	29	523
Gendarmerie.	1	30
Éclaireurs commandés par le colonel Keller	»	500
1re division.	272	12,897
2e Division.		
32e régiment de marche, 3 bataillons.	49	2,524
34e régiment de garde mobile, 3 bataillons.	56	2,356
68e idem, 2 idem	48	1,511
3e régiment de marche de zouaves, 3 bataillons	58	3,423
Gardes mobiles de la Savoie, 1 bataillon.	22	1,184
7e chasseurs à cheval, 4 escadrons.	30	398
Artillerie { 12e régiment, 9e batterie	3	118
8e idem, 14e idem	3	81
1er régiment du train d'artillerie, 1 compagnie.	1	101
Éclaireurs Bourras	»	1,600
Gendarmerie.	1	29
2e division	274	13,485
3e Division.		
47e régiment de marche, 2 bataillons.	34	1,035
78e régiment de ligne, 4 compagnies	14	871
Gardes mobiles de la Meurthe, 1 bataillon.	19	394
Gardes mobiles de la Corse, 2 bataillons.	45	1,857
Gardes mobiles de Saône-et-Loire, 4e bataillon	23	950
Gardes mobiles des Pyrénées-Orientales, 2 bataillons.	35	1,741
A reporter	170	6,848

	OFFI-CIERS.	TROUPE.
Report	170	6,848
58ᵉ régiment de garde mobile des Vosges, 2 bataillons .	33	1,719
2ᵉ régiment de marche de lanciers, 1 escadron	6	104
Artillerie . . . . { Parc de réserve	3	121
Artillerie de 4	2	119
Artillerie de montagne	2	88
13ᵉ régiment, 14ᵉ batterie . . .	2	62
Gendarmerie	1	20
Éclaireurs commandés par le commandant Delorme . .	»	»
3ᵉ division	219	9,081
4ᵉ Division.		
42ᵉ régiment de mobiles, 3 bataillons	62	4,053
27ᵉ régiment de ligne, 1 bataillon	»	751
Garde nationale de l'Yonne, 1 bataillon	22	1,130
Artillerie, 13ᵉ batterie, 13ᵉ régiment	2	62
9ᵉ bataillon de chasseurs de marche	»	946
19ᵉ régiment de garde mobile du Cher, 3 bataillons . .	»	3,367
Gardes mobilisés de Chalon	»	680
20ᵉ batterie du 9ᵉ régiment	3	110
Compagnie du génie de Mâcon	3	114
Éclaireurs du commandant Tainturier	»	535
4ᵉ division	92	11,748
Brigade territoriale de Chagny.		
Gardes mobiles, Saône-et-Loire, 2 bataillons	»	3,269
Gardes mobiles, Basses-Pyrénées, 2 bataillons	»	2,408
Gardes mobiles, Lozère, 1 bataillon	»	1,673
Gardes mobiles, Drôme, 1 bataillon	»	1,293
Gardes mobiles, Tarn-et-Garonne, 1 bataillon	»	569
Artillerie, 4 obusiers de montagne	»	»
Chagny	»	9,212
Effectif de l'armée de l'Est	857	56,723

Grand quartier général.

Chaudenay, le 15 novembre 1870.

Général de division : CROUZAT.

ESSAI D'ÉTABLISSEMENT D'UN ÉTAT GÉNÉRAL DE SITUATION DES LEVÉES FRANÇAISES AU MOMENT DE L'ARMISTICE.

	VERS le 28 janvier.	DU 5 au 20 février
1re armée du Nord (général Faidherbe)	28,920[1]	13,607[1]
Corps d'armée du Havre	31,000	35,210
Presqu'île du Cotentin	32,119	53,197[2]
2e armée (général Chanzy) et armée de Bretagne.	238,649	238,649
25e corps (général Pourcet)	29,870	29,870
26e corps (général Billot)	33,335	33,335
Corps de Nevers (général Le Comte)	18,318	21,670
Armée des Vosges (Garibaldi, puis l'amiral Penhoat).	44,449	48,669
Corps du général Pellissier et division Longuerue à Bourg	15,502	29,093
Corps de Lyon (non compris la garde nationale sédentaire)	22,986	35,253
Débris de l'armée de l'Est	6,080	6,080
Rassemblements de mobilisés (Angoulême et Saint-Sulpice)	33,869	33,869
Divisions militaires territoriales et Algérie.	354,533	354,533
Mobilisés dans les camps	55,000	55,000
TOTAUX	944,630	988,035
Armée de Paris	360,278	360,278
TOTAUX	1,304,908	1,348,313
Garnison de Belfort environ	13,000	12,849
Garnisons de Langres, Besançon, Auxonne, Bitche	30,000	30,000
Places du Nord	55,000	56,000
Prisonniers français en Allemagne	383,841	383,841
2e armée de l'Est, (internée en Suisse)	95,000	80,000
Internés en Belgique (pour mémoire)	»	»
TOTAL GÉNÉRAL environ	1,881,750	1,910,000

1. Elle envoie 18,000 hommes dans les lignes du Cotentin. Elle reçoit de nouvelles levées et compte alors 13,607. Total : 31,607.
2. 53,197 avec le 22e corps venant de la 1re armée.

OBSERVATION. — L'effectif maximum des forces mises sur pied par les Allemands n'a pas dépassé 1,350,787 soldats (février 1871).

Nos levées improvisées ont été de 600,000 hommes environ plus élevées que celles de l'Allemagne.

La France réveillée a donc réalisé, en fait et à son grand honneur, un effort inouï dans une période de sept mois.

La simple *préparation à la guerre, l'instruction militaire donnée à tous*, ont suffi pour en dispenser l'Allemagne et pour lui assurer en outre la victoire.

Défaite et morcellement ont été au contraire pour nous l'expression de cette indifférence en matière d'*éducation nationale*, qui nous a coûté deux provinces et quinze milliards.

L'armée doit être l'école de la nation ; nous l'avons appris. La leçon a été dure ; nous n'aurons garde de l'oublier.

ÉTAT DES CORPS FRANCS ORGANISÉS EN 1868, 1870 ET 1871.

DÉPARTEMENTS.	DÉSIGNATION DES CORPS.	ÉPOQUE de leur formation.	NOMS des commandants.	EFFECTIF. Officiers.	Troupe.
\multicolumn{6}{c}{**Corps francs formant annexe de la garde nationale mobile.**}					
\multicolumn{6}{c}{*(Instruction du 28 mars 1868.)*}					
Ht-Rhin.	Compagnie de francs-tireurs volontaires de Colmar. . .	11 juill. 68	Eudeline	3	60
Ht-Rhin.	Compagnie de francs-tireurs volontaires de Neuf-Brisach	6 sept. 68	Thiébault	3	75
Bas-Rhin.	Compagnie de francs-tireurs volontaires de Saverne . .	29 août 68	Ferré	3	38
Meuse.	Compagnie de francs-tireurs volontaires de Verdun. . .	29 août 68	Cicille-Brion. . .	3	42
Meurthe.	Compagnie de francs-tireurs volontaires de Frouard . .	18 juill. 68	Lang.	3	20
Vosges.	Compagnie de francs-tireurs volontaires de Mirecourt. .	18 juill. 68	Bastien	3	73
Meurthe.	Compagnie de francs-tireurs volontaires de Nancy . . .	18 juill. 68	Boppe	3	200
Moselle.	Compagnie de francs-tireurs volontaires d'Ars-sur-Moselle.	4 nov. 68	Puypéroux. . . .	3	26
Moselle.	Compagnie de francs-tireurs volontaires de Metz. . . .	4 nov. 68	Vever.	3	32
Vosges.	Compagnie de francs-tireurs volontaires de Lamarche. .	4 nov. 68	Menestrel[1] . . . Lapicque	3	32

1. Menestrel, démissionnaire.

APPENDICE.

Corps francs organisés en 1870 et 1871.

DÉPARTEMENTS.	DÉSIGNATION DES CORPS.			ÉPOQUE de leur formation.	NOMS des commandants.	EFFECTIF	
						Officiers.	Troupe.
Ain.	Compagnie de l'Ain ou franco-suisse			21 nov. 70	Jayr	3	120
	Compagnie de francs-tireurs de l'Ain			sept. 70	Cottin	»	»
Aisne.	Compagnie de l'Aisne			17 oct. 70		3	100
	Éclaireurs de l'Aisne			2 nov. 70	Warluzel	3	75
Alger.	Volontaires d'Alger				Landsmann	1	»
	Compagnie de Cherchell			10 nov. 70		3	100
	Compagnie de Blidah			23 nov. 70	Brun	2	40
	Phalange algérienne					6	72
Allier.	Francs-tireurs bourbonnais			16 oct. 70	Turlin	7	200
	Compagnie de Gannat			22 oct. 70	Fontenay[1]. Roumy	3	50
	Éclaireurs de l'Allier (à pied)			31 oct. 70	Prieur	1	53
	Éclaireurs à cheval			11 nov. 70	Dugué	5	39
Alpes (Hautes-)	Francs-tireurs de Briançon			11 nov. 70		3	60
Alpes-Maritimes	Phalange niçoise	1re compagnie		13 oct 70	Guizol	3	100
		2e idem		14 nov. 70	Barralis	3	100
		3e idem			Gaber	3	54
	Francs-tireurs des Alpes-Maritimes	1re section — Nice		18 sept. 70	Fombertaux	3	100
		2e idem — Cannes		4 oct. 70	Cresp	4	100
		3e idem — Nice			Gignoux	4	100
		4e idem — Nice			Arnold	4	100
		5e idem			Boyenval	2	44
	Francs-tireurs ou chasseurs de Cannes			14 nov. 70	Spinabelli	4	135
Ardèche.	Francs-tireurs de l'Ardèche			16 oct. 70	Balestrier	3	65
	Compagnie de Viviers			3 nov. 70		3	20

1. Fontenay, tué à Beaune-la-Rolande.

DÉPARTEMENTS.	DÉSIGNATION DES CORPS.	ÉPOQUE de leur formation.	NOMS des commandants.	EFFECTIF. Officiers.	EFFECTIF. Troupe.
Ardennes	Compagnie de la vallée de la Meuse.........	....	Fichu (Charles)..	3	20
	Compagnie franco-belge...	....	Balay (Auguste)..	2	15
	Sangliers des Ardennes......	....	Merlin (Hyp.-E.).	3	120
	Francs-tireurs de Monthermé.	....	....	3	86
	Compagnie de Révin.....	....	Quinart (Alex.)..	2	101
	Francs-tireurs de Braux....	....	....	5	101
	Compagnie de Mézières...	19 oct. 70	Thiery (Adolphe).	3	120
	Compagnie de Charleville (1re compagnie).......	19 oct. 70	Vigour (Hyacinthe)	3	120
	Éclaireurs de Charleville (2e compagnie).......	21 oct. 70	Wuillemet....	3	120
	Compagnie des coupeurs des chemins de fer....	21 oct. 70	Deligny (Alfred).	3	20
	Compagnie de vengeurs...	....	....	4	100
	Francs-tireurs de Thilay...	....	....	3	60
	Compagnie de Givet.....	....	....	2	55
	Compagnie de l'Argonne...	....	Boulaire....	3	52
Ariège.	....	....	....	3	120
Aube.	Compagnie de Troyes....	6 oct. 70	Senet......	4	158
	Compagnie de la vallée de l'Ource......	31 oct. 70	Verniat-Labbé..	3	»
	Compagnie d'Essoyes....	10 nov. 70	Du Bois du Tilleul.	3	60
	Éclaireurs de l'Aube....	12 nov. 70	Sourd......	4	100
	Compagnie de Bar-sur-Aube .	24 nov. 70	Bollé......	2	150
	Compagnie de Romilly-sur-Seine [1].........	2 déc. 70	Gellot.....	3	100
	Compagnie de Romilly (autre) [2]	5 janv. 71	Désert.....	1	100
	Nouvelle compagnie de francs-tireurs de l'Aube....	26 janv. 71	Baltet.....	4	81

1. N'a pas été formée.
2. Idem.

APPENDICE.

DÉPARTEMENTS.	DÉSIGNATION DES CORPS.	ÉPOQUE de leur formation.	NOMS des commandants.	Officiers.	Troupe.
Aude.	Francs-tireurs de l'Aude...			4	81
Aveyron.	Francs-tireurs de Rodez...	12 nov. 70	Rodat......	3	60
Bouches-du-Rhône.	Francs-tireurs provençaux (marins)............		Geynet.....	3	60
	Francs-tireurs marseillais...			4	150
	Garde républicaine de Marseille		Blanc (Henri)..	4	71
	Bataillon des francs-tireurs provençaux. — Quatre compagnies et section du génie.	31 oct. 70	De Sambœuf...	12	600
	Guérilla marseillaise.....		Bosquet.....	12	373
	Bataillon franc de l'Égalité..			10	400
	Francs-tireurs phocéens...	26 nov. 70	D'Arnaud de Calavon....	3	120
Calvados.	Éclaireurs de Normandie...	6 oct. 70	Trémant....	3	100
	Compagnie de Pont-l'Évêque.		Du Blé.....	3	100
	Compagnie de Caen.....	13 oct. 70	Benoist.....	3	72
	Compagnie du Calvados...	2 nov. 70	Pascal[1]..... Adeline.....	3	150
	Ouvriers du génie de Lisieux.	13 nov. 70	Bréchet.....	1	10
	Escadron de guides du Calvados	Idem.	Cte de la Villeurnoy.....	3	75
	Francs-tireurs lescoviens..	19 nov. 70	Fresnel.....	4	24
	Francs-tireurs de Dives...	16 nov. 70	Logivière....	12	80
Cantal.	Compagnie d'Aurillac....	23 nov. 70	De Saignes...	4	75
Charente.	Compagnie de la Charente (Cognac)........	28 sept. 70	Fargue.....	1	21
Charente-Inférieure	Compagnie de Rochefort...	11 oct. 70	Maine......	3	95
	Compagnie de Saintes....	13 oct. 70	Planty.....	1	50
	Compagnie de Jonzac....	1er déc. 70	Laumain.....	1	25
Cher.	Francs-tireurs vierzonnais..	8 nov. 70	Toutain.....	3	50
	Légion de la Jeune-Berruyère.	12 nov. 70	Delorme.....	3	100
	Compagnie du Cher.....	23 nov. 70	Grimaud.....	3	55

1. Pascal, tué à Brienne (Eure).

GUERRE SUR LES COMMUNICATIONS ALLEMANDES.

DÉPARTEMENTS.	DÉSIGNATION DES CORPS.	ÉPOQUE de leur formation.	NOMS des commandants.	EFFECTIF. Officiers.	Troupe.
Constantine.	Corps des vengeurs.			»	»
	Compagnie de Bône.			3	50
	1re compagnie de Constantine.	17 oct. 70	Charles.	2	13
	2e idem	22 oct. 70	Cotte [1] . . . . Chazal	4	100
	Compagnie du Hamma. . . .	29 oct. 70	Courtois	4	100
	Compagnie de Guelma. . . .	16 nov. 70	Carcassonne. . .	3	35
	Francs-tireurs du Rummel . .	19 nov. 70	Hunon	6	150
	Francs-tireurs de Condé-Smendou.	21 nov. 70	Gouet.	1	15
Corrèze.	Francs-tireurs de la Corrèze .	11 nov. 70	Cte d'Ussel. . . .	1	»
	Compagnie corrézienne de la République.	20 déc. 70	Dalbrut.	3	140
Corse.	Bataillon de la Corse [2]. . . .	8 sept. 70	Ordioni.	1	»
Côte-d'Or	Francs-tireurs de Dijon. — Bataillon	27 nov. 70	Cornibert [3] . . .	»	»
	1re compagnie.		Goney.	3	»
	2e idem		Jossinet.	3	150
	3e idem		Geoffroy	3	»
	4e idem			»	»
Côtes-du-Nord.	Compagnie des Côtes-du-Nord.	6 oct. 70	Boullé	1	25
	Éclaireurs bretons	19 oct. 70	Carré-Kérisouet .	2	40
Creuse.	1re compagnie de francs-tireurs	16 nov. 70	Haly.	3	60
	2e idem	5 janv. 71	Cantin	2	80
	Éclaireurs de la Creuse . . .		. . . .	»	107
Dordogne.	Compagnie de francs-tireurs de la Dordogne [4]	10 oct. 70	Legros	3	150
	Volontaires de la République .	11 nov. 70	Clergeant. . . .	3	57
	Francs-tireurs.		. . . .	3	80
	Éclaireurs à cheval [4]	17 déc. 70	Brousseaud . . .	3	»

1. Cotte, révoqué.
2. N'a pas été formé.
3. Commandant Cornibert, démissionnaire, 19 janvier 1871.
4. Attachés à la compagnie de francs-tireurs du capitaine Legros.

APPENDICE.

DÉPARTEMENTS.	DÉSIGNATION DES CORPS.	ÉPOQUE de leur formation.	NOMS des commandants.	EFFECTIF. Officiers.	Troupe.
Doubs.	Compagnie de francs-tireurs volontaires	. . . .	Huot	3	60
Eure.	Compagnie des Andelys . . .	21 oct. 70	Deserte	3	91
	Compagnie de Verneuil . . .	5 nov. 70	Frilon	2	40
	Compagnie de Neubourg. . .	Idem.	Blanchard. . . .	1	25
	Compagnie de Breteuil . . .	Idem.	Glaçon	2	58
	Compagnie de Rugles	Idem.	Bonnet	3	62
	Éclaireurs volontaires de Louviers	Idem.	Golvin	3	120
	Compagnie d'Évreux	Idem.	Thionet.	3	60
	Éclaireurs de l'Eure	Idem.	Lortie	3	116
Eure-et-Loir.	Compagnie de Dreux	10 nov. 70	Laval.	1	36
	Volontaires de l'Eure-et-Loir .	déc. 70	Bénet.	3	180
	Idem.	. . . .	. . . .	3	170
Finistère.	Compagnie de Quimper . . .	18 oct. 70	Colin [1]	3	97
	Compagnie de Morlaix. . . .	5 nov. 70	Vichot	3	33
	Compagnie de Quimper avec 5 éclaireurs à cheval [2] . . .	22 déc. 70	Pavy (Oscar) . . .	3	54
Gard.	1re compagnie de Nîmes. . .	27 oct. 70	Desplace	6	152
	2e compagnie d'ouvriers destructeurs de voies ferrées .	10 nov. 70	Maubernard . . .		
	3e compagnie dite d'Alais ou des Cévennes	16 nov. 70		3	85
	4e compagnie du Gard . . .	Idem.	Thibault	3	52
Garonne (Haute-).	Francs-tireurs de la Mort . .	23 oct. 70	Fauré.	3	100
	Francs-tireurs toulousains . .	8 nov. 70	Jarrousseau . . .	3	100
	Compagnie franche du génie de Toulouse	. . . .	. . . .	3	126
Gers.	Compagnie du Gers (principale).	28 sept. 70	D'Assies du Four .	3	60
	Compagnie de l'Armagnac [3] . .	10 nov. 70	Dubost-Pesquidoux	1	»

1. Colin, démissionnaire.
2. S'est appelée Guérilla noire et s'est adjointe à la compagnie de Saint-Étienne (capitaine Garnier).
3. Non formée.

DÉPARTEMENTS.	DÉSIGNATION DES CORPS.	ÉPOQUE de leur formation.	NOMS des commandants.	EFFECTIF. Officiers.	Troupe.
Gers. (Suite.)	1re compagnie du Gers	19 nov. 70	Duluc	3	140
	2e idem	Idem.	Cruchent	2	50
	Tirailleurs 1re compagnie	22 nov. 70	Gaullieur	8	200
	girondins 2e compagnie	Idem.	Pougnet	8	158
	Francs-tireurs girondins		Delamarre	2	67
	Légion girondine [1]	10 oct. 70	Esnard	1	»
Gironde.	Francs-tireurs de la Gironde dits Girondins	16 oct. et 22 nov. 70		»	»
	Dutrémit 1re compagnie		Moreau		57
	major- 2e compagnie		Dour	16	120
	comman- 3e compagnie		Pontet		70
	dant 4e compagnie		Montels	3	60
	Escadron d'éclaireurs à cheval	22 oct. 70	Rodereau (tué)	6	100
	Francs-corsaires		Mailly	4	150
Hérault.	Compagnie de francs-tireurs		Ney de Bellonet	8	225
Ille-et-Vilaine.				1	50
Indre.	Volontaires du génie	27 oct. 70	Hercam	3	60
	1re compagnie	2 oct. 70	Sansas	4	100
	2e idem	20 oct. 70	Michau	4	98
	3e idem	25 oct. 70	Barbier [2]	3	150
	4e idem	23 oct. 70	Auger	3	79
Indre-et-Loire.	5e idem	19 oct. 70	Hildebrand	4	82
	Volontaires du génie de Tours	24 oct. 70	Autixier	3	136
	Francs-tireurs libres	8 nov. 70	Mailleboncourt	6	250
	Compagnie de Chinon	23 nov. 70	Des Varannes	3	100
	Francs-tireurs de la République à Tours	2 déc. 70	Husson	3	222
Isère.	Compagnie de l'Isère	15 oct. 70	Pasquet	3	100
	Compagnie de Grenoble	5 nov. 70	Rostaing	3	110

1. Non formée.
2. Barbier, démissionnaire.

APPENDICE.

DÉPARTEMENTS.	DÉSIGNATION DES CORPS.	ÉPOQUE de leur formation.	NOMS des commandants.	Officiers.	Troupe.
Isère. (Suite.)	2ᵉ compagnie de francs-tireurs dauphinois	15 nov. 70	DUNIÈRES	3	109
	Compagnie de Voiron[1]	20 déc. 70	FAURE	3	100
Jura.	Compagnie de Dôle	11 oct. 70	HABERT	1	30
Landes.	Corps franc des Landes	9 janv. 71	DE CAUPENNE	1	40
	Francs-tireurs de Vendôme	16 oct. 71	DROUAULT	2	48
Loir-et-Cher.	Francs-tireurs de Loir-et-Cher 1ʳᵉ compagnie	Idem.	DUMÉE	2	50
	Francs-tireurs de Loir-et-Cher 2ᵉ idem	24 oct. 70	GILLET (comm.[2]) GRIMAULT (capit.) HERFIN-LACROIX, id.	4	128
	Francs-tireurs de Loir-et-Cher 3ᵉ idem	27 nov. 70	DAMBRICOURT	3	65
Loire.	Compagnie des Roannais (chasseurs républicains)	11 oct. 70	DE PONS	3	40
	Corps auxiliaire de génie de Saint-Étienne[3]	11 nov. 70	GARNIER	5	60
Loire (Haute-).	Compagnie de Brioude	9 nov. 70	PAUL	3	45
	Compagnie du Puy ou du Velay	Idem.	BOUDINHON	3	59
	Compagnie franche d'ouvriers	Idem.	CHAVELON	5	60
	Compagnie de francs-tireurs de Paris, formée à Nantes	1ᵉʳ fév. 71	DAGDA BUYNICKI	3	150
	Éclaireurs, à cheval, à Nantes		ROBTHAIS	2	43
	Francs-tireurs de Nantes	11 oct. 70	LE GALL[4] POISSON	3	26
Loire-Inférieure	Éclaireurs volontaires à cheval	21 oct. 70	FERRAND	1	25
	Travailleurs volontaires bretons du génie, à Nantes	29 nov. 70	COUPRY	12	327
	Compagnie de francs-tireurs nantais			2	76
	Compagnie de volontaires nantais			3	120

1. Non formée.
2. Gillet, révoqué.
3. Réuni au corps de la guérilla noire du Finistère. Chef : Pavy.
4. Le Gall, tué à Châteaudun.

DÉPARTEMENTS.	DÉSIGNATION DES CORPS.	ÉPOQUE de leur formation.	NOMS des commandants.	EFFECTIF.	
				Officiers.	Troupe.
Loiret.	Bataillon de volontaires d'Orléans	27 oct. 70	Ponson du Terrail.	6	120
Lot.	Compagnie de Cahors [1] . . .	24 oct. 70	Canteloupe-Malaret.	1	»
	Compagnie du Lot	11 déc. 70	Burgalvères. . .	3	62
Lot-et-Garonne.	1re compagnie.	19 nov. 70	Silvain	3	60
	2º idem	Idem.	Armagnac. . . .	2	60
Maine-et-Loire.	Francs-tireurs de Maine-et-Loire	20 oct. 70	Suaudeau	3	65
	Éclaireurs à pied	28 oct. 70	Beaupré.	17	296
	Volontaires des arts et métiers d'Angers	10 nov. 70	Dumont.	1	»
	Éclaireurs à cheval.	. . . . .	. . . .	1	10
Manche.	Compagnie pour la défense de Carentan.	17 oct. 70	Prévost-St-Jean. .	1	50
	Guides à cheval de la Manche	22 oct. 70	Houel.	1	»
	Compagnie de Cherbourg . .	31 oct. 70	Bitouzé.	1	19
	Guides à pied de la Manche .	18 nov. 70	Briens	4	»
Marne.	Compagnie de francs-tireurs de la Marne.	20 oct. 70	Pilloy	3	120
	Compagnie franche de Troyes.	23 oct. 70	Padier	3	59
	Compagnie de Sainte-Menehould (vengeurs de la Marne) . .	1er déc. 70	Pilloy	3	120
	Francs-tireurs de la Marne. .	11 sept. 70	Malo.	3	100
Marne (Haute-).	Partisans.	. . . .	Barbas	»	»
Mayenne.	Compagnie de francs-tireurs de la Mayenne.	24 oct. 70	Ritter	5	63
	Bataillon de francs-tireurs de la Mayenne (bis).	29 nov. 70	D'Argouges . . .	1	»

1. Disparue avant formation.

APPENDICE.

DÉPARTEMENTS.	DÉSIGNATION DES CORPS.	ÉPOQUE de leur formation.	NOMS des commandants.	EFFECTIF. Officiers.	EFFECTIF. Troupe.
Nièvre.	Compagnie de Nevers { 1re compagnie	6 oct. 70	MONTDÉSIR	»	400
	2e idem	20 oct. 70	RICHÉ		
	3e idem	Idem.	GANDOULF		
	4e idem	Idem.	JAUBERT		
	Compagnie du génie de Clamecy, pour les télégraphes et chemins de fer		BERTHAUD	1	»
Nord.	Compagnie de Calais	24 oct. 70	COQUEREL	1	»
	Compagnie du Quesnoy	Idem.	BOUVART	1	»
	2e compagnie de tirailleurs volontaires du Nord	Idem.	POUSSEUR (ch. de b.)	9	»
	Compagnie de Pont-à-Marcq	25 oct. 70	MAURICE	3	110
	Compagnie d'Avesne	1er nov. 70		3	»
	Compagnie du Nord, formée à Lille	2 nov. 70	COLINET	1	»
	Compagnie de la Bassée ou éclaireurs à cheval du Nord	4 nov. 70	SMOLSKI	1	»
	Bataillon de francs-tireurs du Nord	3 sept. 70	RONDOT / DE COPPENS	16	408
	Bataillon de francs-tireurs de Lille	Idem.	DE FOUDRAS	»	»
	Éclaireurs de la garde nationale de Douai	16 déc. 70	RIEMAN	1	»
	Éclaireurs de Cambrai	20 déc. 70	DUCHANGE	1	»
Oise.	Éclaireurs de l'Oise	14 oct. 70	DUFLOS	1	25
Oran.	Compagnie d'Oran	24 oct. 70	CRUCHY	3	50
	Idem	31 oct. 70		3	74
	Francs-tireurs indigènes d'Oran			4	89
Orne.	Compagnie de Tuvigny	3 oct. 70	PELLOUIN	1	»
	Compagnie Lebas	Idem.	LEBAS	1	»
	Compagnie de Fontenay	Idem.	DE FONTENAY	1	»
	Compagnie de Prod'homme	Idem.	DE PROD'HOMME	1	»
	Compagnie Guyon de Vauloger	Idem.	GUYON DE VAULOGER	1	»
	Compagnie Beautot	Idem.	BEAUTOT	3	70

Départements.	Désignation des corps.	Époque de leur formation.	Noms des commandants.	Officiers.	Troupe.
Orne. (*Suite.*)	Compagnie de Domfront...	3 oct. 70	Mérille...	1	»
	Éclaireurs à cheval de l'Orne.	*Idem.*	Du May...	1	22
	Compagnie de l'Iton...	24 oct. 70	Houdelière...	2	26
	Compagnie de Flers...	*Idem.*	Malherbe...	3	59
	Compagnie de la Ferté-Macé.	*Idem.*	Chevallier...	3	36
	Compagnie de Mortagne...	*Idem.*	Peret...	2	27
	Compagnie d'Argentan...	*Idem.*	Dubuisson...	1	41
	Compagnie de l'Aigle...	*Idem.*	Chartier...	3	20
	Compagnie de Domfront...	*Idem.*	Alix...	2	21
Pas-de-Calais.	1re compagnie...	22 oct. 70	Cartier...	2	»
	2° *idem*...	*Idem.*	Lormier...	2	»
	Francs-tireurs garibaldiens boulonnais...	21 nov. 70	Dupontavice...	3	30
Puy-de-Dôme.	1re compagnie...	12 oct. 70	Azaïs...	3	60
	2° *idem*...	19 oct. 70	Rezelgues...	4	60
	3° *idem*...	9 nov. 70	Fervel...	4	64
Pyrénées (Basses-).	1re compagnie d'éclaireurs béarnais...	22 oct. 70	Grison...	3	125
	2° *idem*...	18 nov. 70	Andraud...	2	104
Pyrénées (Hautes-)	Compagnie de Tarbes (1re compagnie)...	14 oct. 70	Oustalet...	3	65
	Compagnie des Hautes-Pyrénées (2° compagnie)...	22 oct. 70	Girardin...	3	65
	Compagnie de francs-tireurs républicains de la Bigorre [1].	16 déc. 70	Lacour...	3	62
Pyrénées-Orientales.	1re compagnie...	18 oct. 70	Eychères...	4	100
	2° *idem*...	*Idem.*	Obrewski...	4	100
	3° *idem*...	*Idem.*	Danch...	4	100
	4° *idem* [2]...	*Idem.*	Colonges...	4	100
Rhin (Bas-).	Chasseurs tirail. de Strasbourg	16 août 70	Liès-Bodard...	3	103
	Francs-tireurs de Strasbourg.	16 août 70	Geissen...	4	126
	Volontaires du Bas-Rhin...	25 nov. 70	Boucher...	4	»

1. S'est adjoint la compagnie de Jonzac (Charente-Inférieure).
2. Licenciée pour indiscipline, fin décembre.

APPENDICE. 313

DÉPARTEMENTS.	DÉSIGNATION DES CORPS.	ÉPOQUE de leur formation.	NOMS des commandants.	EFFECTIF. Officiers.	Troupe.
Rhin (Haut-).	Compagnie de francs-tireurs du Haut-Rhin	12 sept. 70	Dolfus (comm.)	1	»
	Idem	Idem.	Anemann (capit.)	1	»
	Corps d'ouvriers	Idem.	Hugelin	1	»
	Francs-tireurs du Haut-Rhin, dits Montagnards	14 sept. 70	Ziégler	1	»
	Compagnie de francs-tireurs (autre)	18 nov. 70	De Heeckeren	1	»
	Francs-tireurs du Haut-Rhin	27 sept. 70	De Luppé	12	150
	Francs-tireurs alsaciens	14 sept. 70	Braun	2	100
Rhône.	1re compagnie de tirailleurs volontaires	4 oct. 70	Vuillier	3	120
	Compagnie de francs-tireurs lyonnais	10 oct. 70	Michel	9	»
	Éclaireurs à cheval du Rhône	13 oct. 70	O'Byrrnn	5	»
	Guérilla du Rhône	13 oct. 70	Guillon	2	»
	Francs-tireurs volontaires du Rhône	20 oct. 70	Calmard	3	82
	Éclaireurs républicains du Rhône	25 oct. 70	Lutz	1	130
	Chasseurs volontaires du Rhône	4 nov. 70	Moulinié	4	210
	Vengeurs du Rhône	14 nov. 70	Malicki	8	150
Saône (Haute-).	Francs-tireurs d'Héricourt	31 oct. 70	Poly	2	57
	Francs-tireurs de la Hte-Saône	17 janv. 71	Goublet	1	»
Saône-et-Loire.	Compagnie de Paray-le-Monial	11 nov. 70	Vital	3	50
	Compagnie d'Épinac		Louvencourt[1] Gauthier	3	150
Sarthe.	Compagnie de francs-tireurs de la Sarthe	22 sept. 70	De Foudras	6	45
	Francs-tireurs manceaux	19 nov. 70	Houdayer	2	50
	Compagnie de la Ferté-Bernard (éclaireurs)			1	19

1. Louvencourt, démissionnaire.

DÉPARTEMENTS.	DÉSIGNATION DES CORPS.	ÉPOQUE de leur formation.	NOMS des commandants.	EFFECTIF. Officiers.	EFFECTIF. Troupe.
Sarthe. (*Suite*.)	Volontaires de Mamers	28 déc. 70	CHARLOT	3	37
	Éclaireurs de Marolles	27 nov. 70	BOUGLER	3	55
Haute-Savoie.	Compagnie du Mont-Blanc	2 nov. 70	TAPPAZ	4	120
	Sapeurs du génie de la Haute-Savoie	1er nov. 70	POMPÉE	1	»
	Francs-tireurs gaulois de Saint-Julien	27 janv. 71		3	100
Savoie.	Compagnie de la Savoie	10 oct. 70	MICHARD	4	82
Seine.	Volontaires de la Seine[1] (1er Régim. d'éclair.) 5 bat.	20 août 70 / 2 nov. 70 / 15 oct. 70	LAFON / MOCQUART	54 / 40	1,103 / 850
	(1er Régiment d'éclaireurs) escadron de cavalerie		DE PINDRAY	»	220
	Guérilla française (francs-tireurs de la Seine[2])	25 août 70	ROUDIER	11	200
	Francs-tireurs de Paris[3]	25 oct. 70	LIPOWSKI (colonel)	52	1,800
	Enfants perdus de Paris	22 oct. 70	DELORME	9	400
	Les quarante gentilshommes de Paris	sept. 70		40	»
	Éclaireurs à cheval de la Seine	5 sept. 70 / 6 nov. 70	FRANCHETTI[4] / BENOIST-CHAMPY	9	146
	Légion des volontaires de la France	28 sept. 70 / 2 nov. 70	CAILLOUÉ (lt-colon.) / OLIVE (ch. de bat.)	17	259
	Légion des volontaires de la France (escadron de cavalerie)	30 nov. 70	G. FOULD / THIERRARD	4	83
	Francs-tireurs de Paris (2e bataillon et dépôt[5])	12 nov. 70	CHABOND-MOLLARD	26	490

1. Les 3e et 4e bataillons sont restés à Paris; les autres ont été réorganisés en province.
2. Ce corps qui avait été licencié à Paris le 19 septembre 1870, s'est réorganisé en province.
3. Arrohasson, ex-lieutenant-colonel de ce corps, dissous et réorganisé.
4. Franchetti, mort des suites de ses blessures (2 décembre 1870).
5. Dissous le 25 octobre, puis réorganisé.

APPENDICE.

DÉPARTEMENTS.	DÉSIGNATION DES CORPS.	ÉPOQUE de leur formation.	NOMS des commandants.	EFFECTIF. Officiers.	Troupe.
Seine. (Suite.)	Francs-tireurs de la Presse	9 sept. 70 / 12 nov. 70	G. Aymard[1] / Roland	19	320
	Francs-tireurs des Ternes	Idem.	De Vertus	17	396
	Francs-tireurs de l'Aisne	15 nov. 70	Dollé / Bouard	2	65
	Francs-tireurs des Lilas	12 nov. 70	Anquetil (Thomas)	3	57
	Francs-tireurs sédentaires	9 sept. 70 / 15 nov. 70	Deschamp	2	28
	Francs-tireurs de la Gironde	12 nov. 70	Cavasso	3	74
	Tirailleurs parisiens	Idem.	Lavigne	4	155
	Tirailleurs de la Seine	13 sept. 70 / 30 nov. 70	Dumas	4	104
	Légion des amis de la France	13 sept. 70 / 15 nov. 70	Van den Meer	18	236
	Corps civique des carabiniers parisiens	24 sept. 70 / 9 déc. 70 / 17 déc. 70	Perrelli[2] (janvier)	11	132
	Tirailleurs éclaireurs parisiens	10 déc. 70	Féry d'Esclands	3	64
	Chasseurs de Neuilly[3]	14 sept. 70 / 15 nov. 70	Didion	8	246
	Bataillon d'éclaireurs de la garde nationale de la Seine	6 oct. 70 / 26 nov. 70	De Joinville (lt-c.)	37	1,068
	Cavaliers de la République	15 nov. 70 / 29 déc. 70	Dardelle	16	296
	Volontaires de la Défense nationale	20 oct. 70 / 29 nov. 70	Paira	4	109
	Guérilla de l'Ile-de-France[4]	14 sept. 70 / 29 déc. 70	Péré (André)	14	250
	Bataillon des gardes mobiles de 1848	28 janv. 71	Pecron	22	270

1. G. Aymard, démissionnaire.
2. Perelli, mort des suites de ses blessures (25 janvier 1871).
3. Ce corps a été licencié le 18 janvier 1871. Le commandant, M. de Jouvencel, organisateur de ce corps, a quitté Paris et a été nommé colonel des mobilisés de Seine-et-Marne.
4. Licenciée le 23 novembre 1870. Autorisé à se réorganiser.

Départements.	Désignation des corps.	Époque de leur formation.	Noms des commandants.	Officiers.	Troupe.
Seine. (*Suite*.)	Éclaireurs de la garde nationale de la Seine (2ᵉ arrondiss.)[1]	15 sept. 70 12 nov. 70	Cadiot Valet	4	62
	Carabiniers du 11ᵉ arrondissement[2]			2	66
	Tirailleurs de Saint-Hubert	9 sept. 70	Thomas	5	129
	Corps des agents et gardes forestiers	*Idem.*	Carraud	55	2 bataill. à 6 comp.
	Compagnies des guides forestiers de la couronne	3 sept. 70	De Castelbajac	33	322
	Corps franc de pompiers armés des chemins de fer de l'Est	16 sept. 70 8 oct. 70	Guebhard Martin	90	2,300
	Corps franc de Saint-Denis et Neuilly	31 août 70	Blanchard Sageret	7	200
	Bataillon des sauveteurs de la Seine	18 sept. 70	Lezeret de la Maurine	»	700
	ARTILLERIE CANONNIERS VOLONTAIRES AUXILIAIRES				
	Corps franc d'artillerie — Service des mitrailleuses	16 oct. 70 6 nov. 70	Pothier (chef d'escadron d'artill.)	22	399
	1ʳᵉ compagnie principale de canonniers auxiliaires (Bastions du 1ᵉʳ Secteur)	6 nov. 70	Languereau	6	300
	1ʳᵉ compagnie *bis* de canonniers auxiliaires (1ᵉʳ Secteur)	*Idem.*	Carrus	6	279
	2ᵉ compagnie principale de canonniers auxiliaires (2ᵉ Secteur)	28 déc. 70	Maurice	6	237

1. Licenciés le 27 novembre 1870.
2. Licenciés le 25 octobre 1870.

APPENDICE.

DÉPARTEMENTS.	DÉSIGNATION DES CORPS.	ÉPOQUE de leur formation.	NOMS des commandants.	EFFECTIF. Officiers.	EFFECTIF. Troupe.
Seine. (Suite.)	2° compagnie *bis* de canonniers auxiliaires (2° Secteur) . .	6 nov. 70	Cognet	6	278
	2° compagnie *ter* de canonniers auxiliaires (2° Secteur) . .	28 déc. 70	Wendling	3	160
	Compagnie de canonniers volontaires (2° Secteur). . .	6 nov. 70	Rouart	4	140
	7° compagnie de canonniers volontaires auxiliaires (7° Secteur)	2 nov. 70	Lesne	6	300
	8° compagnie de canonniers volontaires auxiliaires (8° Secteur)	*Idem.*	Forgeois	6	300
	9° compagnie de canonniers volontaires auxiliaires (9° Secteur)	*Idem.*	Mathieu	6	297
	1re compagnie de la 4° batterie	12 nov. 70	Dujardin	6	294
	2° compagnie de la 4° batterie	*Idem.*	Roy	6	295
	3° compagnie principale . . .	*Idem.*	Tussaud	3	203
	3° compagnie *bis*	*Idem.*	Dufresnoy	3	221
	5° compagnie principale (Bastion 50)	*Idem.*	Roger	6	256
	5° batterie de canonniers auxiliaires	*Idem.*	Poisson	6	251
	5° compagnie *bis* (Bastion 50)	*Idem.*	Terrion	6	256
	Canonniers volontaires (Gardiens de la paix, 6° Secteur) [Bastion 63][1]	*Idem.*	Archer	3	188
	Canonniers volontaires (2° et 4° Secteurs)	*Idem.*	Cadiat	18	237
	Canonniers de l'École polytechnique	15 nov. 70	Mannheim	4	70

1. A la solde de la préfecture de police.

DÉPARTEMENTS.	DÉSIGNATION DES CORPS.	ÉPOQUE de leur formation.	NOMS des commandants.	EFFECTIF. Officiers.	EFFECTIF. Troupe.
Seine. (Suite.)	Canonniers volontaires dynamiteurs [1].	15 janv. 71	Brüll.	2	84
	Bataillon des mineurs auxiliaires du génie.	10 sept. 70 / 23 sept. 70	Jacquot.	44	»
	Bataillon auxiliaire du génie [2].	16 janv. 71	1 chef de bataillon.	40	236
Seine-Inférieure	Chasseurs havrais.	7 oct. 70	Amone.	2	207
	Tirailleurs havrais (4 compagnies).	29 oct. 70	Jacquot (c. de b.).	18	240
	4° compagnie de tirailleurs d'Elbeuf.	31 oct. 70	Stevenin.	4	60
	Éclaireurs rouennais.	1er nov. 70	.	7	890
	Guérilla rouennaise.	2 nov. 70	Buhot.	5	50
	Guides de la République.	16 nov. 70	François.	7	60
	2° compagnie de tirailleurs d'Elbeuf.	20 nov. 70	Metot.	3	80
	Éclaireurs à cheval du Havre.	28 nov. 70	Grosos.	3	»
	Corps du génie de Rouen.	30 nov. 70 / 20 déc. 70	Oursel.	12	320
	Bataillon des vengeurs du Havre	. . . . .	Deschamps [3].	1	»
	Francs-tireurs de la ville de Rouen.	12 sept. 70	Desseaux [4].	3	203
	Compagnie de Bolbec.	. . . . .	. . . . .	3	113
	Guides à cheval.	. . . . .	Brodant.	»	»
Seine-et-Marne.	Compagnie de Fontainebleau.	25 oct. 70	Douet.	1	111
	Corps de Brie et Champagne.	13 nov. 70	Alexandre.	4	100
	3° corps franc de Seine-et-Marne.	16 août 70 / 9 sept. 70	Liénard.	8	700
	Compagnie de Corbeil.	15 nov. 70	Dugué.	1	30
	Volontaires de Seine-et-Marne	27 déc. 70	Mallard.	1	200

1. Organisés par arrêté du gouverneur de Paris, en date du 15 janvier 1871. Les officiers n'ont pas reçu de titres.
2. Organisé par décret du 16 janvier 1871. (Même observation que ci-dessus.)
3. Démissionnaire.
4. Desseaux, démissionnaire.

APPENDICE.

DÉPARTEMENTS.	DÉSIGNATION DES CORPS.	ÉPOQUE de leur formation.	NOMS des commandants.	EFFECTIF. Officiers.	EFFECTIF. Troupe.
Seine-et-Oise.	Compagnie d'éclaireurs de Seine-et-Oise	10 nov. 70	Poulet-Langlet. .	4	200
	Francs-tireurs de Condé. . .	14 nov. 70	Séguin	2	50
	Artillerie de Seine-et-Oise (francs-tireurs)			»	»
Sèvres. (Deux-).	Compagnie des Deux-Sèvres .	11 oct. 70	Poinsignon. . . .	4	150
	Éclaireurs à cheval	25 oct. 70	Souchon.	5	154
Somme.	Éclaireurs de Picardie . . .			3	89
	Francs-tireurs de Picardie . .			3	80
	Compagnie de chasseurs francs picards.			3	74
Tarn.	Francs-tireurs de la Montagne-Noire, de Castres, 1re . .	11 oct. 70	Bon.	1	16
	Francs-tireurs de la Montagne-Noire, de Castres, 2e [1]. . .		Drouart.	1	42
	Francs-tireurs d'Albi, 1re d'Albigeois	22 nov. 70	Doat.	2	50
	Francs-tireurs d'Albi, 2e d'Albigeois		Savary	3	60
Tarn-et-Garonne.	Compagnie de francs-tireurs .	23 nov. 70	Teulières	3	79
	Compagnie de Montauban . .	1er nov. 70	. . . .	2	64
Var.	Compagnie du Var	2 oct. 70	Parent	3	78
	Compagnie de tirailleurs toulonnais	15 oct. 70	Mariotti . . .	3	150
	Compagnie de tirailleurs (autre)	18 nov. 70	Clair.	4	150
Vaucluse.	1re compagnie.	19 oct. 70	Fabre.	12	154
	2e compagnie	23 oct. 70	Eyraud		
	3e compagnie	. . . .	. . . .		
	4e compagnie	. . . .	. . . .		

1. Fusionnée avec la 1re.

DÉPARTEMENTS.	DÉSIGNATION DES CORPS.	ÉPOQUE de leur formation.	NOMS des commandants.	EFFECTIF. Officiers.	EFFECTIF. Troupe.
Vendée.	Compagnie de francs-tireurs de la Vendée	11 oct. 70	Moynard	3	100
	Francs-tireurs de Fontenay .	8 nov. 70	Daudeteau. . . .	3	100
	Compagnie de la Roche-sur-Yon.	2 déc. 70	Koziell.	11	500
	Éclaireurs à pied		. . . .	3	100
	Éclaireurs à cheval (mobiles).	5 oct. 70	Chabot.	3	45
Vienne.	Corps de francs-tireurs . . .	8 nov. 70	Robin.	2	78
	1re compagnie.		De Marne. . . .	»	»
	2e compagnie.		De Voyon. . . .	»	»
	3e compagnie.		Haberlin. . . .	»	»
Vienne. (Haute-).	Compagnie de francs-tireurs .	2 nov. 70	Soudanas. . . .	5	91
	Compagnie de francs-tireurs (autre)	Idem.	. . . .	1	»
	Compagnie des Amis de Paris	3 nov. 70	Lebloys.	1	60
Vosges.	Avant-garde de la Délivrance ou chasseurs des Vosges .	14 nov. 70	Bernard.	1	»
	Enfants perdus des Vosges. .		. . . .	6	141
	Éclaireurs à cheval ou corps franc des Vosges. . . .		. . . .	3	78
	Corps de francs-tireurs des Vosges.	3 sept. 70	Dumont.	6	30
Yonne.	Compagnie de gardes forestiers		. . . .	3	66

Corps francs ne ressortissant à aucun département.

Nos d'ordre.

I.	Jeunes volontaires de la Bourgogne	27 oct. 70	Chrétien	8	»
II.	Légion bourguignonne . . .	10 oct. 70	Bombonnel. . . .	13	60
III.	Légion bretonne formée à Paris en septembre	11 oct. 70	Domalain	19	»
IV.	Volontaires bretons.	31 oct. 70	Gicquel.	1	»

APPENDICE.

NUMÉROS d'ordre.	DÉSIGNATION DES CORPS.	ÉPOQUE de leur formation.	NOMS des commandants.	EFFECTIF. Officiers.	Troupe.
V.	Francs-éclaireurs de l'armée[1].	21 oct. 70	Bonnet.....	10	200
VI.	Franco-américains (francs-tireurs)[2]	22 oct. 70	Rampon.....	5	100
VII.	Francs-comtois (volontaires)[3].	6 oct. 70	Clesinger (démis.). Sage-Vaudrey..	19	450
VIII.	Génie (corps auxiliaire du)[4]	.....	Garnier.....	»	»
IX.	Génie (corps d'ouvriers du).	23 oct. 70	Hamel.....	2	»
X.	Midi (francs-tireurs du) ou légion provençale, réunie à la légion bretonne	15 sept. 70	Espert (démiss.).	14	339
XI.	Montevideo (francs-tireurs français de)	26 oct. 70	De Friès.....	5	87
XII.	Légion des volontaires de l'Ouest	7 oct. 70	Charette.....	68	1,620
	Artillerie (1 batterie de montagne).	nov 70	D'Allencourt....	1	80
	Éclaireurs à cheval.....	.	.	3	78
	Dépôt			8	369
XIII.	Tunis (Volontaires français de)	12 oct. 70	Brulat.....	1	»
XIV.	Vendée (Volontaires de la)..	22 sept. 70	Cathelineau....	45	800
XV.	Zouaves (Compagnie franche de)	13 oct. 70	Lavallière...	3	420
XVI.	Éclaireurs à pied ou chasseurs à pied de la garde mobile. 1 compagnie d'éclaireurs à pied[5] 1 compagnie d'artillerie... 1 escadron d'éclaireurs...	nov. 70	De Carbonnel..	17	»
XVII.	Légion d'Orient ou volontaires grecs, ou légion hellénique[6].	.....	.....	»	»

1. Ont reçu 40 Espagnols réfugiés et 227 volontaires franco-américains.
2. Licenciés le 8 décembre 1870.
3. Licenciés le 17 décembre 1870, réduits à 200.
4. Double emploi (voir Loire).
5. Corps supprimé avant d'être organisé.
6. Voir Guérilla d'Orient.

NUMÉROS d'ordre.	DÉSIGNATION DES CORPS.	ÉPOQUE de leur formation.	NOMS des commandants.	EFFECTIF.	
				Officiers.	Troupe.
XVIII.	Éclaireurs de Normandie . . .			3	130
XIX.	Francs-tireurs de l'armée . . .			2	63
	ARMÉE DE GARIBALDI OU DES VOSGES				
	Commandement général		G. Garibaldi. . .	61	42
	Chef d'état-major général . . .		Colonel Bordone.		
	1re BRIGADE				
	Commandant général		Bossak-Haucke. .	7	»
	Chef d'état-major		Vichard (Paul) . .		
	Éclaireurs de Gray.		Neveux	1	25
	Chasseurs égyptiens		Pennazi.	4	59
	Francs-tireurs du Midi		Gout.	1	26
	Francs-tireurs de Philippeville .		Bataille	»	»
	1re compagnie de francs-tireurs		Tainturier. . . .	6	76
XX.	Volontaires du Rhône.		. . . .	»	»
	2e BRIGADE				
	Commandant		Delpech.	3	»
	Chef d'état-major		Jolivalt.		
	1er bataillon de l'Égalité . . .		Gauthier	9	209
	2e idem		Raymond.	8	178
	Guérilla d'Orient.		De Saulcy. . . .	15	340
	Guérilla marseillaise		Bosquet.	24	493
	Éclaireurs de la brigade. . . .		Corso.	»	»
	Francs-tireurs réunis		. . . .	1	32
	3e BRIGADE				
	Commandant		Menotti Garibaldi	8	»
	Chef d'état-major		San Ambrogio. . .		
	Légion des volontaires italiens		Tanara.	42	654
	Chasseurs des Alpes		Ravelli.	61	763

NUMÉROS d'ordre.	DÉSIGNATION DES CORPS.	ÉPOQUE de leur formation.	NOMS des commandants.	EFFECTIF.	
				Officiers.	Troupe.
	Francs-tireurs réunis.......		Loste......	16	486
	Francs-tireurs francs-comtois...		Ordinaire....	10	399
	Francs-tireurs d'Alger......		Landsmann....	2	59
	Francs-tireurs d'Oran.......		Cruchy.....	13	419
	Francs-tireurs de Constantine...		. . . .	2	80
	Francs-tireurs garibaldiens....		Eudeline....	10	382
	4° BRIGADE				
	Commandant...........		Riciotti Garibaldi	4	»
	Chef d'état-major........		. . . .		
	Bataillon Nicolaï.........		Nicolaï.....	10	241
	Compagnie des éclaireurs de l'Allier...........		Prieur......	»	55
	Compagnie des chasseurs des Alpes et de Savoie.....		Michard.....	2	61
XX. (Suite.)	Francs-tireurs de l'Aveyron .		Rodat......	3	69
	Chasseurs dauphinois......		Rostaing.....	3	94
	Éclaireurs du Doubs.......		Begey......	1	24
	Francs-tireurs de la Côte-d'Or............		Godillot.....	»	»
	Francs-tireurs de Dôle		Habert......	1	37
	Francs-tireurs de la Croix-de-Nice............		Nivon......	2	45
	Chasseurs du Mont-Blanc ...		Tappaz......	4	109
	Francs-tireurs toulousains....		Grzybowski ...	3	97
	Francs-tireurs des Vosges ...		Welker......	3	73
	Chasseurs de la Loire		Laberge.....	»	»
	ARTILLERIE				
	Commandant supérieur		Ollivier.....	»	»
	Commandant des batteries..		Dyon.......	»	»
	Batterie de montagne......		Pohin......	4	82
	Batterie de 12..........		Malenfer....	»	»

NUMÉROS d'ordre.	DÉSIGNATION DES CORPS.	ÉPOQUE de leur formation.	NOMS des commandants.	EFFECTIF.	
				Officiers.	Troupe.
	CAVALERIE				
	Escadron des guides		Farlatti	6	83
	Escadron francs-cavaliers de Châtillon.		Radowich	»	»
	Éclaireurs du Rhône		Massoneri	4	46
	Prévôté		Bardinal	1	25
	Train des équipages		Cerrato	3	70
XX. (*Suite.*)	**CORPS ISOLÉS**				
	Compagnie de la Revanche . .		Verdan	»	»
	Bataillon des enfants perdus de Paris		Delorme	6	309
	Compagnie des carabiniers génois.		Razetto	4	41
	Compagnie espagnole		Garcia	3	67
	Compagnie espagnole française.		Artigala	3	60
	Francs-tireurs du Gard et alsaciens		Braün	6	248
XXI.	Légion alsacienne et lorraine formée à Bordeaux . . .		Wolff	4	160
XXII.	Corps franc de Rio-Janeiro . .	30 nov. 70	Jammet	3	100
XXIII.	Corps franc de Buenos-Ayres ou légion franco-argentine.	Idem.	Pfléger	3	40
XXIV.	Légion franco-montévidéenne (deuxième)	1ᵉʳ déc. 70	Collin	2	30
XXV.	Enfants perdus d'Amérique (Français) venant de New-York . . . . : . .	Idem.	Laugrand	3	54
XXVI.	Corps franc de l'Étoile . . .	Idem.	Général Frapolli .	12	6,000
XXVII.	Éclaireurs à cheval du Rhône, de l'Isère et de la Loire . .	11 déc. 70	Chaverondier . .	1	150
XXVIII.	Tirailleurs francs-comtois de Garibaldi		Ordinaire (Olivier)	4	60

APPENDICE.

NUMÉROS d'ordre.	DÉSIGNATION DES CORPS.	ÉPOQUE de leur formation.	NOMS des commandants.	EFFECTIF. Officiers.	Troupe.
XXIX.	Brigade alsacienne et lorraine, formée à Sathonay, 3 légions à 3 bat. (caval. et artill.).	14 déc. 70	KŒCHLIN-SCHWARTZ, de Mulhouse..	»	6,000
XXX.	1er régiment de gardes mobiles à cheval, en formation à Périgueux	déc. 70	Col. DE BOURGOING.	8	»
XXXI.	Corps franc réuni du Rhône, réorganisé à Bourges . . .	9 déc. 70	DELAPLACE. . . .	28	800
XXXII.	Corps des chemins de fer de l'armée du Rhin, sorti de Metz et venu à Lyon . . .	déc. 70	FREUND	1	»
XXXIII.	Compagnie espagnole à Lyon, destinée à l'armée de Garibaldi et des Vosges . . .	16 déc. 70	BLAIRET.	1	37
XXXIV.	Chasseurs du Midi, formé à Bordeaux, mais recruté dans le Midi	13 déc. 70	VIALE.	3	100
XXXV.	Guérilla gréco-française d'Orient (voir Légion hellénique, Guérilla marseillaise).	sept. 70	CHENET.	27	450
XXXVI.	Colonne détachée dans la Sarthe et Eure-et-Loir (cavaliers détachés)	1er déc. 70	KELDOËL.	1	»
XXXVII.	Corps des Vengeurs, formé à Lyon	14 nov. 70	MALIEKI.	39	700
XXXVIII.	Corps de cavalerie étrangère irrégulière	26 déc. 70	HENRINSAC-IVER. .	1	»
XXXIX.	Légion hellénique (détachements isolés)			1	14
XL.	Escadron d'éclaireurs à cheval de Bretagne (armée de Kératry), organisé à Bordeaux[1]	9 nov. 70	LAFFITE.	»	150

1. Dissous le 14 décembre 1870, versé dans le 1er régiment de mobiles à cheval.

GUERRE SUR LES COMMUNICATIONS ALLEMANDES.

NUMÉROS d'ordre.	DÉSIGNATION DES CORPS.	ÉPOQUE de leur formation.	NOMS des commandants.	EFFECTIF. Officiers.	EFFECTIF. Troupe.
XLI.	Corps francs des Vosges. . .	30 nov. 70	L^t-colon. Bourras.	25	1,500
XLII.	Guides éclaireurs de l'armée du général Chanzy		Bernard.	1	»
XLIII.	Francs-tireurs, compagnies isolées réunies au corps Lipowski à la col. mobile du Mans.	11 déc. 70	Lipowski	»	»
XLIV.	Corps franc des éclaireurs à cheval des Vosges	. . . .	Wolowski. . . .	5	100
XLV.	Légion garibaldienne espagnole	. . . .	. . . .	1	»
XLVI.	Corps franc de Langres (composé des militaires évadés de Metz, 6° section) . . .	. . . .	Général command. sup. de la place.	6	252
XLVII.	Auxiliaires hanovriens formé, en Algérie (infanterie). . .	5 janv. 71	. . . .	»	»
XLVIII.	Corps des tirailleurs réunis .	18 janv. 71	Colonel Rio . .	»	»
XLIX.	Guides de Garibaldi	. . . .	Farlatti	»	»
L.	Cavalerie étrangère de Lesky (Vosges).	. . . .	Lesky.	»	»
LI.	Régiment irlandais	. . . .	Okelly	»	»
LII.	Corps franc de Marne, Meurthe et Meuse.	. . . .	Marion	»	»
LIII.	Corps du col. Keller (anc. dép.)	. . . .	. . . .	»	»
LIII.	Garde mobile (Haut-Rhin) . .	. . . .	. . . .	»	»
LIII.	Compagnies de francs-tireurs (Haut-Rhin)	. . . .	Keller	»	»
LIII.	Mobilisés d'Alsace	. . . .	. . . .	»	»
LIV.	Francs-tireurs du Rhône [1] . .	6 janv. 71	Priet.	»	»
LV.	Éclaireurs for. de la 8° div. mil.	. . . .	Du Chesne. . . .	»	»
LVI.	Légion espagnole garibaldienne	. . . .	Ellola	»	»
LVII.	Escadron de chass. garibaldiens	. . . .	Tironi	»	»
LVIII.	Génie auxiliaire de l'armée de Bretagne	. . . .	Mehouas	»	»

1. Non formés.

TABLE DES MATIÈRES

Pages.

Préface. VII

PREMIÈRE CAMPAGNE DE L'EST

DE LA FIN DU MOIS D'AOUT AU 15 NOVEMBRE

CHAPITRE Iᵉʳ

Situation générale et état des esprits à la fin du mois d'août et au commencement de septembre 1
I. Situation d'ensemble 1
II. État des éléments de la résistance dans l'est. — Premiers coups de main. — Leur influence morale — Mesures prises par les Allemands 2
   Situation des éléments de la résistance 3
     Bas-Rhin (4). — Haut-Rhin (6). — Coup de main de Bellingen [30 août] (7). — Meurthe et Vosges (8). — Haute-Saône (9). — Haute-Marne (11).
   Mesures prises par les Allemands 11

CHAPITRE II

Situation générale des départements de l'Est par suite de l'arrivée aux affaires du Gouvernement de la Défense nationale 14
I. Mesures immédiates prises par le Gouvernement 14
   Pouvoirs donnés aux préfets. 14
   Comités de défense 15
   Situation des départements au point de vue militaire 16
     Vosges. Mission du capitaine Varaigne (16). — Haute-Saône (17). — Jura. — Doubs (18).

II. Petites opérations pendant la période précédant l'arrivée du général Cambriels 19
Mesures répressives prises par les Allemands. 20
Rassemblement de la 4ᵉ division de réserve (20). — Envoi d'une brigade allemande sur Mulhouse (21). — Action des corps francs pendant la marche de cette brigade (21). — Reconnaissances de la garnison de Neuf-Brisach. Escarmouches (22). — Résultats de ces coups de main. — Opérations spéciales du bataillon de la Meurthe (23). — Envoi par le général de Werder d'une colonne mobile sous le commandement du major d'Elern. — Escarmouche de Pierre-Percée [23 septembre] (24). — Escarmouches à Dinsheim [24 septembre], à Heiligenberg et à Rothau (25). — Canonnade de Raon-l'Étape (26). — Dispositions prises par les Allemands à la suite de la reddition de Strasbourg [27 septembre]. — Formation du XIVᵉ corps (27). — Effectif total employé contre nos rassemblements. Action morale des partisans (28). — Mission du XIVᵉ corps. — Passage du Rhin par la 4ᵉ division de réserve [1ᵉʳ au 3 octobre] (29). — Détachement du général de Degenfeld contre les rassemblements de Raon-l'Étape (30).
Plan d'opérations dans l'Est. — Envoi du général Cambriels. 30

CHAPITRE III

Commandement du général Cambriels 32
I. Arrivée du général Cambriels dans l'Est. — Pouvoirs qui lui sont conférés (18 et 26 septembre) 32
Commandement supérieur de Belfort (18 septembre) 32
Relations avec les réserves derrière la Loire (32). — Situation de Belfort et des environs (33).
II. Organisation de la défense par le général Cambriels 33
Création des commandements régionaux (24 septembre) . . . 35
Commandement supérieur de la région de l'Est (26 septembre) . 35
Mesures prises du côté de l'Alsace et de Belfort. 36
III. Défense des Vosges 40
Situation dans les Vosges. 40
Envoi d'une brigade de renfort dans les Vosges par le Gouvernement de Tours (41).
Dispositions offensives des Allemands contre les rassemblements des Vosges 42
Détachement du général de Degenfeld (42). — Travaux de défense sur les voies de communication et surveillance des routes d'Alsace (43). — Escarmouches à la Trouche et à Champenay. — Abandon de Raon-l'Étape (44). — Arrivée des Allemands sur la Meurthe et escarmouche de la Chipotte (45).

Débarquement de la brigade Dupré. 45
    Arrivée du général Cambriels à Épinal et instructions données au général Dupré (46). — Dispositions du XIV° corps allemand en vue d'opérations dans les Vosges. — Concentration de 9,500 hommes, le 6 octobre, à la Bourgonce, sous le général Dupré (47).

Combat de la Bourgonce (6 octobre). 48
    Dispositions offensives des troupes françaises (48). — Marche offensive des Allemands (49).

1ᵉʳ *moment*. 50
    Opérations de la colonne de droite (50): — Opérations de la colonne de gauche (52).

2° *moment*. 54
3° *moment*. 56
    Conclusion (57). — Pertes. — Premier ralliement au Mont-de-Repos (58).

Rassemblement derrière la Vologne (7 octobre). 59
    Position de la Vologne (59). — Effectif des troupes rassemblées derrière la Vologne [15,000 hommes environ] (61).

Situation sur les flancs et les derrières 62
L'armée de l'Est. 64
Progrès des Allemands 65
    Belle défense de Rambervillers (65). — Engagements du moulin de la Hazelle, du bois de Frézimont, de Neuf-Moulin, etc. [11 octobre] (66). — Engagements de Bruyères [11 octobre]. — Escarmouches d'Anould [10 octobre]. — Ouverture des débouchés des cols du Bonhomme, de Louchpach et de Plafond (67).

Examen de la situation du général Cambriels 68
IV. Retraite sur Besançon. 72
    Entrée des Allemands à Épinal [12 octobre] (73).

V. Opérations autour de Besançon 75
    Première ligne : Chailluz (75). — Deuxième ligne : Plateau Séquanais. — Système formé par Besançon, Montbéliard, Dôle, Dijon et Chagny (76).

Création d'une armée des Vosges sous le commandement du général Garibaldi. 78
    Défaut de direction supérieure (79).

Voyage du ministre de la guerre à Besançon. 81
    Plan du Gouvernement (81).

Réorganisation de l'armée de l'Est. 83
    Sa composition au 21 octobre (83).

Marche des Allemands sur l'Ognon. Tentatives contre Besançon. 85
Combat de Châtillon-le-Duc (22 octobre). 87
    Conclusion (91). — Résultats des journées des 22 et 23 octobre (94).

Situation des armées des Vosges et de la Côte-d'Or 97
L'armée de la Côte-d'Or. 99
   Projet d'opérations combinées entre les armées de l'Est, des Vosges et de la Côte-d'Or (100). — Marche des Allemands sur Gray et escarmouche de la forêt de Belle-Vaivre. — Rassemblements de Pontailler (106). — Rassemblements de Bèze sous le commandement du colonel Deflandre. — Premiers engagements avec l'ennemi (107). — — Commandement du colonel Fauconnet à l'armée de la Côte-d'Or [27 octobre] (109). — Abandon de Dijon. Examen et discussion de cette décision (111).
Progrès dans l'organisation de l'armée de l'Est et projets d'offensive. 113
Retraite personnelle du général Cambriels 117
Intérim du général Crouzat. 118
Marche de deux brigades badoises sur Dijon 121
Combat de Dijon (30 octobre) 121
   Conclusion (126). — Convention avec l'ennemi (127). — Occupation de Dijon [31 octobre] (128).

CHAPITRE IV

Commandement du général Michel. 129
  Nouvelle situation morale. 129
   Projet d'abandon du théâtre d'opérations de l'Est (131).

CHAPITRE V

Commandement du général Crouzat 139
   Escarmouches entre l'armée des Vosges et le XIVe corps (141).
  Mouvement de l'armée de l'Est sur Chagny. 142
  Transport de l'armée des Vosges sur Autun 144
   Marche de l'ennemi sur Dôle. Tentative contre Auxonne (144). — Projet d'opérations combinées pour reprendre Dijon (145).
  Composition de l'armée de l'Est à la date du 15 novembre. . 149
  Abandon du théâtre d'opérations de l'Est 153

CHAPITRE VI

Conclusions de la première campagne de l'Est 155

CAMPAGNE DE BOURGOGNE

DU 15 NOVEMBRE AU 25 DÉCEMBRE

CHAPITRE Ier

Situation générale de la région de l'Est par suite du départ de la première armée. 159
  I. Premiers éléments opposés a l'ennemi 160
    Gardes mobilisés du Jura. 160
    Gardes mobilisés du Rhône. 161
    Corps francs des Vosges 162
    Gardes mobilisés de la Haute-Saône. 163
  II. Commandement de Lyon. 164
    Situation morale et militaire 164
    Projet d'offensive vers Belfort. 168
  III. Armée des Vosges 169
    Mission. Situation. Positions occupées. 169

CHAPITRE II

Campagne de Bourgogne. 173
  I. Offensive de l'armée des Vosges sur Dijon et retraite sur Autun. 173
    Raid d'infanterie du colonel Ricciotti Garibaldi sur Châtillon-sur-Seine (19 novembre). 174
      Escarmouche d'Auxon [25 novembre] (175).
    Escarmouches du corps franc des Vosges au sud de Dijon . . 176
    Tentatives de l'armée des Vosges sur Dijon 177
      Concentration à Pont-de-Pany (177). — Concours prêté par le commandement de Lyon (179). — Plan proposé au général Garibaldi (181). — Instructions du général Garibaldi pour une attaque de nuit contre Dijon [24 novembre] (183). — Offensive indépendante du général Garibaldi (186). — Seconde démonstration contre Plombières. Marche de l'armée sur Pasques et Prénois. — Reconnaissance envoyée par l'ennemi sur la route de Saint-Seine (187). — Engagements de Pasques et de Prénois. — Formation d'une colonne d'attaque contre Dijon (188). — Engagement d'Hauteville et échec de la colonne lancée contre Dijon (189). — Concentration du XIVe corps autour de Dijon (190).
    Reprise de l'offensive par le XIVe corps allemand. 190
      Deuxième engagement de Pasques [27 novembre]. — Déroute de

l'armée des Vosges sur Autun (192). — Marche de la brigade badoise Keller contre Autun. — Escarmouche d'Arnay-le-Duc [30 novembre] (193).
Note 194
II. Concours apporté par le commandement de Lyon. 196
Formation de la brigade Crémer à Chagny, le 23 novembre . 196
Concentration de ses premiers éléments à Nuits [27 novembre] (197). — Anarchie militaire du commandement de Lyon. — Ordre du général Crévisier de retraiter sur Beaune. Son rappel à Lyon [29 novembre] (198).
Engagement du 30 novembre à Nuits 200
Reconnaissance dirigée, le 30 novembre, sur Nuits, par l'état-major général du XIVe corps (201). — Influence du succès de Nuits sur les opérations de la brigade Keller devant Autun (204).
III. Défense d'Autun 204
Résolution du général Garibaldi de résister sur les positions d'Autun 205
Combat d'Autun (1er décembre) 208
Retraite de la brigade Keller sur Dijon (213).
État de situation de l'armée des Vosges au 1er décembre (matin) 213
Note. — Essai de détermination des effectifs de l'armée des Vosges 217
IV. Offensive de la brigade Crémer à Chateauneuf 221
Marche de la brigade Crémer vers Autun 221
Engagement de Châteauneuf. 223
V. Projets du gouvernement de la défense nationale et mesures adoptées en vue d'assurer une offensive énergique. — Analogie des plans conçus et des dispositions arrêtées par le grand quartier-général allemand. 226
Nécessité de réduire le nombre des commandements dans la région (226). — Retour de la brigade Crémer à Beaune et à Nuits (227).
Organisation de la division Crémer. 227
Conférence des commandants militaires de la région à Chalon-sur-Saône. 229
Conséquences de l'inaction de nos troupes pendant cette période. Réorganisation du XIVe corps allemand à Dijon (230).
Instructions adressées au général de Werder (8 décembre) en vue de reprendre l'offensive 231
Dispositions prises par le Gouvernement de la Défense nationale en vue d'une offensive générale 231
VI. Combat de Nuits (18 décembre). — Retraite de la division Crémer sur Beaune. — Retour de la division badoise à Dijon. 235
Situation d'attente de la division Crémer (235).

TABLE DES MATIÈRES. 333

Marche de la division badoise vers Beaune 236
Reconnaissance de la division Crémer sur Gevrey. 236
   Indices et renseignements sur les mouvements de l'ennemi (237).
Concentration de la division Crémer à Nuits. 239
Combat de Nuits (18 décembre). 241
   1er *moment* 241
   Engagement et retraite des grand'gardes. — Dispositions de défense (241). — Combat de Villars-Fontaine et retraite de la colonne Degenfeld sur Dijon (243).
   2e *moment* 244
   Défense de la ligne du chemin de fer (244).
   3e *moment* 247
   Défense de la ville de Nuits (247).
   4e *moment* 248
   Défense du plateau de Chaux (248). — Retraite de la division Crémer sur Beaune (250). — Occupation de Nuits par l'ennemi ; ses pertes (251).
Concentration de la division Crémer à Beaune 251
   Mesures prises pour défendre Beaune et occupation de Chagny (251).
Retraite de la division badoise de Nuits sur Dijon. 252
VII. EXAMEN DES MODIFICATIONS APPORTÉES A LA SITUATION PAR LE COMBAT DE NUITS, LES ENGAGEMENTS DE PESMES ET LA PROCHAINE ENTRÉE EN LIGNE DE LA 2e ARMÉE DE L'EST (1re ARMÉE DE LA LOIRE) . 252
   Considérations sur la résistance opposée à l'offensive de l'adversaire et à ses projets (254).
Engagements de Pesmes. 255
Inaction de l'armée des Vosges. 256

CHAPITRE III

Conclusions de la campagne de Bourgogne 257

POST-FACE 261

APPENDICE

CALCUL DES EFFECTIFS ALLEMANDS D'APRÈS LE CHIFFRE DES RATIONNAIRES, DANS LE BUT D'ÉTABLIR LA COMPARAISON AVEC LES EFFECTIFS FRANÇAIS	267
Objet de ce travail	267
Rationnaires et Combattants	267
Effectifs normaux de guerre des unités inférieures	269
Corps d'armée mobile	270
Corps de la garde	271
Division de cavalerie à 24 escadrons et 2 batteries	271
Division à 16 escadrons et 1 batterie	271
Brigade de cavalerie à 3 régiments	271
XIVe corps. Von Werder	272
Division badoise. Von Beyer	273
1re armée, 2e armée, 3e armée, etc.	274
Investissement de Metz	276
Corps de siège de Strasbourg	277
Récapitulation générale par armes des forces allemandes du nord et du sud	279
Récapitulation par armes et états	280
Ordre de bataille du XIVe corps d'armée au commencement d'octobre 1870	281
Ordre de bataille de la 4e division de réserve au commencement d'octobre 1870	286
Instructions du roi au commandant du XIVe corps	288
1 Ferrières, 30 septembre 1870	288
2 Quartier général de Versailles, 23 octobre 1870	289
3 Quartier général de Versailles, 8 décembre 1870	291
Note sur les armes étrangères en service en France en 1870-1871	293
Situation des troupes du commandement supérieur de la région de l'Est au 1er novembre 1870	296
Situation de l'armée de l'Est au 16 novembre 1870	299
Essai d'établissement d'un état général de situation des levées françaises au moment de l'armistice	301
État des corps francs organisés en 1868, 1870 et 1871	302
Corps francs formant annexe de la garde nationale mobile (instruction du 28 mars 1868)	302
Corps francs organisés en 1870 et 1871	303

CARTES ET PLANS

I. *Combat de la Bourgonce.* 1/80 000°, avec les emplacements des troupes françaises et allemandes.
II. *Combat de Nuits.* 1/80 000°, avec les emplacements de troupes : 1° vers 9 heures du matin ; 2° vers 1ʰ 30 soir.
III. *Carte d'ensemble du théâtre des opérations* au 1/600 000°.

Le lecteur consultera utilement en outre :

Collection au 1/500 000° de la carte du dépôt des fortifications en couleurs, les feuilles 6 et 9.
Collection au 1/80 000° du dépôt de la guerre, les feuilles 70, Lunéville ; 71, Strasbourg ; 85, Épinal ; 86, Colmar ; 98, Châtillon ; 99, Langres ; 100, Lure ; 101, Mulhouse ; 112, Dijon ; 113, Vesoul ; 114, Montbéliard ; 125, Beaune ; 126, Besançon ; 127, Ornans ; 136, Autun ; 137, Chalon ; 138, Lons-le-Saulnier.
Collection au 1/320 000° du dépôt de la guerre, les feuilles 14, 15, 19.

Nancy, impr. Berger-Levrault et Cⁱᵉ.

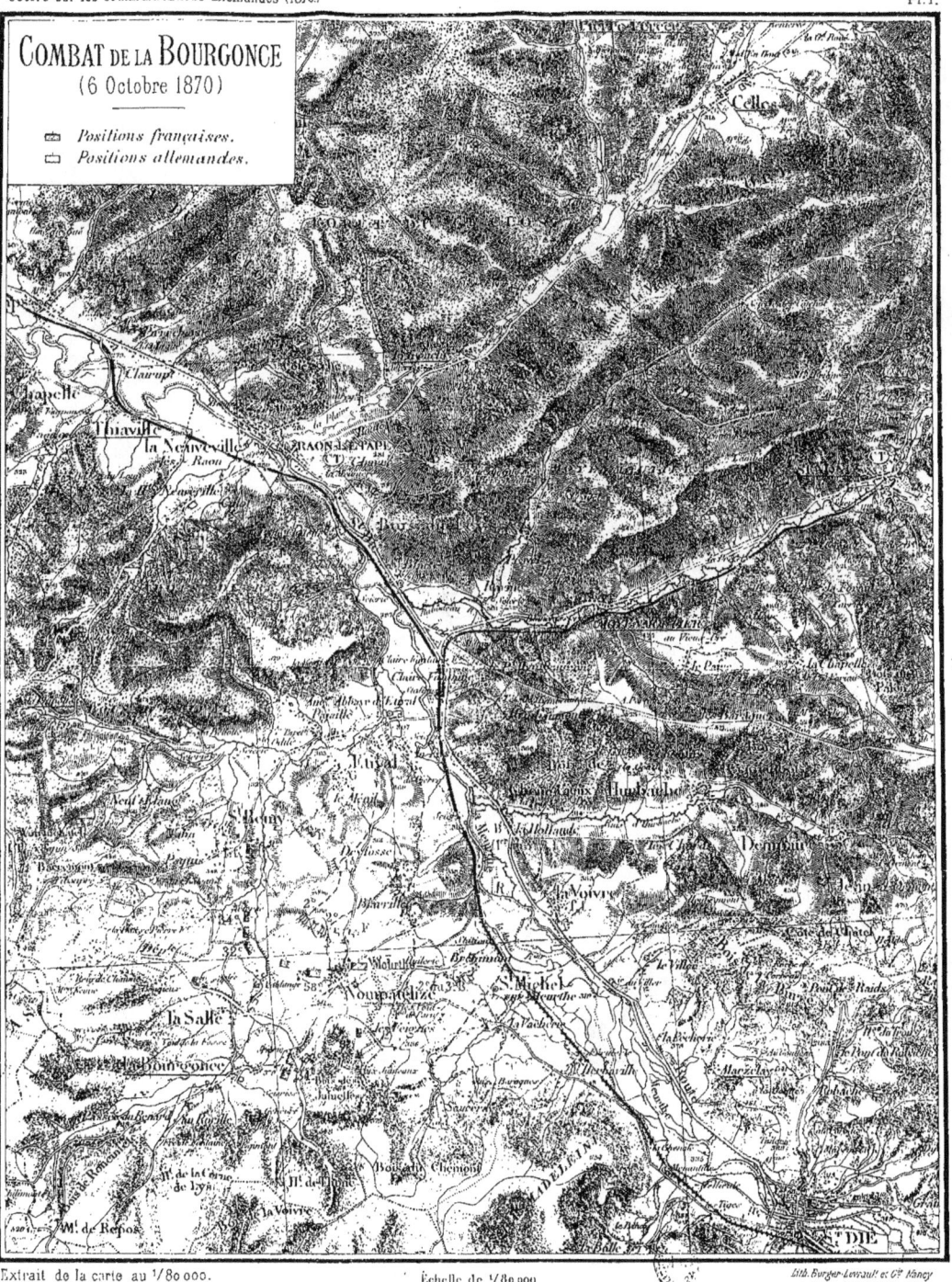

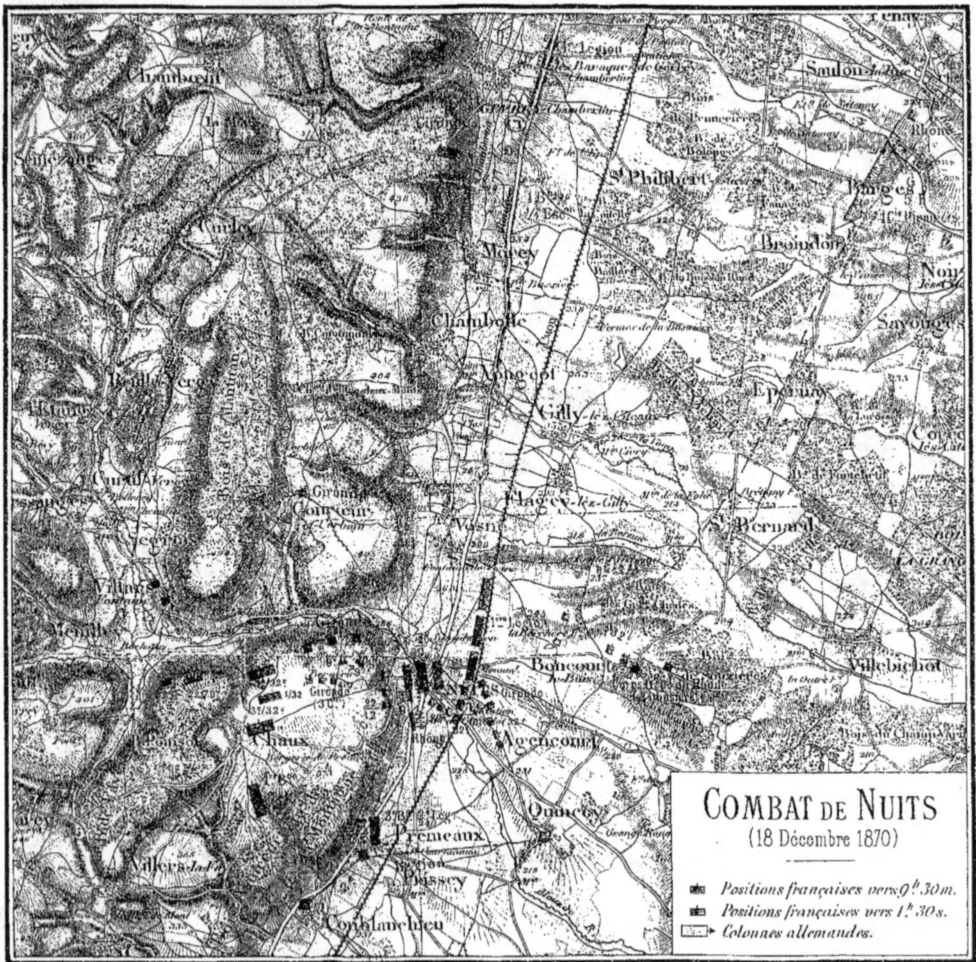

Guerre sur les communications allemandes (1870.) Pl. II.

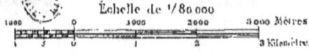

COMBAT DE NUITS
(18 Décembre 1870)

Positions françaises vers 9ʰ 30ᵐ.
Positions françaises vers 1ʰ 30ˢ.
Colonnes allemandes.

Extrait de la carte au 1/80 000. Échelle de 1/80 000

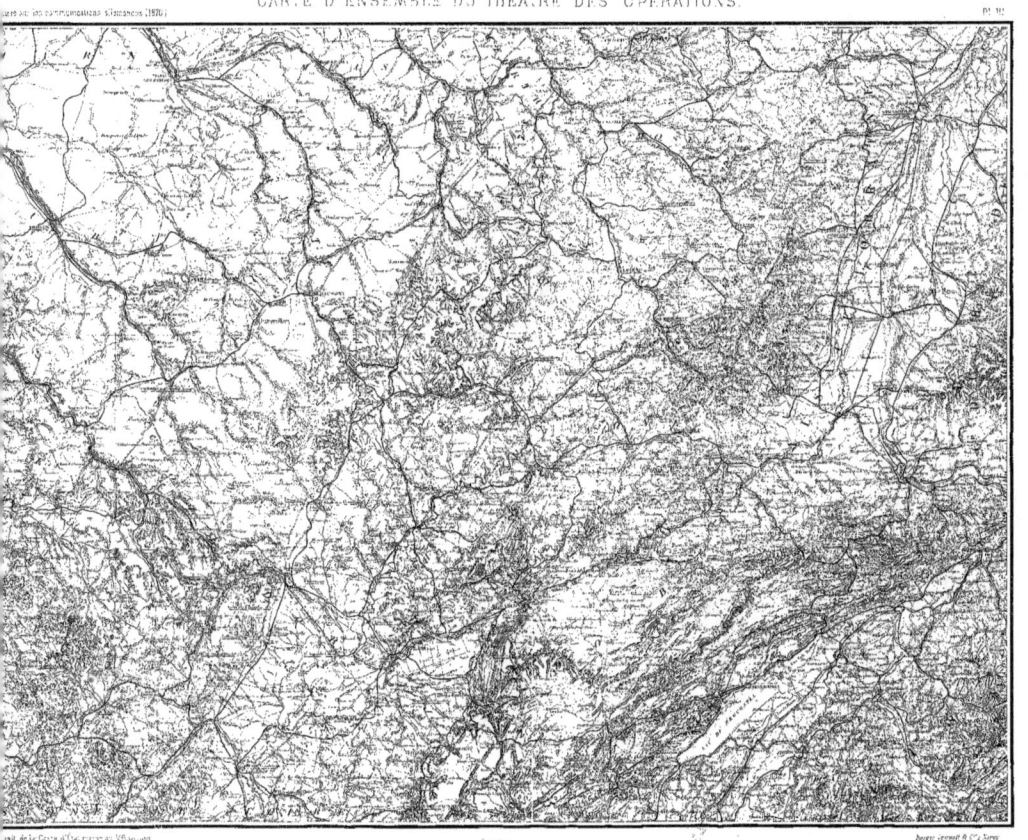
CARTE D'ENSEMBLE DU THÉATRE DES OPÉRATIONS.

BERGER-LEVRAULT ET Cie, LIBRAIRES-ÉDITEURS

Paris, 5, rue des Beaux-Arts. — Même maison à Nancy.

Marches des armées allemandes du 31 juillet au 1er septembre 1870, par le général Fay. Un album-portefeuille in-4°, comprenant 40 pages de texte, 20 pages de tableaux et 3 cartes grand in-folio en couleurs. . . . . **10 fr.**

La Guerre de 1870-1871. Résumé historique traduit de l'allemand. 1888. Volume in-12, broché. . . . . **2 fr. 50 c.**
Ouvrage honoré d'une souscription par le ministère de la guerre.

Journal d'un officier de l'armée du Rhin, par le général Fay, 5e édit., revue et augmentée. 1889. Un vol. in-8° de 410 p., avec une carte, broché. **5 fr.**

Récits sur la dernière guerre franco-allemande (du 17 juillet 1870 au 10 février 1871). *Wissembourg. Frœschwiller. Reichshoffen ou Wœrth. Sedan. Siège de Paris*, par C. Sarazin, ancien médecin en chef de l'ambulance de la 1re division du 1er corps, etc. 1887. Volume in-12 de 343 pages, broché. . . . . **3 fr. 50 c.**

Impressions de campagne (1870-1871). *Siège de Strasbourg. Campagne de la Loire. Campagne de l'Est*, par H. Beaunis, ancien médecin en chef de l'ambulance de la 1re division du 18e corps. 1887. Volume in-12, de 312 pages, broché. . . . . **3 fr. 50 c.**

Wissembourg au début de l'invasion de 1870. Récit d'un sous-préfet, par Edgard Have. 1887. Grand in-8°. . . . . **3 fr.**

Relation de la bataille de Frœschwiller, livrée le 6 août 1870. Nouvelle édition. 1890. Volume in-8°, avec 1 carte, broché. . . . . **3 fr. 50 c.**

Neuf-Brisach (siège et bombardement), par Ch. Risler et Gaston Laurent-Atthalin. 1881. 2e édition, revue et corrigée. In-12, avec carte, broché. **2 fr.**

L'Escadre de l'amiral Courbet. Notes et souvenirs, par Maurice Loir, lieutenant de vaisseau à bord de la *Triomphante*. 1885. Vol. in-12, avec portrait et 10 cartes, broché. **3 fr. 50 c.**

L'Armée française au Tonkin. Le Guet-apens de Bac-Lé, par le capitaine Lecomte, breveté d'état-major. 1890. Volume in-12, avec 21 illustrations par M. Dauphin, et 3 cartes, broché sous couverture illustrée en couleurs. **3 fr.**

L'Armée française au Tonkin. Marche de Lang-Son à Tuyen-Quan. Combat de Hoa-Moc. Déblocus de Tuyen-Quan, par le capitaine Lecomte, attaché à l'état-major du corps expéditionnaire du Tonkin. 1889. Volume in-8° avec 10 cartes et croquis hors texte, broché. . . . . **3 fr. 50 c.**

Souvenirs de la guerre de Crimée (1854-1856), par le général Fay, ancien aide de camp du maréchal Bosquet. 2e édition. 1889. Couronné par l'Académie française. Volume in-8° avec 1 planche et 3 cartes, broché. . **6 fr.**

Histoire de l'expédition de Cochinchine en 1861, par le contre-amiral L. Pallu de la Barrière. Nouvelle édition. 1888. Volume grand in-8°, avec 3 cartes, broché. . . . . **7 fr. 50 c.**

Les Vertus guerrières. Livre du soldat, par le général Thoumas. 1891. Un volume in-12 de 406 pages, broché. . . . . **3 fr.**

Trente ans de la vie militaire, par le capitaine H. Choppin. 1891. Volume in-12 avec illustrations par E. Grammont, broché. . . . . **3 fr.**

Le Général Curély. Itinéraire d'un cavalier léger de la Grande-Armée (1793-1815). Publié d'après un manuscrit authentique, par le général Thoumas. 1887. Un volume in-12 de 448 pages, avec portrait et fac-similé. **3 fr. 50 c.**

Les Grands cavaliers du premier Empire. Notices biographiques, par le général Thoumas. 1re série : Lasalle, Kellermann, Montbrun, les trois Colbert, Murat. 1890. Un vol. gr. in-8° de 521 p., avec 4 portraits, broché. **7 fr. 50 c.**

Les Héros de la défaite. (Livre d'or des vaincus.) Récits de la guerre de 1870-1871, par Joseph Turquan. 1888. Un vol. in-12 de 406 p., broché. **3 fr. 50 c.**
Relié en percaline, plaques spéciales . . . . **4 fr. 50 c.**

Français et Russes, *Moscou et Sévastopol, 1812-1854*, par Alfred Rambaud, professeur à la Faculté des lettres de Paris. 4e édition. 1888. Un volume in-12, broché. . . . . **3 fr. 50 c.**

Nancy. Impr. Berger-Levrault et Cie.

www.ingramcontent.com/pod-product-compliance
Lightning Source LLC
Chambersburg PA
CBHW060321170426
43202CB00014B/2618